Robert Marshall

STURM AUS DEM OSTEN

Von Dschingis Khan bis Khubilai Khan

*Aus dem Englischen von
Christiane Jung*

KNESEBECK

IN ERINNERUNG AN BRUCE NORMAN

Titel der Originalausgabe
Storm from the east
© 1993 Robert Marshall

CIP-Titelaufnahme der Deutschen Bibliothek
Marshall Robert:
Sturm aus dem Osten : von Dschingis Khan bis Khubilai Khan /
Robert Marshall. Aus dem Engl. von Christiane Jung. –
München : Knesebeck, 1996
Einheitssacht.: Storm from the east <dt.>
ISBN 3-926901-88-8

Deutsche Erstausgabe
© 1996 von dem Knesebeck GmbH & Co
Verlags KG, München
Umschlag: Zembsch' Werkstatt, München
Umschlagfoto: © Akira Soda (Vorderseite),
National Palace Museum, Taiwan (Rückseite)
Published by BBC Books, an imprint of BBC Worldwide Publishing,
BBC Worldwide Ltd, Woodlands, 80 Wood Lane, London W12 0TT
Druck und Bindung: Butler & Tanner Ltd
Printed in Great Britain

Frontispiz: Dschingis Khan mit seinen Söhnen
Hulagu und Khubilai, nach der Jagd

Inhalt

Bildnachweis		6
Landkarten		6
Danksagung		7
1	Die Geburt einer Nation	9
2	Von China bis zum Kaspischen Meer	36
3	Das eingelöste Versprechen	64
4	Die Invasion Europas	90
5	Von Priester Johann bis Armageddon	118
6	Mission zu den Tartaren	142
7	Mongolische Kreuzfahrer	164
8	Khubilai Khan und China	194
9	Verfall und Untergang	224
Stammbaum der Dynastien		245
Chronologie		248
Bibliographie		251
Register		253

BILDNACHWEIS

Die Verleger danken folgenden Personen und Institutionen für die Abdruckgenehmigung folgender Fotografien:
Seite 2: Bibliothèque Nationale, Paris. Ms. Sup. Pers. 1113, fol. 85v; *10/11, 14/15 & 18* Akira Soda; *19* Chester Beatty Library, Dublin. Ms. 104, fol. 10; *26/27 & 30* Bibliothèque Nationale, Paris. Ms. Sup.Pers. 1113, fol. 49 & 44v; *35 & 38/39* Akira Soda; *47 & 55* The Trustees of the British Library. Ms OR 2780, fol. 49v & 61r; *58/59* Robert Harding Picture Library; *62* Sammlung des National Palace Museum, Taiwan, Republik China; *67* John Adderley; *70/71* Akira Soda; *75* Bibliothèque Nationale, Paris. Ms. Sup. Pers. 1113, fol. 126v; *78/79* Sammlung des National Palace Museum, Taiwan, Republik China; *82/83, 85 & 86* Akira Soda; *94* The Bridgeman Art Library/British Library; *95 & 98/99* Akira Soda; *102/103* Edinburgh University Library. Orms 20, fol. 124v; *106* Akira Soda; *114* Österreichische Nationalbibliothek. Ms. Codex 2623, fol. 29r; *115* National Széchényi Library Budapest/Gabler Csaba. Chronica de Gestis Hungarorum picta; *119* Bibliothèque Nationale, Paris. Ms. Fr. 2810, fol. 94v; *122* Trinity College Library, Cambridge. Ms. 0.9.34, fol. 23v; *123* The Trustees of the British Library. Ms. Add. 5415A, fol. 15v; *126/127* Bodleian Library, Oxford. Ms. Bodley 264, fol. 231v; *135* Chester Beatty Library, Dublin. Ms. 104, fol. 64; *138* The Master and Fellows of Corpus Christi College, Cambridge. Ms. 16, fol. 166r; *143* Bibliothèque Nationale, Paris. Ms. Fr. 5594, fol. 225v; *150* Akira Soda; *154* Scala/Archivio Segreto, Vaticano; *158* The Master and Fellows of Corpus Christi College, Cambridge. Ms. 66A, fol. 67r; *163* Sonia Halliday Photographs; *166* Bibliothèque Nationale, Paris, Ms. Sup. Pers. 1113, fol. 169v; *171* The Trustees of the British Museum. OR 1920.9.17.0130; *175* Akira Soda; *178* Bibliothèque Nationale, Paris. Ms. Arabe 5847, fol. 79; *179* Bildarchiv Preussischer Kulturbesitz. Ms. Diez A, fol. 70, Bild 7; *182* Akira Soda; *186* Werner Forman Archiv; *190* John Adderley; *191* The Trustees of the British Library. Ms. Add. 18866, fol. 135; *198/199* Bodleian Library, Oxford. Ms. Bodley 264, fol. 220r; *203 & 206* Sammlung des National Palace Museum, Taiwan, Republik China; *209* Akira Soda/Beijing Museum; *210* Trustees of the British Library. Ms. OR 3222, fol. 105r; *211* Akira Soda; *218* The Trustees of the Victoria & Albert Museum, London. C. 8- 1852; *219* Sammlung des National Palace Museum, Taiwan, Republik China; *222/223* Imperial Household Agency, Tokio; *227* Sonia Halliday Photographs; *230* Bibliothèque Nationale, Paris. Ms. Sup. Pers. 1113, fol. 245v; *231* Sammlung des National Palace Museum, Taiwan, Republik China; *234 & 236* Akira Soda; *242* Michael Holford; *243* Robert Marshall/BBC Enterprises; *246* Akira Soda; *246/247* Toshihisa Takatori.
Landkarten:
1	Asien am Vorabend von Dschingis Khans Reichsgründung der Mongolei und der Invasion Chinas	8
2	Dschingis Khans Invasion in China und in das Reich von Khwarazm Shah	44
3	Die mongolischen Feldzüge nach Rußland und Osteuropa	100
4	Hulagus Eroberungen von Persien und Syrien	176
5	Weltreich Mongolei: Die vier Khanate während der Herrschaft von Khubilai Khan	215

DANKSAGUNG

Dieses Buch ist das Ergebnis der Bemühungen vieler Menschen, die zusammenkamen, um an der Fernsehserie *Storm from the East* zu arbeiten, die von meinen Kollegen der NHK Television in Japan angeregt wurde. Mein Dank gilt an erster Stelle Herrn Takashi Inoue, dessen Entschlossenheit das Projekt erst ermöglichte. Ich möchte auch die Arbeit von Hisahi Anzai, Sanji Eto und Nobuya Yamamoto erwähnen. Besonders möchte ich meinem Kollegen und jetzigen Freund Tomohito Terai für seinen Enthusiasmus und immerwährenden Kooperationsgeist danken.

Ich bin natürlich jedem zu großem Dank verpflichtet, der an der Fernsehserie hier in London mitgearbeitet hat. Ich möchte außerdem und ohne besondere Reihenfolge erwähnen: John Slater, Vivianna Woodruff, Jo Langford, Susan Vogel, Angela Moonshine, John Adderley, Ron Brown, Paul Dawe, Mike Burton, Sheila Ableman, Martha Caute, Joanna Wiese, Paul Snelgrove, Harry Green, und besonders Habie Schwarz für ihren unschätzbaren wissenschaftlichen Beitrag und ihre Phantasie.

Natürlich habe ich mich bei einem großen Teil des Beitrags auf unsere akademischen Ratgeber verlassen, und ihre Begeisterung für die Serie war eine große Ermutigung. Ich danke James Chambers für den Einblick in die mongolische Militärangeschichte, den er gab, bei Dr. Morris Rossabi für seine Arbeit über Khubilai Khan und bei Drs. Reuven Amitai-Preiss, Peter Morgan und Judy Kolbas für ihre Beratung zum Thema Mongolen im Mittleren Osten. Mein größter Dank gilt unserem Serienberater Dr. David Morgan, Autor von The Mongols, für seinen steten Rat und das geduldige Lesen meines Manuskripts.

Robert Marshall
London 1992

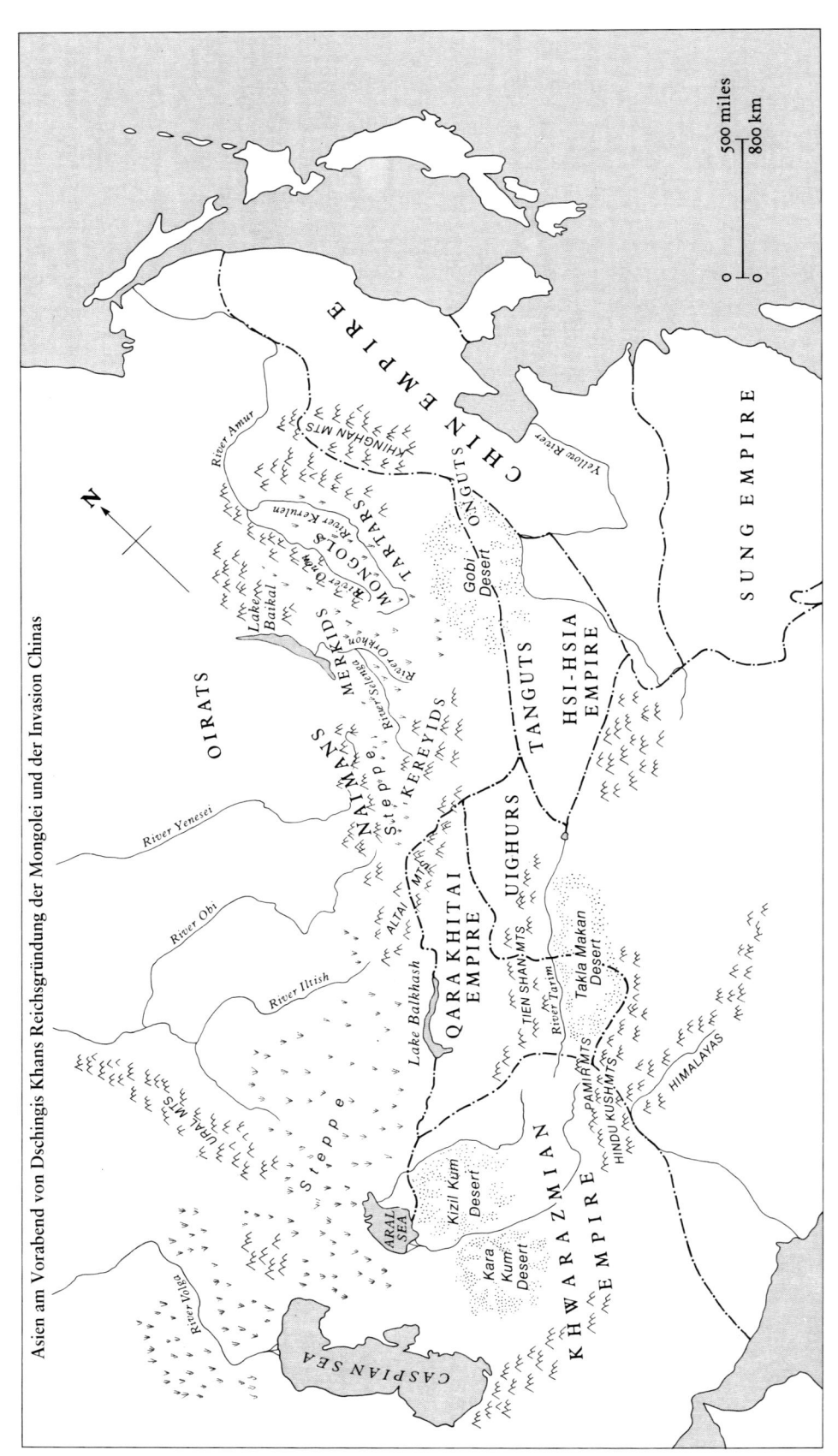

Die Geburt einer Nation

Mitten auf dem Hauptplatz von Krakau steht die Marienkirche, eine der bedeutendsten Kirchen Polens. Zu jeder vollen Stunde bläst ein Trompeter der Krakauer Feuerwehr vom Balkon des Hauptturms herunter Alarm. Diese Zeremonie findet beinahe ohne Unterbrechung seit der Mitte des dreizehnten Jahrhunderts jeden Tag statt. Sie erinnert an die Zerstörung der Stadt, denn der Trompeter bläst den Ruf zu den Waffen – ein Zeichen, daß der Feind vor den Toren der Stadt gesichtet wurde. Dann bricht die bedrückende Melodie plötzlich abrupt ab – genau in dem Moment, als den Trompeter, der Legende nach, ein Pfeil der Mongolen traf.

Als der Alarm vor mehr als 700 Jahren zum ersten Mal ertönte, flüchtete die Bevölkerung von Krakau bereits in die Wälder vor den Stadtmauern. Einige Tage zuvor hatte der polnische Herrscher Herzog Boleslaw der Keusche seine Armee gegen die Eindringlinge ausgeschickt; doch die kleine polnische Armee wurde in den Hinterhalt gelockt und unter einem Pfeilhagel dezimiert. Als die Nachricht Krakau erreichte, sammelten Boleslaw und seine Familie alle Schätze zusammen, die sie tragen konnten. Mit dem restlichen Soldatenkontingent flohen sie nach Ungarn und überließen die Bewohner der Stadt ihrem Schicksal. Als die feindliche Armee die Stadt erreichte, waren die Straßen leer. Am 24. März 1241, einem Palmsonntag, ging Krakau in Flammen auf.

Der Zorn der Tartaren

Für das restliche Europa klang die Nachricht von der Plünderung Krakaus wie ein schreckliches Omen. Ein unirdischer Sturm fegte alles, was ihm in den Weg kam, davon. Von Krakau zogen die Eindringlinge nach Westen, um sich gegen eine vereinigte europäische Armee aus einheimischen Söldnern, deutschen Rittern, Templer- und Johanniterrittern zu stellen – der Stolz des europäischen Rittertums. Für die Europäer wurde

---

Nächste Seite: Der Fluß Onon im Nordosten der Mongolei ist
der Legende nach der Geburtsort der Mongolen; hier ließen sich der blaue Wolf
und das falbenfarbene Reh nieder; ihre Nachkommen begründeten den
Stamm der Mongolen.

die Schlacht zu einer kompletten Katastrophe. Innerhalb weniger Tage war eine zweite große christliche Armee vernichtet.

Die entsetzten Chronisten des Mittelalters waren ratlos. Verwirrt von den blitzartigen Taktiken der Eindringlinge schätzten sie die Stärke ihrer Armee immer wieder vier- oder fünfmal größer ein, als sie tatsächlich war. Für die europäischen Feldherren war diese Begegnung jedoch eine gründliche Lektion in Sachen Kriegsführung. Die Eindringlinge waren zahlenmäßig immer unterlegen, doch ihre Generäle überlisteten die Europäer immer wieder und siegten. Ihre Armeen funktionierten diszipliniert wie Maschinen und waren taktisch präzise geführt. Von Polen bis in die ungarische Steppe führten die mongolischen Armeen einen brillanten und komplexen Feldzug, der sorgfältig geplant und von Anfang bis Ende ausgeführt wurde.

Katastrophenstimmung in ganz Europa verursachten die Beschreibungen von völliger Zerstörung und Verdammnis mit: teuflische Greueltaten, von unmenschlichen Monstern begangen, von Wesen mit Pferdeköpfen, die ihre Opfer verschlangen, übernatürliche Kräfte besaßen und entfesselt worden waren, um die ungläubige Welt zu strafen. In Deutschland entstand durch abergläubische Hysterie die Vorstellung, die Mongolen seien tatsächlich einer der verlorenen Stämme Israels, und jüdische Händler würden ihnen über die Grenzen Waffen zuschmuggeln. Folglich wurden viele unschuldige Juden an den Grenzposten grundlos umgebracht. Die Ungarn nannten die Eindringlinge "hundegesichtige Tartaren", und ein französischer Mönch aus Österreich beschrieb, wie mongolische Soldaten, nachdem sie europäische Frauen vergewaltigt hätten, ihren Opfern die Brüste abschnitten und diese "Delikatessen" ihren "hundeköpfigen" Prinzen brachten, welche sie verspeisten.

Die Kirche konnte sich ebenfalls nicht beherrschen und kramte alte Mythen und Legenden hervor. Ein dominikanischer Mönch namens Ricoldo von Monte Croce erklärte, der Name Mongole würde sich von Mogogoli ableiten, den Söhnen des legendären Magog. Gog und Magog, so die Legende, waren zwei plündernde Riesen, die früher Europa terrorisiert hatten. Sie waren von Alexander dem Großen besiegt und hinter schweren Gittern in den Bergen des Kaukasus eingeschlossen worden. Nun hätten sich ihre Nachkommen der Zerstörung der Zivilisation verschrieben. Nur durch die Anrufung von Alexander könnten diese Monster besiegt werden. In überfüllten Kirchen in ganz Nordeuropa hielt man Gottesdienste für eine verschreckte Bevölkerung ab, und die Gebete lauteten: "... von dem Zorn der Tartaren, oh Herr, befreie uns." Die einzige bedeutende Armee, die sich den Eindringlingen in den Weg stellen konnte, war die des französischen Königs, die sich bereits auf die Schlacht vorbereitete, jedoch das Martyrium erwartete. Der Papst sah das gesamte Christentum in Gefahr: "Wenn wir bedenken, daß der Name der Christen durch diese Tartaren vollkommen verschwinden könte, so erzittern unsere Knochen bei diesem Gedanken."

Europa, von einer fremden Macht getroffen, war ins Taumeln geraten. Diese Macht hätte ebensogut vom Mars kommen können. Die Mongolen – oder Tartaren, wie sie sie nannten – stammten aus einem Land, das für Europäer praktisch unbekannt war. Das engstirnige und nur nach innen blickende Europa hatte wenig Ahnung von den Gebieten jenseits des Urals. Und diese Ignoranz sollte sich noch jahrhundertelang halten, unterstützt vor allem auch von dem kaum begreiflichen Ausmaß des mongolischen Siegeszuges. Niemals zuvor war ein so großes Gebiet so schnell erobert worden. Die plötzliche und überwältigende Verwüstung, die Europa in seinen Festen erschütterte, hatte bereits ganz Asien überzogen. Von der koreanischen Halbinsel bis zur Donau befand sich beinahe ein Drittel des Weltlandes unter der Herrschaft einer einzigen Familie – all dies war in weniger als fünfzig Jahren geschehen. Und immer noch breiteten sie sich weiter aus. In weniger als dreißig Jahren, nachdem die mongolischen Armeen an der deutschen Grenze gestanden hatten, hatten sie ganz China besiegt und drangen in Japan und Java ein. Es war in jeder Hinsicht eine unglaubliche Leistung.

Der Sturm, der im dreizehnten Jahrhundert über die Welt fegte, veränderte die politischen Grenzen Asiens und Europas, entwurzelte ganze Völker und trieb sie über den Kontinent. Er veränderte den ethnischen Charakter vieler Regionen und verwandelte Macht und Einfluß der drei Weltreligionen: Islam, Buddhismus und Christentum. Auf diese Weise öffneten die Mongolen den Osten in Richtung Westen und schufen damit zum ersten Mal das Bewußtsein für eine gesamte Welt.

Berittene Hirten

Wenn man die bescheidenen Anfänge der Mongolen bedenkt, kann man diese Entwicklung kaum begreifen. Ende des zwölften Jahrhunderts waren die Mongolen einer von vielen kleinen Nomadenstämmen, die ein einsames Plateau im Herzen Zentralasiens besiedelten. Im Westen ragten zwei massive Gebirgsketten, der Altai und der Tien Shan, gen Himmel; im Norden lag der riesige, frostige sibirische Wald, während

Nächste Seite: Das mongolische Plateau ist dramatischen Klimaschwankungen unterworfen. Von über 40°C im Sommer fällt das Quecksilber im Winter auf -40°C und läßt die Seen und Flüsse sechs Monate im Jahr zufrieren.

sich die Wüste Gobi im Süden und das Khinghan-Gebirge im Osten erstreckten. Obwohl das mongolische Plateau inmitten einer riesigen Steppe liegt, die sich über die ganze Breite Asiens von der Mandschurei bis nach Ungarn erstreckt, ist sie von natürlichen Grenzen umschlossen, die die Bewohner jahrhundertelang vor Eindringlingen schützten.

Das Plateau liegt 1200 Meter über dem Meeresspiegel und ist dramatischen Temperaturen ausgesetzt. Im Sommer steigt das Quecksilber oft über 40°C an, im Winter fällt es weit unter -40°C. Der Boden selbst ist loser Stein- oder dünner Lehmboden und friert im Winter steinhart. Im November sind auch die Flüsse, Bäche und Seen vollständig zugefroren, und Wasser kann nur gewonnen werden, indem große Eisblöcke auf mühsame Weise herausgeschnitten und zum nächsten Feuer geschleppt werden. Bis April rührt sich nichts. Zu dem extremen Klima kommt noch geringer Niederschlag – es ist logisch, daß die Steppe ein wenig fruchtbares Land ist. Doch während des Sommers bedeckt sie ein dichter Grasteppich, der das Land wie einen sanft gewellten Billardtisch wirken läßt. Sogar während der Wintermonate halten die geschützteren Täler ihre festen Grasnarben, die gutes Weideland für die Schaf-, Ziegen-, Rinder- und Pferdeherden bieten, die die Nomaden seit Jahrhunderten besitzen.

Das Leben der Mongolen besteht aus diesem Grund aus regelmäßigen Saison-Wanderungen aus den flachen, offenen Sommerweiden zu den geschützten Flußtälern im Winter. Dabei kehrt jeder Stamm oder Clan jedes Jahr zu seinen traditionellen Weideländern zurück und wechselt sie nur, wenn die Größe seiner Herde ihn dazu zwingt, mehr Land zu suchen, oder wenn er von anderen Nomaden aus seinem Territorium vertrieben wird. Die Herrschaft über das traditionelle Weideland zu behalten oder bessere Weiden zu suchen, war eine ständige Quelle des Streits zwischen mongolischen Stämmen. Gute Weideflächen für ihre Herden waren lebenswichtig.

In den letzten 800 Jahren hat sich das Leben des durchschnittlichen mongolischen Nomaden kaum verändert. Noch heute sorgen Schafe für die Grundlebensmittel: Fleisch, Milch, Käse, Leder und Wolle für Kleidung sowie für den Filz, aus dem sie immer noch ihre Zelte bauen. Rinder werden ebenfalls wegen ihres Fleisches gehalten, vor allem aber als Lasttiere genutzt. In den Herbstmonaten schlachtet jede Mongolenfamilie einige Schafe, bereitet das Hammelfleisch zu und friert es dann ein, indem es einfach im Boden eingegraben wird, bevor der Schnee kommt. Hammelfleisch ist die Hauptproteinquelle, und in den langen Wintern kochen die Nomaden das gefrorene Fleischstück in Kesseln zu einem dicken Eintopf. Eine andere Mahlzeit während der langen Wintermonate ist Ayrag, eine leicht alkoholische und ziemlich bittere Gärung aus Stutenmilch.

Heute leben nomadische Großfamilien auf großen Gemeindeländereien, die vom Staat kontrolliert werden. Manchmal teilen sich mehrere Familien solche Landabschnitte und weiden ihre Schafe oder Pferde darauf. Die Pferde werden sowohl zum Reiten als auch wegen der Stutenmilch gehalten. Vor achthundert Jahren lebten die Mongolen nicht in Gemeinden, sondern in locker gebildeten Stämmen oder Clans. Sie verabscheuten große Lager und verteilten sich in kleinen Einheiten über zwei oder drei Täler hinweg. Diese Lager mußten mobil genug sein, um beim jährlichen Umzug auf Wagen verladen werden zu können. Als praktisch erwies sich die Konstruktion des Ger oder Yurt, das mongolische Zelt, das heute noch hergestellt wird. Es besteht aus einem dicken, wollenen Filzstück, das über einen flachen, zylindrischen Rahmen aus dünnen Holzstreben gespannt wird. Den Boden bedecken normalerweise einfache Planken; Betten, Schränke und Kommoden, die die Familienerbstücke beinhalten, werden in einem Kreis vor der Wand angeordnet. Neben dem Mittelpfosten steht ein Ofen, dessen Abzug durch ein Loch in der Decke führt. Obwohl das durchschnittliche Ger in weniger als einer Stunde abgebaut und wiederaufgebaut werden kann, war es bei manchen Clans üblich, die gesamte Konstruktion auf einen Ochsenkarren zu heben. Es muß ein außergewöhnlicher Anblick gewesen sein, als die riesigen Schaf- und Pferdeherden über die Steppe dahinzogen und in ihrer Mitte drei oder vier Gers schwebten.

Der Grund für die nomadische Herrschaft über die Steppe war das Pferd. Seit seiner Domestizierung in Südrußland, während des zweiten Millenniums vor Christus, nutzten Steppennomaden seine bemerkenswerte Schnelligkeit und Ausdauer. Das Pferd war ein essentielles Element des täglichen Lebens, das beste Transportmittel, Hilfe beim Herdentreiben und natürlich eine unschätzbare Stütze für die Jagd. Alle Steppennomaden waren versierte Jäger. Ihre Hauptwaffe war der aus Horn und Bambus zusammengesetzte Bogen, den Seide und Harz hielten. Sie entwickelten Steigbügel (vielleicht von den Chinesen abgeguckt), mit deren Hilfe sie ohne Zügel reiten konnten. So konnten sie im vollen Galopp Pfeile abschießen oder das Lasso werfen. Diese Fähigkeiten trugen dazu bei, daß sich eine große militärische Macht aus dem Herzen der asiatischen Weideländer erheben konnte.

Seit ungefähr 800 v.Chr. berichten die seßhaften Gemeinden im Süden von nomadischen Reitern, die immer wieder auftauchten, Städte und Dörfer angriffen und plünderten und dann wieder verschwanden. Doch was diese Menschen von ihren Vorgängern unterschied, war der Einsatz von Kavallerie: eine schnelle und tödliche Macht aus Männern zu Pferde, die aus großer Entfernung einen Pfeilhagel gegen ihre Feinde schicken konnten. Sie wurden zur Geißel der seßhaften Gemeinden. Geschichtsschreiber berichten, daß von den Tagen der Skythen im fünften und sechsten Jahrhundert v.Chr. bis zu den Mongolen eine Welle nomadischer Reiter nach der anderen aus Asien durch die Pässe des Tien Shan und des Altai nach Europa oder in den mittleren Osten einbrach.

Die meisten Steppennomaden leben heute noch in ihrem traditionellen Yurt oder Ger. Es ist aus Filz, der über einen Holzrahmen gespannt wird; in weniger als einer Stunde kann es abgebaut und zum Transport auf einen Ochsenkarren geladen werden.

Die Beziehung zwischen den Steppennomaden und den seßhaften Gemeinden war niemals einfach. Die Nomaden, die seit Jahrhunderten auf ihren wilden Weiden gelebt hatten und im ständigen Kampf gegen das Klima und die Wechsel der Stammesherrschaften lagen, hatten keine Technologien entwickelt, sie produzierten nichts, noch hatten sie einfache Bergarbeiten erlernt. Die Notwendigkeit der jährlichen Wanderungen machte dies unmöglich. In mancher Hinsicht waren sie traditionell abhängig von den seßhaften Gemeinden, die sich im mittleren Osten und in China entwickelt hatten. Schmiedeeisen und Produkte wie Schwerter, Rüstung, Seide, Gold und Silber wurden gekauft, erhandelt oder gestohlen. Hinsichtlich eines Warenaustausches war dies eine sehr einseitige Beziehung, denn die Nomaden hatten kaum mehr anzubieten, als Wollwaren und Tierhäute. Aber die nomadischen Reiter fühlten sich den seßhaften Gemeinden nie unterlegen.

Die Mongolen waren großartige Jäger. Die Szene zeigt zwei Reiter, die sich an einem wilden Eber laben; ihre Darstellung stammt aus einem persischen Manuskript um 1300.

Ganz im Gegenteil. Mehr als 2 000 Jahre lang lebten die Menschen der Steppe neben China, der größten Agrargesellschaft der Welt, ohne jemals politisch oder kulturell von ihr eingenommen zu werden. Tatsächlich übersahen sich diese beiden Gesellschaften mit gegenseitiger Arroganz. Chinas tief verwurzelte kulturelle Traditionen hatten dazu geführt, sich allen anderen Gesellschaften und Staaten historisch überlegen zu fühlen. Der alte Name Chung-kuo (mittleres Königreich) implizierte, daß es das Herz der Zivilisation war, und wegen der Beständigkeit ihrer kulturellen Traditionen haben die Chinesen in ihrer langen Geschichte immer wieder andere Zivilisationen, die sich an ihrer Grenze aufhielten, vereinnahmt – oder die weiter entfernt liegenden Kulturen zumindest beeinflußt, z.B. solch unabhängige Gesellschaften wie Korea, Japan und Vietnam. Praktisch das gesamte östliche Asien übernahm den chinesischen Kalender, die chinesische Küche und die chinesische Schrift. Alle, außer den nomadischen Reitern der Steppe.

Sie verachteten die chinesische Kultur, lehnten ihre Denkweise ab und bezogen lediglich einige nützliche Waren aus China. Aus ihrer Sicht verbrachte die große Mehrheit der chinesischen Bevölkerung ihr Leben nur auf Händen und Knien und kratzte die Erde auf. Der nomadische Reiter betrachtete den Bauern mit äußerster Verachtung; dieser war in seinen Augen weniger wert als ein Pferd. Die Verachtung war gegenseitig. Die chinesischen Regierungsbeamten, die darüber berieten, wie man mit den Reiterbanden an den Grenzen umgehen sollte, argumentierten, es sei unmöglich, eine ordentliche Verbindung zu Menschen zu knüpfen, die wie Tiere hin und her wanderten. Und so entwickelten sich diese zwei Völker schlicht nebeneinander: Die Chinesen betrachteten die regelmäßigen Überfälle als Geißel, mit der man ebenso fertigwerden mußte wie mit Überflutungen oder Hungersnöten. Man zahlte große Lösegelder, um verschont zu bleiben. Und die Reiter auf der anderen Seite der Grenze sahen in den Chinesen ergiebige, plünderungswürdige Quellen.

Frühe Nomadenreiche

Das erste Reich, das die nomadischen Reiter eroberten, war das der Türken, die Anatolien kolonisiert hatten. Seit dem sechsten und siebten Jahrhundert n.Chr. kontrollierten sie ein Steppenreich, das sich von der chinesischen Grenze bis zum Schwarzen Meer erstreckte. Nach dem Zusammenbruch des türkischen Reiches wurde die östliche Steppe von den Uiguren beherrscht, einem halbnomadischen Volk, dessen Hauptstadt im Orkhon-Tal lag – der heutigen Provinz Hentiy in der Mongolei. Die Uiguren waren kultiviert, geborene Händler und gebildete Künstler. Nach dem Zusammenbruch ihres Reiches im neunten Jahrhundert zogen sie nach Süden und Westen, um sich im äußersten Westen Chinas am Fluß Tarim, im heutigen Sinkiang, anzusiedeln. Hier blieben sie und lebten weitere 300 Jahre erfolgreich. Sie übernahmen ein Alphabet von den Menschen im östlichen Persien und waren die ersten Halbnomaden, die lesen konnten, ein ausgefeiltes Rechtssystem sowie einen öffentlichen Dienst entwickelten. Die Kitanen, ein weiteres halbnomadisches Volk, das den Großteil der Mongolei und Nordchinas eroberte, hatten die Uiguren aus ihrem ursprünglichen Gebiet in der westlichen Mongolei vertrieben. In der Tradition aller Eroberer Chinas gerieten sie bald in den Sog der chinesischen Zivilisation und lösten sich im großen chinesischen Schmeltztiegel auf. Um China zu beherrschen, erwartete man von den Eindringlingen, daß sie einen chinesischen Namen annahmen und eine neue Dynastie gründeten; dies taten die Kitanen. Sie nannten sich Liao. Mit der Sinologisierung der Kitanen verwandelte sich ihre Invasion tatsächlich in eine umgekehrte Eroberung, denn sie weitete die chinesische Herrschaft einfach weiter westlich in die Mongolei aus. Die Liao legten neue Grenzen fest und drängten die übrigen türkischen Völker und alle, die sich nicht unterwerfen wollten, weiter in den Westen. Die Besetzung dieses Teils der östlichen Steppe durch die Liao-Dynastie liefert den Historikern erste Hinweise auf das Volk, das schließlich als die "Mongolen" bekannt werden sollte.

Im frühen zwölften Jahrhundert wurden die Kitanen selbst aus dem nördlichen China verdrängt und durch andere halbnomadische Eindringlinge ersetzt: den Jurchen aus der Mandschurei. Dieses neue Volk war weniger an den Ländern außerhalb der traditionellen chinesischen Grenzen interessiert und überließ die östliche Steppe den Stämmen, die sie schon immer bewohnt hatten. Die Jurchen waren mehr mit der Sicherung von Chinas Eigentum beschäftigt, was ihnen viel besser gelang als den Kitanen. Aber die Kitanen verschwanden, ebenso wie die Uiguren, nicht einfach von der Bildfläche. Einer der Kitanen-Prinzen zog gemeinsam mit einer großen Gruppe von Anhängern, die sich nicht der Jurchen-Herrschaft unterwerfen wollten, nach Westen, tief nach Zentralasien hinein, um ein neues Reich, Kara Kitai, zu gründen. Sie ließen sich noch weiter westlich als die Uiguren nieder, nämlich in der Nähe des Balchasch Sees, nahe der östlichen Grenzen des großen persischen Reiches. Während dessen nahmen die Jurchen, die das nördliche China besiegt hatten, den dynastischen Namen Chin an. Es war das Schicksal dieser Dynastie, auf das aufkommende mongolische Reich zu treffen.

Geheime Geschichte

Zu dieser Zeit waren die Mongolen jedoch noch ein kleines Volk, das sich mit anderen Stammesgruppen um die Herrschaft der östlichen Steppe stritt. Historikern ist es unmöglich, vor dem dreizehnten Jahrhundert Hinweise auf eine mongolische Geschichte zu finden. Die meisten frühen Beschreibungen von nomadischen Stämmen kommen von gebildeten Völkern wie den Chinesen oder Persern, in deren Geschichtsbüchern von den ständigen Zusammenstößen mit nomadischen Eindringlingen berichtet wird. Außer den Uiguren waren die meisten nomadischen Gruppen, mit Sicherheit aber die Mongolen, Analphabeten. Und so beginnt die mongolische Geschichte erst mit Dschingis Khan, der befahl, daß die Mongolen die uigurische Schrift übernehmen und sie in die mongolische Sprache übertragen sollten. Nach Dschingis' Tod gab sein Nachfolger die berühmte Geheime Geschichte der Mongolen in Auftrag. In einer seltsamen Mischung aus Mythos, Legende und Wahrheit beschreibt sie den Aufstieg des mongolischen Volkes, das Leben und die anfänglichen Schwierigkeiten Dschingis Khans und seine atemberaubende Welteroberung. Wissenschaftler streiten sich, ob dies ein verläßlicher Bericht der mongolischen Geschichte ist. Für manche ist das Buch nicht verläßlicher als die nordische Saga, also nur eine Legendensammlung, die verfaßt wurde, um den Ruhm von Dschingis zu verstärken. Andere sehen mehr darin. Es gab am mongolischen Hof eine offizielle Geschichtsschreibung, die Altan Debter. Große Teile davon wurden in der persischen und chinesischen Geschichte überliefert, und diese Bruchstücke stellen einiges klar. Das Altan Debter und die Geheime Geschichte sind zwei vollkommen verschiedene Werke, unabhängig voneinander erstellt. Aber sie beschreiben dieselben Ereignisse ähnlich. Es ist daher mehr als wahrscheinlich, daß zumindest einige Teile der Geheimen Geschichte Tatsachen berichten.

Allerdings beginnt die Geheime Geschichte, wenn sie die Entstehung der Mongolen erzählt, ganz eindeutig im Reich der Mythen:

> *Ein blauer Wolf wurde geboren,*
> *der (seine) Bestimmung vom Himmel erhielt.*
> *Seine Gemahlin war ein fahlbraunes Reh.*
> *Sie kamen über das Meer.*
> *Batacacikan wurde geboren, als sie*
> *an der Mündung des Onon-Flusses lagerten,*
> *am (Berg) Burkan Kaldun.*

In der Tradition von Genealogien des Alten Testaments berichtet die Geheime Geschichte dann weiter, wie Batacacikan Tamaka zeugte, und Tamaka Korikar Mergan zeugte... und so weiter, bis sie schon bald zum zwölften Jahrhundert kommt, wo zumindest einige Ereignisse durch chinesische Quellen bestätigt werden können. Das wichtigste Thema des Werkes sind die ersten Lebensjahre und die Kämpfe Temudjins, wie Dschingis hieß, bevor er den Titel Großer Khan annahm. Hier rätseln die Historiker erneut über die Verläßlichkeit des Berichtes. Die Beschreibung von Dschingis' Aufstieg zur Macht wird zu einer Litanei aus Verrat und Rache, in der sich ein Stammesherrscher nach dem anderen als untreu erweist und der junge Temudjin gezwungen wird, Vergeltung zu üben. Seine Motive sind immer über jeden Vorwurf erhaben, seine Methoden gnadenlos aber gerecht. Wegen dieser immer wiederkehrenden Ereignisse ist man versucht, die Geheime Geschichte als reine Lobeshymne anzusehen; mit nüchternerem Blick könnte man annehmen, daß es Temudjin war, der mit seinen Rivalen nicht ganz ehrlich umging, und daß seine Schwierigkeiten nichts weiter waren als die rücksichtslosesten Versuche der Machtergreifung. Aber dies ist zu einfach, denn die Geheime Geschichte liefert gelegentlich auch ein sehr unvorteilhaftes Bild von Temudjin. Würde eine Lobeshymne erwähnen, daß der junge Dschingis Khan vor Hunden Angst hatte oder beschreiben, wie er seinen Halbbruder ermordete und dann von seiner Mutter als Mörder angeklagt wurde? Wenn es auch extrem schwierig zu klassifizieren ist, hat das Werk zumindest in einer Hinsicht unschätzbaren Wert: Es ist ein rein mongolischer Bericht über die Bedeutung, die sie damals in der Welt hatten. Und ob sie nun historisch genau ist oder nicht – sie bietet eine extrem dramatische Beschreibung eines der größten Generäle aller Zeiten.

Die politische Szene in der Mongolei während des zwölften Jahrhunderts wurde durch den Kampf zwischen allen Stämmen charakterisiert, die das Vakuum, das die Jurchen bei ihrem Sieg über die Kitanen hinterlassen hatten, füllen wollten. Diese Stämme sollten vielleicht korrekterweise als türkische Mongolen bezeichnet werden, da sie alle entweder Türkisch oder Mongolisch sprachen und untereinander heirateten. Tatsächlich war es jedem Mann verboten, innerhalb seines eigenen Stammes zu heiraten. Der mächtigste Stamm in Temudjins Jugend war der der Tartaren, die neben den Mongolen in der östlichen Mongolei lebten. Andere Stämme, die in der Sage eine Rolle spielen, sind die Kereyiden, die im Zentrum der Mongolei lebten, die Merkiden im Norden und die Naimanen im Westen. Es ist oft verwirrend, daß der Begriff "Tartare" gleichbedeutend mit dem Wort "Mongole" verwendet wird. Es waren zwei verschiedene Stämme und eingeschworene Feinde, und die Mongolen hatten in früheren Auseinandersetzungen den gesamten Stamm der Tartaren vernichtet. Aber die Tartaren waren bis zu der Zeit, als die Mongolen die Herrschaft erlangten, der berühmteste aller Steppenstämme gewesen. Ihr Name taucht in den chinesischen Registern bis zurück ins achte Jahrhundert auf. Deshalb wurde dieser Name von den Chinesen und auch von anderen benutzt, um alle Steppenstämme Zentralasiens zu bezeichnen. Die Tartaren genossen diese Überlegenheit über die anderen Stämme, weil sie von den Chin-Chinesen unterstützt wurden.

Es war die traditionelle Taktik der Chinesen welcher Dynastie auch immer, eine Allianz mit einem der Nomadenstämme an der Grenze einzugehen und sie anzustacheln, unter dem Rest der Stämme Unruhe zu stiften. Sollte ein anderer Stamm die Oberhand gewinnen, verließen die Chinesen ihren Verbündeten und verbanden sich mit dem Stärkeren. Der Zweck der Übung war natürlich, den inneren Zwist zu pflegen, denn solange die Stämme sich gegenseitig bekämpften, stellten sie keine Bedrohung dar. Dies war der Hintergrund, vor dem Temudjin Ruhm erlangte. Doch die Stämme unter seiner Führung zu vereinen und diese Stellung gegen die üblichen Fluktuationen der Steppenpolitik aufrecht zu erhalten, war eine außerordentlich schwierige Aufgabe. Temudjin stammte aus einem sehr unbedeutenden Clan. Obwohl dieser in der Vergangenheit Anführer geliefert hatte, gab es keine Tradition, die Führerschaft durch Erbtitel weiterzugeben. Mongolische Clan- oder Stammesführer wurden gewählt, weil sie besondere Qualitäten in der Schlacht oder auf anderem Gebiet gezeigt hatten – und sie wurden schnell wieder abgesetzt, wenn sie diese Führerqualitäten nicht mehr zeigten. Es gab lockere Verbindungen zwischen den Clans, die man Anda nannte, und bei der man dem anderen Bruderschaft schwor. Doch keiner dieser Konföderationen war es je gelungen, längere Zeit über einen anderen Stamm zu herrschen, und es gab sicherlich kein Beispiel in der Geschichte der Mongolen, daß alle Stämme unter einem einzigen Anführer vereint worden waren. Außerdem waren die Chin besonders erfolgreich mit ihrer Taktik, Spannungen zu erhalten. Temudjin hatte alle Umstände gegen sich, und es ist kaum überraschend, daß der Sieg über die Steppenstämme und die Gründung einer neuen Ordnung den Großteil seines Erwachsenenlebens beanspruchte.

Temudjins Aufstieg zur Macht

Temudjin wurde wahrscheinlich 1167 im Clan der Bjorjin geboren. Sein Vater, Yesugei Bat'atur, war der Anführer eines kleinen Stammes, der von den dauernden Zwistigkeiten zwischen den mongolischen und tartarischen Stämmen betroffen war. Yesugei hatte die Ehe zwischen seinem neunjährigen Sohn Temudjin und einem Mädchen aus dem Stamm seiner Frau, den Unggirad, arrangiert. Nach mongolischem Brauch brachte er seinen Sohn zu dessen zukünftigen Schwiegereltern, damit er dort aufwuchs. Bei der Heimreise begegnete er einigen Tartaren. Da ihm ihre Identität nicht bewußt war, bat Yesugei sie um etwas zu trinken. Die Tartaren erkannten jedoch ihren alten Feind und schütteten ihm ein langsam wirkendes Gift in sein Getränk. Als er das Familien-Ger erreichte, wich bereits das Leben aus ihm, und er starb noch vor Einbruch der Nacht. Temudjin wurde nach Hause geholt. Seine Mutter, Ho'elun Ujin, bemühte sich, die Gefolgsleute ihres verstorbenen Ehemanns zusammenzuhalten, doch ein rivalisierender Clan, die Tayichi'ud, stachelte alle dazu auf, die Familie zu verlassen. Ho'elun und ihre Kinder waren gezwungen, in die Berge nahe des Onon-Flusses zu ziehen, wo sie sich, ohne Freunde und ständiger Gefahr ausgesetzt, nur von wilden Beeren, Wild und Fischen ernährten. In dieser rauhen Umgebung wuchs Temudjin auf und freundete sich mit dem Jungen Jamukha an, der aus einem anderen Clan stammte und sein Anda wurde. Ihre Schicksale sollten sich später eng miteinander verweben.

In dieser Zeit, in der er von der Hand in den Mund leben mußte, stritt sich Temudjin offenbar mit seinem Halbbruder um ein paar Vögel, die sie erlegt hatten, und erschoß ihn in einem Anfall unkontrollierter Wut, "als wäre es eine Schießübung". Wahrscheinlich haben sie sich nicht nur über die Jagdbeute gestritten; vielmehr wird Temudjin bereits die Rudimente der Clanpolitik ausgeübt haben, indem er einen potentiellen Rivalen aus dem Weg räumte. Auf jeden Fall klagte Temudjins Mutter nach der Geheimen Geschichte heftig darüber und nannte ihn einen Mörder:

> *In einem Augenblick, in dem du keinen anderen Gefährten hast als deinen*
> *Schatten;*
> *In einem Augenblick, in dem du keine andere Peitsche hast als deinen Schwanz,*
> *In einem Augenblick, in dem du sagst: "An wem sollen wir uns rächen?", tut ihr*
> *euch das an. Sagt: "Wie sollen wir leben..."*

Bald verwandelte sich der Kummer seiner Mutter in Schmerz, denn Temudjin wurde vom Clan der Tayichi'ud entführt – von den Leuten, die die Männer des verstorbenen Yesugei dazu angestiftet hatten, die Familie zu verlassen. Einige Gelehrte behaupten, daß dies die Rache für den Mord an Temudjins Halbbruder war, der mit den Tayichi'ud verbunden war. Andere meinen, daß es nur eine Präventivmaßnahme war, aus Angst, der junge Temudjin könne sich später für die Leiden seiner Familie rächen wollen. Nach der Geheimen Geschichte blieb Temudjin einige Monate lang gefangen. Während eines Festes gelang ihm jedoch die Flucht. Die Personen, die ihm dabei halfen, werden in späteren Episoden der Geheimen Geschichte für ihre Tat belohnt. Aus diesen Berichten von Temudjins Entwicklung kristallisiert sich das Bild eines jungen Mannes heraus, der trotz seiner edlen Geburt mit dem einfachen Leben vertraut ist, von seinen Stammesältesten Illoyalität erfahren hat, und daß sich wahre Treue oft außerhalb des Clans oder Stamms finden läßt. Im Alter von sechzehn Jahren kehrte er zum Unggirad-Clan zurück, um seine Braut Borte zu heiraten, wie es sein Vater arrangiert hatte. Bald nach der Hochzeit erwählte sich Temudjin – der der Ansicht war, er könne die Hilfe eines Schirmherren gebrauchen, wenn er jemals sein Geburtsrecht einklagen wollte – einen Freund und ehemaligen Anda seines Vaters, To'oril. Er war der Häuptling der Kereyiden, einem türkischen Volk, das an den Ufern des oberen Onon lebte.

Die Kereyiden waren berittene Nomaden und ihren mongolischen Nachbarn bis auf einen Punkt ähnlich: Sie waren nestorianische Christen. Christliche Gemeinden waren selbst so weit im Osten nichts Ungewöhnliches: ein Produkt evangelisierender Mönche,

---

Nächste Seite: Die Chin-Armee auf dem Rückzug.
Aus der berühmten Geschichte des mongolischen Volkes,
Jami al-tawarikh, geschrieben von dem persischen
Gelehrten Rashid al-Din.

die im elften Jahrhundert vom Mittleren Osten gekommen waren. Als Temudjin im Lager von To'oril ankam, überreichte er ihm Geschenke und erhielt als Gegenleistung To'orils Versprechen, Temudjin im Kampf, das Gefolge seines Vaters zurückzuholen, zu unterstützen. Bevor er es einlösen konnte, wurde Temudjins Lager von einer Horde Merkiden überrannt und seine Frau Borte entführt. To'oril stellte sofort eine Armee zusammen, um die Merkiden anzugreifen, die Temudjins Kindheits-Anda Jamukha befehligte. Der Feldzug war ein voller Erfolg; Borte wurde gerettet, Temudjin zeichnete sich in der Schlacht aus. Die einzige Enttäuschung war, daß Borte schwanger zurückkam. An ihrem ersten Kind, Jochi, haftete lebenslang das Stigma der Unehelichkeit.

Nach dem erfolgreichen Feldzug gegen die Merkiden ritten Temudjin und seine Gefolgsleute mit Jamukha achtzehn Monate lang zusammen. Sie verstanden sich gut, entwickelten aber die Rivalität zweier offenbar sehr ehrgeiziger junger Prinzen. Eines Abends verließ Temudjin mit seinen Gefolgsleuten Jamukhas Lager, da er spürte, daß sie sich nicht länger einig waren, und ritt in die Nacht. Am folgenden Morgen entdeckten sie, daß ihnen eine Gruppe von Jamukhas Leuten gefolgt war, bereit überzuwechseln, und angezogen von der Großzügigkeit, mit der Temudjin seine Gefolgsleute behandelte. In der Geheimen Geschichte heißt es: "Der Prinz kleidet seine Leute mit seinen eigenen Kleidern, er erlaubt ihnen, seine eigenen Pferde zu reiten; diese Person kann dem Stamm wahrlich Frieden bringen und die Nation regieren." Bald darauf wurde Temudjin zum Khan der Mongolen gewählt. Dieser Titel besaß nur geringen praktischen Wert, da er nur über einen kleinen Teil der mongolischen Bevölkerung befehlen konnte. Doch Geschichten über ihn verbreiteten sich und wurden von den Schamanen aufgegriffen und ausgeschmückt. Sie fesselten die mongolischen Zuhörer mit der Legende, daß Temudjin einen himmlischen Auftrag erhalten habe, um die Steppe zu regieren. Temudjin wußte, wie man diese Geschichten ausnutzen konnte. Er soll ausgerufen haben: "Meine Kraft wurde von Himmel und Erde bestimmt. Vom mächtigen Himmel ausgewählt, wurde ich von Mutter Erde hierher gebracht." Bald scharten sich die Clans um sein Banner.

Temudjins offenbar müheloser Aufstieg machte Jamukha eifersüchtig, und bald beschloß er, Temudjin zu einer Schlacht herauszufordern. Bei einem Überraschungsangriff entkam ihm sein Kindheits-Anda Temudjin nur knapp. Temudjins Rachedurst wurde von der Nachricht verstärkt, daß seine Männer, die nach dem Angriff gefangengenommen worden waren, von Jamukha hingerichtet wurden, indem er sie in siebzig großen Bottichen gekocht hatte. Doch bevor Temudjin sich rächen konnte, rief sein Schirmherr To'oril, seinen Vasallenprinzen zu Hilfe. Eine Gruppe der kereyidischen Konföderation hatte sich gegen den alten Mann erhoben und ihn schutzlos in die Wüste Gobi getrieben. Als Temudjin davon erfuhr, führte er eine Armee gegen die Feinde seines Schirmherren.

Sein überwältigender Erfolg festigte seinen wachsenden Ruhm. Und bald zog er weiteren Siegen entgegen: Er wehrte einen Angriff der Merkiden ab, die gehofft hatten, die zeitweilige Instabilität innerhalb der kereyidischen Konföderation ausnutzen zu können.

Inzwischen standen größere politische Bewegungen bevor. In typischer chinesischer Tradition warben die Chin um die Hilfe von To'oril und Temudjin, um die ständigen Angriffe der Tartaren abzuwehren. Die Mongolen waren nur zu gern bereit, sich an ihrem alten Feind zu rächen. Der Sieg über die Tartaren verhalf Temudjin nicht nur zu weiterem Ruhm, sondern änderte auch das Machtverhältnis in der Steppe dramatisch. Zum Dank für einen gut ausgeführten Auftrag ehrten die Chin die Verantwortlichen und verliehen To'oril den Titel Ong (Wang) Khan. (Da die mongolische Geschichte in dieser Zeit von anderen Kulturen geschrieben und verfälscht wurde, entwickelte sich Ong Khan bald zum bekanntesten christlichen Prinzen des Ostens. Später wurde der Name Ong oder Wang mit "Johann" verwechselt, was zur Entstehung einer großen christlichen Legende führte). Auch Temudjin wurde geehrt und erhielt einen geringeren Titel.

Obwohl er nun eine Art militärische Berühmtheit war, diente er weiterhin Ong Khan. Gemeinsam führten sie Feldzüge über die Steppe, vom Altai bis zum Khinghan-Gebirge. Aber ihre wachsende Macht und ihr Einfluß zogen bald Feinde an, und Jamukha, dessen Feindschaft zu Temudjin wuchs, nutzte dies aus. Er versammelte eine Gruppe Unzufriedener: die Merkiden, die Naimanen, den Rest der Tartaren, die Tayichi'uden und sogar den Stamm von Temudjins Mutter, die Unggirad. Der folgende Krieg, ein ungleicher Kampf zwischen den Armeen von Ong Khan und dem gesamten Rest der Steppenstämme, fand im Winter 1201–03 statt. Jamukhas Konföderation war schlecht organisiert, so daß einzelne Abteilungen leicht herausgepickt und besiegt werden konnten. Der Feldzug erreichte seinen Höhepunkt mit dem Massaker an der gesamten Tartaren-Armee am Fuße der Khinghan-Berge – die Rache für den Mord an Temudjins Vater Yesugei.

Oberbefehlshaber

Nach diesem Krieg hatte die Konföderation von Ong Khans Kereyiden, die von Temudjins Mongolen unerschrocken unterstützt worden war, die Kontrolle über die östliche Steppe erlangt. Doch während der Feldzug weiterging, begann das Vertrauen zwischen dem Ong Khan und seinem Protegé zu zerbröckeln. Nach der Vernichtung der Tartaren fühlte Temudjin, daß es an der Zeit sei, durch Ehe eine Familienbindung mit dem Ong Khan herzustellen: Temudjins ältester Sohn Jochi sollte die Tochter des Ong Khans zur Frau bekommen. Der Ong Khan war vom Ehrgeiz seines Vasallen verärgert

در رجب سنه اثنین و ستمایه هجری در ایام در اوایل مصلحت جرخسیلر خان فرمود مایومی نه بابه سید بای اورد و جمعیتی باعظمه
نوریلتای نزدیک ساخت و در آن نوریلتای لقب بزرگ جنگیز خان بر وی مقرر کردند و بسبار کی به حث نشست

und lehnte diesen Vorschlag rundweg ab. Der alte Mann hatte begonnen, die wachsende Bedeutung von Temudjin zu fürchten, und bald wurde deutlich, daß die beiden Männer nicht mehr so gut zusammen kämpften. Mehr als einmal wurde Temudjin vom Feind beinahe besiegt, weil die erwarteten Truppen des Ong Khan nicht eingetroffen waren.

Langsam spürten auch die Clans, daß Temudjin nicht länger begünstigt wurde und verließen ihn. Er bekam wieder schmerzlich zu spüren, was Loyalität in der Steppe hieß. Nach einem schrecklichen Zusammenstoß mit einer überwältigenden Armee der Kereyiden, bei dem Temudjins zweiter Sohn Ögedei schwer verwundet wurde, waren sie gezwungen, sich mit 4600 Männern zurückzuziehen und an den Ufern des Baljuna-Sees Schutz zu suchen. Er versuchte, mit seinem ehemaligen Schirmherrn Verbindung aufzunehmen, wurde aber abgewiesen. Diese Zeit in der Wildnis, die um 1203 gelegen haben muß, wird von frühen Chronisten für die größte Prüfung für Temudjin und seine Gefolgsleute gehalten. In den folgenden Jahren erhielten diejenigen, die behaupten durften, mit Temudjin am Baljuna-See gewesen zu sein, große Ehren.

Schließlich zeigte die Konföderation der Kereyiden, die nun unter der schwachen Führung eines der Söhne von Ong Khan stand, Auflösungserscheinungen. Immer mehr Clans wechselten wieder auf Temudjins Seite, und als seine Stärke schließlich ausreichte, schlug er zurück – und traf die Kereyiden unbewacht. Die nachfolgende Schlacht gegen die überlegene Macht war ein legendärer Kampf, der drei Tage dauerte. Schließlich siegte Temudjin. Der ältere Ong Khan floh, wurde jedoch von einem Nachbarstamm gefangengenommen und ermordet. Temudjin versuchte, die Loyalität der feindlichen Befehlshaber umzukehren und befahl, diese nicht zu bestrafen. Er ging sogar so weit, ihre Heldenhaftigkeit öffentlich zu loben. Doch nun, da die Kereyiden geschlagen waren, sollten sie sich in die mongolische Nation eingliedern. Dies unterstützend, verheiratete er kereyidische Prinzessinnen mit seinen Söhnen. Eine der jüngsten Nichten des Ong Khan, Sorghaghtani Beki, die Temudjins jüngstem Sohn Tolui zugesprochen war, wurde später zu einer der mächtigsten Figuren im Reich und die Mutter einiger der größten Khane.

Man könnte annehmen, daß Temudjin nun die absolute Herrschaft über die östliche Steppe genoß, doch tatsächlich sah er sich nun als Folge seines Sieges über die Kereyiden einer noch entschlosseneren Opposition gegenüber. Die letzte Macht in der Region waren die Naimanen, ein Stamm, der aus dem Nord-Westen der traditionellen Länder der

Temudjin wird zum Dschingis Khan ausgerufen.
Aus einem Manuskript von Rashid al-Din. Bei ihm
befinden sich Höflinge und seine zwei ältesten Söhne
Jochi und Ögedei, rechts im Bild.

Kereyiden kam – zwischen dem Fluß Selenga und dem Altai. Hier hatte sich eine Armee aus Flüchtlingen der anderen besiegten Stämme versammelt. Hier hatte auch Jamukha Zuflucht gesucht und plante nun Temudjins Niedergang.

Temudjin erkannte die Unausweichlichkeit einer letzten Schlacht und berief ein Quriltai, ein Treffen der Stammeshäuptlinge unter seinem Befehl, ein, um den Feldzug zu planen. Er wollte eine entscheidende Begegnung, einen Sieg, der entweder das Ende aller Stammeskonflikte herbeiführen würde – oder das Vergessen. Bei der Vorbereitung für diese Begegnung teilte Temudjin seine Armee in Gruppen zu tausend, hundert und zehn Kriegern ein. Er reorganisierte auch die Befehlsstruktur. Als das geschehen war, weihte er seine Fahnen am Tag des Mondfestes im Jahr der Ratte (1294) und begann seinen Marsch gegen die Armeen der Naimanen. Als er auf die überwältigend überlegene Armee des Feindes traf, waren die mongolischen Pferde bereits erschöpft. Er beschloß, ein Lager aufzuschlagen, und er überzeugte die feindlichen Späher durch das Entzünden von vielen Hunderten von Feuern erfolgreich davon, daß seine Armee sehr viel größer war als in Wirklichkeit. Als sich die beiden Armeen schließlich auf dem Feld gegenüberstanden, betrachtete Jamukha Temudjins neue Schlachtordnung und schlich still und leise vom Feld, noch bevor die Schlacht begonnen hatte – vielleicht weil sie seine eigenen Pläne durcheinandergebracht hatte. Die Naimanen marschierten gegen die Mongolen, doch als Jamukhas Armeen ihrem Führer folgten, verloren die Naimanen den Mut und wurden schwer getroffen. Der naimanische König starb an seinen Wunden, sein Sohn floh in den Westen, und Jamukha wurde schließlich gefangengenommen und, nach der Geheimen Geschichte, auf eigenen Wunsch getötet. Temudjin war nun der alleinige Herr über alle Stämme der Mongolei. Bei einem Quriltai im Jahre 1206 wurde er schließlich zum Herrscher ernannt und erhielt den Titel Dschingis Khan.

Die neue Mongolei

Die Geschichte von Dschingis Khans legendärem Aufstieg zur Macht beschreibt den offenbar endlosen Alptraum von Treue und Betrug. Für Geschichtsschreiber, die die Persönlichkeit einer der wichtigsten Figuren in der Geschichte der Welt lebendig zu machen versuchten, bieten diese Ereignisse einige Erkenntnisse. Bestimmte Fakten sind einzigartig. Er kam aus einer extrem untergeordneten Position innerhalb der Steppenpolitik und hatte keine Grundlage, von der aus er seine rechtmäßige Herrschaft ansteuern konnte. Die Unterstützung, die er schließlich fand, entglitt beim ersten Anzeichen dafür, daß der Wind sich drehte, seinen Händen. Diese Unbeständigkeit führte nicht nur zu seinen neuen militärischen Strategien, sondern auch zur politische Struktur einer erstmals vereinten Mongolei. Bittere Erfahrungen hatten ihn gelehrt, daß er weder den einzelnen Clans noch seinen engsten Verwandten trauen konnte, denn auch seine Onkel und Brüder hatten sich gelegentlich mit seinen Feinden verbündet. Sie waren fähig, ihn im einen Jahr zum Khan zu wählen und im nächsten Jahr im Stich zu lassen. Er verstand, daß mit diesen alten Gewohnheiten gebrochen und die engen Interessen jeder Stammesgruppe den größeren Bedürfnissen der Union untergeordnet werden mußten. Traditionellerweise geht man davon aus, daß Dschingis Khans Vorstellung von einer zukünftigen politischen Struktur der Mongolei Teil einer Vision von einer Nation war, die schließlich einen Feldzug gegen die ganze Welt führen sollte. Doch die neuere Forschung geht davon aus, daß diese Struktur die einzige Möglichkeit der beständigen Herrschaft über eine Armee von nomadischen Reitern war, die im Jahre 1206 etwa hunderttausend Männer zählte.

Die Loyalität gegenüber Stammesführern oder Tus war immer nur zeitweilig und unverläßlich. Nach der Geheimen Geschichte war eines der einschneidensten Erlebnisse in Dschinghis Khans Kindheit die Zeit, als er und seine Familie nach dem Tod seines Vaters von dessen Männern im Stich gelassen wurde. Da er nun für sich selbst sorgen mußte, lernte Dschingis, daß die einzig verläßliche Unterstützung nur aus seinem eigenen, persönlichen Gefolge kommen konnte. Diese Gruppe wurde das Rückgrat der Armeeführung und daher auch der politischen Machtbasis. Zwei grundlegende Verbindungen entwickelten sich: Die erste war die Anda, die eingeschworene Bruderschaft, eine Verbindung Gleichgestellter, bei der sich die Partner sowohl Treue als auch Unterstützung in schwierigen Zeiten schworen – eine Unterstützung, die Männer und Familien unter den Befehl der jeweiligen "Brüder" stellte. Diese Verbindung schwand unter der neuen Reichsstruktur dahin und wurde durch die Nokor ersetzt, einem persönlichen Treueschwur. Wer sich zum Nokor erklärte, unterstand seinem Herrn und hatte sich in der Schlacht ausgezeichnet. Ein Nokor konnte mit der Befehlsgewalt über eine Abteilung der neuen Armee belohnt werden, was ihm neben Prestige auch einen größeren Beuteanteil sicherte. Wer jedoch seinen Nokor betrog, konnte keine Gnade erwarten. Als Dschingis Khan die Befehlsstruktur seiner Armee aufbaute, fiel die Abwesenheit der meisten Familienangehörigen auf. Es gab keine Onkel, Cousins, Brüder, Neffen oder Söhne – mit Ausnahme von Jochi. Später, als die mongolische Armee gewachsen war, verteilte er zähneknirschend kleinere Abteilungen unter seiner Familie. Doch er zögerte stets, Familienmitglieder mit wichtigen Aufgaben zu betrauen und war extrem mißtrauisch – man könnte sagen, paranoid – was Familienbande anging. Während seines Machtkampfes drohte Dschingis Khan etwa einem Dutzend Familienmitgliedern wegen echter oder angenommener Verschwörungen mit der Hinrichtung oder führte sie auch aus. Er zeigte sich aber denjenigen gegenüber extrem vertrauensvoll und großzügig, mit denen er nicht verwandt war, und die ihre Treue in der Schlacht bewiesen hatten.

Dschingis Khan schuf auch den Keshig, seinen Bodyguard, der aus siebzig Tagwachen und achtzig Nachtwachen bestand. Mit seiner Macht wuchs dieser Schutzapparat, verzehnfachte sich, und als er schließlich zum Herrscher über die Mongolei erklärt wurde, war der Keshig auf 10 000 Mann – zehn mal eintausend – angewachsen. Ihre Anführer waren Söhne oder jüngere Brüder seiner Abteilungskommandanten und bestärkten damit die neue Reichsloyalität. Ihre Pflichten schlossen neben dem Schutz des Herrschers auch die Bereitstellung von handverlesenen Kriegern und Boten für Sonderaufgaben des Herrschers ein. Die Entwicklung dieser neuen Armee bedeutete oft, daß die traditionellen Anführer der Stammesarmeen durch Kommandanten anderer Stämme ersetzt werden mußten. Dschingis war sogar dazu bereit, ganze Stammesarmeen aufzulösen und zu verteilen; besonders, wenn sie sich in der Vergangenheit als unverläßlich erwiesen hatten. Diese Strategie war so wirkungsvoll, daß die alten Stammesarmeen bald verschwanden. Niemand durfte bei Androhung der Todesstrafe ohne ausdrückliche Erlaubnis von einer Einheit zur anderen wechseln. Die Disziplin war streng und der Zentralautorität untergeordnet, und die Männer wurden zur Kampfeinheit und nicht als Individuen ausgebildet. Diejenigen, die mehr plünderten, als ihr Rang erlaubte oder private Zwistigkeiten austrugen, wurden hart bestraft. Dschingis' Ziel war es, jeden einzelnen mongolischen Krieger auf die Armee zu konzentrieren und diese auf sich selbst. Die Erfahrung hatte ihn gelehrt, daß die Nation sich auf eine persönliche Gefolgschaft gründen mußte. Absolute Autokratie war der Schlüssel dazu.

Dschingis Khans Ruf als großer General gründete auf der Tatsache, daß er immer bereit gewesen war, größere Risiken als seine Feinde einzugehen. Er tat dies, weil er keine andere Wahl hatte, weil er nirgendwo anderes hingehen konnte. Er brauchte den Sieg. Ein Versagen hätte sein Aus bedeutet. Siege brachten ihm Gefolgschaft. Im Jahre 1206 hatte der jüngst proklamierte Dschingis Khan im Alter von neununddreißig Jahren, gemessen am Mittelalter, seine besten Jahre hinter sich. Doch er stand an der Spitze einer Nation, die nur einige Jahre zuvor noch nicht einmal existiert hatte. Noch wichtiger: Er stand an der Spitze einer Armee, die eine größere Aufgabe brauchte. Doch welche Aufgabe dies sein konnte, war keineswegs klar. Alles, was Dschingis verstanden haben konnte, war, daß er von hier aus weitermachen mußte.

Dschingis erklärte die "Neun Horden" aus Yak-Haaren
zu seinen Wahrzeichen. Später wurden sie zum Reichsbanner
und sind heute noch Symbol vergangenen Ruhmes der Mongolei.

Von China bis zum Kaspischen Meer

Der Gesetzgeber

Bald nachdem Dschingis Khan zum Herr über alle "Menschen in Filzzelten" erklärt worden war, soll er die große Yasa, die allgemeinen Gesetze, verkündet haben. Es war üblich, daß der Anführer "die Gründung seiner Politik bekundete", indem er bestimmte Dekrete erließ, wenn ein neues Steppenreich ausgerufen wurde. Dschingis Khans berühmte Gesetze wurden so hoch bewertet, daß sie ihn als großen Verwalter und Gesetzgeber über alle vorangegangenen Nomadenführer stellten. Die Yasa soll kurz nach dem Quriltai von 1206 festgelegt und in die Hände von Dschingis' adoptiertem Bruder, einem Tartaren-Waisen namens Shigi-Qutuyu, gelegt worden sein, der zu einer Art Oberrichter ernannt wurde. Die Gesetze legten das mongolische Streben nach religiöser Toleranz fest, befreiten Priester und religiöse Institutionen von der Steuer und setzten die Todesstrafe für Spionage, Fahnenflucht, Diebstahl, Ehebruch und dreifachen Bankrott fest. Sie verbaten auch das Waschen oder Urinieren in fließendem Gewässer, da man Ströme und Flüsse für lebendig hielt. Die Yasa wurde zur institutionellen Grundlage des Reiches, bewies Dschingis' Weisheit und seine Vision von der Regierung seiner zukünftigen Herrschaft.

Doch moderne Historiker haben ihre Zweifel daran, ob es eine solche Vision von einem zukünftigen, gut regierten Reich überhaupt gab. Sie nehmen an, daß ein Großteil der Yasa tatsächlich aus Fallbeispielen besteht – eine Sammlung von Urteilen, die zu Präzedenzfällen für zukünftige Entscheidungen wurden. Es gibt außerdem einen Bericht vom großen persischen Historiker Rashid al-Din über eine große Anzahl von Dekreten, die von Dschingis ausgesprochen wurden. Diese Richtlinien oder Biligs wurden aufgeschrieben und fälscherlicherweise für Teile der Yasa gehalten. Zu Dschingis' Dekreten und dem Fallrecht kommt eine Vielzahl mongolischer Bräuche und Traditionen hinzu. Die Yasa ist also weniger der "neue" große Grundstein des Reiches, sondern mehr eine Mischung aus Erleuchtung und Aberglaube, die von mongolischen Traditionen getragen wird.

Neubelebung der Armee

Es gab eine sehr viel einflußreichere Institution, die von Dschingis Khan strukturiert und reguliert wurde, und die das Leben der meisten Mongolen beeinflußte – die Armee. Alle Männer über vierzehn Jahre mußten Militärpflicht leisten. Nur Ärzte, Leichenbestatter und Priester waren davon ausgenommen. Wenn die Männer einberufen wurden, mußten sie ihre Herden verlassen, vier oder fünf Pferde mitnehmen und dorthin reisen, wo ihre Einheit stationiert war. Von Frauen und Kindern erwartete man, daß sie ihnen folgten, und wenn die Armee außer Landes war, zog die Familie mit den Herden weiter. Das Ordu (Militärlager) war in Reihen aufgeteilt, so daß jeder Neuankömmling genau wußte, wo das Ärztezelt war oder das Waffenarsenal, wo sie ihre Waffen erhielten. Dann gingen sie zu ihrer Einheit: entweder einer Arban – einer einfachen Zehner-Einheit; einer Jagun – zehn Arbans oder 100 Männer; einer Minghan – einem Regiment aus zehn Jaguns oder 1 000 Männern; oder einer Tumen, einer Abteilung aus zehn Minghans oder 10 000 Männern. Die Ordu wurde von Quartiermeistern oder Jurtchis geführt, die für Verpflegung sorgten und sich darum kümmerten, daß alles funktionierte.

Ein Soldat war dafür verantwortlich, daß seine Ausrüstung in Ordnung war und wurde regelmäßig von Offizieren inspiziert. Wer sich nicht um seine Ausrüstung kümmerte, wurde normalerweise nach Hause geschickt. Die Ausrüstung eines Soldaten begann mit einem seidenen Unterhemd – eine Neuheit, die von den Chinesen übernommen worden war. Wenn der Soldat unglücklicherweise von einem Pfeil getroffen wurde, so konnte dieser vielleicht die Rüstung durchdringen, aber es war unwahrscheinlich, daß er auch das dicht gewebte Seidenhemd zerriß. Normalerweise wurde die Seide mit der Pfeilspitze in die Wunde gedrückt. Zieht man einen Pfeil aus dem Fleisch, so verursacht das eine Wunde, aber wenn sich die Seide fest um die Pfeilspitze gewickelt hatte, war es viel leichter. An der Seide gezogen und leicht gedreht kann der Pfeil entfernt werden, ohne weiteres Fleisch aufzureißen.

Über dem Seidenhemd trug man einen Kittel, und wenn man zur schweren Kavallerie gehörte ein Kettenhemd und einen Brustharnisch aus lederbedeckten Eisenplatten. Jeder Soldat trug einen lederüberzogenen Schild aus Korbgeflecht sowie einen Helm aus Leder

---

Nächste Seite: Die mongolische Vorhut, die Mangudai, war normalerweise nur leicht bewaffnet – zwei Bogen, ein Köcher mit sechzig Pfeilen und ein Krummsäbel. Ihre Aufgabe war es, den Feind dem Rest der mongolischen Armee zuzuführen.

oder Eisen, je nach Rang. Zu Pfeil und Bogen gehörte ein großer Köcher, der nicht weniger als sechzig Pfeile enthielt. Die leichte Kavallerie trug ein kleines Schwert und zwei oder drei Speere, während die schwere Brigade einen Krummsäbel, eine Kriegsaxt oder eine Keule sowie eine 4 m lange Lanze trug. Die Soldaten wurden auch für die Reise ausgestattet. Sie mußten auf dem Pferd Kochtöpfe, getrocknetes Fleisch, eine Wasserflasche, Feilen zur Schärfung der Pfeile, Nadel und Faden und andere nützliche Dinge mit sich tragen. Als Satteltasche diente ein Kuhmagen, der wasserdicht und aufblasbar war und bei Überquerungen von Flüssen auch einen nützlichen Schwimmkörper darstellte.

Dschingis Khan gelang es, den Lieblingssport der nomadischen Reiter – die Jagd – in militärischen Drill umzuwandeln. Ob die Beute ein Wolf, ein Wildschwein oder ein Hirsch war, die Jagd diente der Möglichkeit, als Teil einer großen Einheit erfolgreich zu sein. Diese Jagdübungen wurden ungefähr drei Monate lang im Winter abgehalten, und jeder Soldat nahm daran teil. Man übte eine Vielzahl von Techniken, je nach Größe der Einheit.

Einer kleinen Gruppe wurde befohlen, an verschiedenen Punkten in einem Bogen auszuschwärmen. Die Beute wurde mit einer Reihe sorgfältig ausgearbeiteter Angriffe zum vorteilhaftesten Platz getrieben. Manchmal brachte man die Beute sogar dazu, ein oder zwei Reiter anzugreifen, die dann flüchtend die Beute in eine Falle lockten. Dieses Täuschungsmanöver wurde zu einer Standard-Taktik der Mongolen und immer wieder erfolgreich angewendet. Hatte man die Beute am gewünschten Platz, stieß der wartende Kreis von Reitern zum Töten dazu.

Eine weitere Taktik war, eine gesamte Abteilung der Armee an einer Art Startlinie entlang aufzureihen, die bis zu 130 km lang sein konnte. Auf ein Signal ritt die gesamte Linie voll bewaffnet auf eine Ziellinie zu, die Hunderte von Kilometern entfernt lag. Diese befand sich normalerweise im Schatten eines Berges, wo die Prozedur vom Khan und seinem Gefolge beobachtet werden konnte. Die folgenden Tage zog die gesamte Kavallerie voran und trieb sämtliches Wild vor sich her, das sich auf ihrem Weg befand. Ein ähnlicher Sport wird heute noch in der Mongolei während des Naadam-Festes ausgeübt, einem modernen Turnier, bei dem das traditionelle mongolische Bogenschießen und eine besonders tödliche Form des Ringens sowie Reiterspiele gezeigt werden. Die Pferderennen laufen über 30 und mehr Kilometer. Oft nehmen über 500 Reiter daran teil; sie beginnen das Rennen im Schritt und treiben die Pferde langsam in einen Endgalopp.

Während der Jagd ritten die Flanken kurz vor dem Ziel allmählich immer weiter vor, bildeten einen riesigen Bogen, der sich langsam zum Kreis schloß und umzingelten das gesamte Wild. Für die Dauer des Rittes war es verboten, irgend etwas zu töten, aber es war noch entehrender, wenn ein Reiter es zuließ, daß ein Tier dem Netz entkam.

Während der Übung ritten die Offiziere hinter ihren Männern her, schrien Befehle und lenkten ihre Bewegungen.

Die Mongolen erfanden auch ein besonders wirkungsvolles und verläßliches Signalsystem mit Flaggen, Fackeln und Reitern, um Nachrichten über große Entfernungen zu übermitteln. Das war einer der größten Vorteile, den sie auf dem Schlachtfeld besaßen: die verläßliche und schnelle Kommunikation. Sie befähigte alle mongolischen Einheiten, im ständigen Kontakt miteinander zu bleiben, und, mit Hilfe ihrer Kuriere, unter der Kontrolle eines einzelnen Kommandanten zu stehen.

Am Ende dieser anspruchsvollen Jagd-Choreographie konnten die Männer ihre individuellen Kampffähigkeiten beweisen. Wenn die Flanken sich getroffen hatten und der Kreis geschlossen war, ritt der Khan von seinem Beobachtungsposten in den Kreis und nahm sich seinen Anteil an der Beute. Dies war zweifellos eine gewagte Sache, da der Khan seine Fähigkeiten vor der gesamten Kompanie beweisen mußte. Wenn er fertig und auf den Berg zurückgekehrt war, waren die Soldaten dran. Nun konnte jeder seinem Offizier sein Können mit Schwert, Pfeil und Bogen oder der Lanze zeigen. Viele kämpften mit den Händen gegen die Tiere und versuchten, sie nur mit einem Dolch zu töten. Es kam durchaus vor, daß ein Soldat von einem wütenden Wolfsrudel in Stücke gerissen wurde. Schließlich baten die ältesten und die jüngsten der Truppe den Khan darum, den restlichen Tieren das Leben zu schenken, und damit war die große Jagd formell beendet.

Auf diese Weise trainierten die Mongolen eine extrem professionelle Armee – eine Sensation im dreizehnten Jahrhundert. Neben den Reit-, Schieß- und Schwertkünsten lernte jeder mongolische Krieger die Bedeutung von Disziplin, Koordination und Gehorsam. Obwohl ihre Taktiken im Feld sich nicht von denen jedes anderen Nomadenstammes unterschieden, waren ihre Strategien wahre Meisterstücke an Originalität und Mut. Die Verfolgung des Wildes wurde zur Verfolgung des Feindes; und bald erfanden die Kommandanten Taktiken, die ihre Feinde vollkommen verblüfften. Was sich unter Dschingis Khans Anleitung entwickelte, war eine moderne Kavallerie, die auf der ganzen Welt ihresgleichen suchte.

Eroberungen im Ausland

Erst drei Jahre nach dem Quriltai von 1206 begann Dschingis Khan einen Feldzug außer Landes. Die politische Situation an seinen Grenzen war ruhig, die verschiedenen seßhaften Gruppen waren stabil und größtenteils uninteressiert an der Innenpolitik der türkisch-mongolischen Stämme. China war zu der Zeit in drei verschiedene Königreiche aufgeteilt. Südlich der Mongolei, den westlichsten Ausläufern des heutigen Chinas, lag Hsi-Hsia, das schwächste der drei Reiche; seine Bevölkerung bestand größtenteils aus tibetanischen Buddhisten. Im Osten der Mongolei lag das nördliche China unter der Herrschaft der Jurchen, dem halb-nomadischen Volk aus der Mandschurei, das, wie die Herrscher vor ihnen, nach ihrer Eroberung eine eigene Dynastie, die Chin, gegründet hatte. Südlich der Chin lag das wirkliche Herz Chinas, das von der rein chinesischen Sung Dynastie regiert wurde, deren Abstammung über Hunderte von Jahren zurückverfolgt werden konnte. Im Westen der Mongolei lag das Reich der Kara Kitai und der Uiguren, und dahinter kamen die riesigen Gebiete des Khwarazm Schahs, das nordpersische Reich.

Oft wird angenommen, daß Dschingis, nachdem er alle internen Widerstände gebrochen hatte, seine Aufmerksamkeit auf den Ausbau seines Reiches richtete. Man glaubte auch, daß die Mongolen als erstes China angreifen würden, da es das Land war, in das sich die nomadischen Reiter vorgewagt hatten, als sie ihren Einfluß ausdehnen wollten. Aber das galt wohl nur für die halbnomadischen Reiter, die immer wieder aus der Mandschurei herausgeritten waren. Diese Völker hatten stets Interesse an der Ausraubung und der Herrschaft über die Agrarnation China gezeigt. Als sie sich dann als legitime Herrscher etabliert hatten, konnten sie geschickt mit den ungehobelten Reiterbanden umgehen, die aus der Mongolei einfielen. Die Chinesen nannten die Mongolen "die Ungekochten". Diese rauhen Reiter hatten niemals irgendein Interesse an Eroberungen gezeigt. Sie verbreiteten Schrecken und erpreßten ihre Opfer, beherrschen wollten sie sie nicht. Die Eroberung Chinas war das letzte, was die Mongolen tun wollten. Das galt auch für Dschingis Khan.

Die erste Erweiterung des mongolischen Einflusses erfolgte, als die Uiguren im Jahre 1209 ihre Beziehung zu den Kara Kitai abbrachen und Dschingis Khan ihre Gefolgschaft anboten. Sie wurden als "fünfter Sohn" willkommen geheißen. Als solcher blieb der Staat der Uiguren zu Dschingis' Lebzeiten autonom; später wurde er zum höchstgeachteten Staat im Reich. Es wurde bewährte Politik, sich mit einheimischen Anführern zu verbünden, die als Gegenleistung für die Anerkennung der mongolischen Herrschaft eine vasallenartige Autonomie erhielten. Ein ähnliches Arrangement wurde mit den Tanguten, den Herrschern von Hsi-Hsia abgeschlossen. Diese mußten allerdings erst überredet werden, die mongolischen Forderungen anzunehmen. Dschingis hatte 1207 und 1209 Überfälle auf Hsi-Hsia geführt. Der erste Überfall war eine typische Plünderung, die Beute erbringen sollte, um die neue Nation zu finanzieren, doch der zweite war eine sehr viel ernstere Angelegenheit, bei der die Mongolen die tangutische Hauptstadt belagerten. Diese Erfahrung war für die Mongolen lehrreich, wie es für alle vorigen nomadischen

Reiche gewesen war, wenn sie Feinde angriffen, die es vorzogen, hinter großen Befestigungsanlagen zu bleiben. Die Mongolen hatten keine Antwort auf diese Taktik. Aber es gelang ihnen, den tangutischen König zur Annahme ihrer Forderungen zu zwingen. Außerdem erhielt Dschingis das Versprechen, daß der König den Mongolen Truppen zur Hilfe schicken würde, wenn sie je bedroht würden. Schließlich gab der tangutische König Dschingis seine Tochter zur Frau und festigte so die Beziehung. Als Gegenleistung brauchte er seine Souveränität nicht aufzugeben.

Die Invasion Chinas

Aber die Tanguten und Uiguren waren relativ kleine Königreiche, und Dschingis hinterließ erst dann Eindruck auf internationaler Ebene, als er 1211 mit den Feldzügen gegen die Chin begann. Es fing mit der althergebrachten Methode an, Geld und andere Zugeständnisse aus den wohlhabenden Chinesen zu pressen. Anders als sonst beschlossen die Chin, auf die mongolische Initiative mit militärischer Kraft zu reagieren. Zunächst einmal hatten die Chin eine Reihe stark befestigter Städte gebaut, um das Reich vor Invasionen aus dem Norden zu schützen; sie besaßen außerdem eine große und starke Kavallerie und eine ähnlich große Armee aus Fußsoldaten, die sie durchaus einzusetzen bereit waren, wenn man sie provozierte. Dschingis marschierte mit einer ansehnlichen Armee in das chinesische Gebiet ein, teilte sie in kleinere Einheiten auf und ließ sie in alle Richtungen reiten, wobei sie systematisch alle kleinen Städte und Dörfer verwüsteten, an denen sie vorbeikamen. Er beabsichtigte, die großen, befestigten Städte zu meiden, was ihm so lange gelang, bis er schließlich bei Huan-erh-tsui auf eine riesige Chin-Armee traf. Anstatt sich schnell zurückzuziehen, beschloß Dschingis anzugreifen. Bei ihrem ersten ernsthaften Zusammentreffen mit einer großen feindlichen Armee erwies sich die mongolische Kavallerie als hervorragend. Sie manövrierte die Chin vollständig aus und zerstörte eine Armee von 70 000 Mann praktisch innerhalb weniger Stunden. Neun Jahre später reiste ein taoistischer Mönch auf dem Weg zu Dschingis durch dieses Gebiet und berichtete, daß das Schlachtfeld immer noch mit menschlichen Knochen übersät sei. Jochi, Dschingis' ältester Sohn, marschierte geradewegs zu den Toren der Chin Hauptstadt Chung-tu, in der Nähe des heutigen Peking, doch da er keine Erfahrung mit Belagerungen hatte, zog er sich wieder zurück. Obwohl sich die Mongolen auch die Kontrolle über die wichtigsten Zufahrtswege nach China sicherten sowie eine Anzahl kleinerer Befestigungen innerhalb der Verteidigungslinie der Chin, konnten sie sie nicht nutzen. Und so ritten die Eindringlinge im Februar des nächsten Jahres in

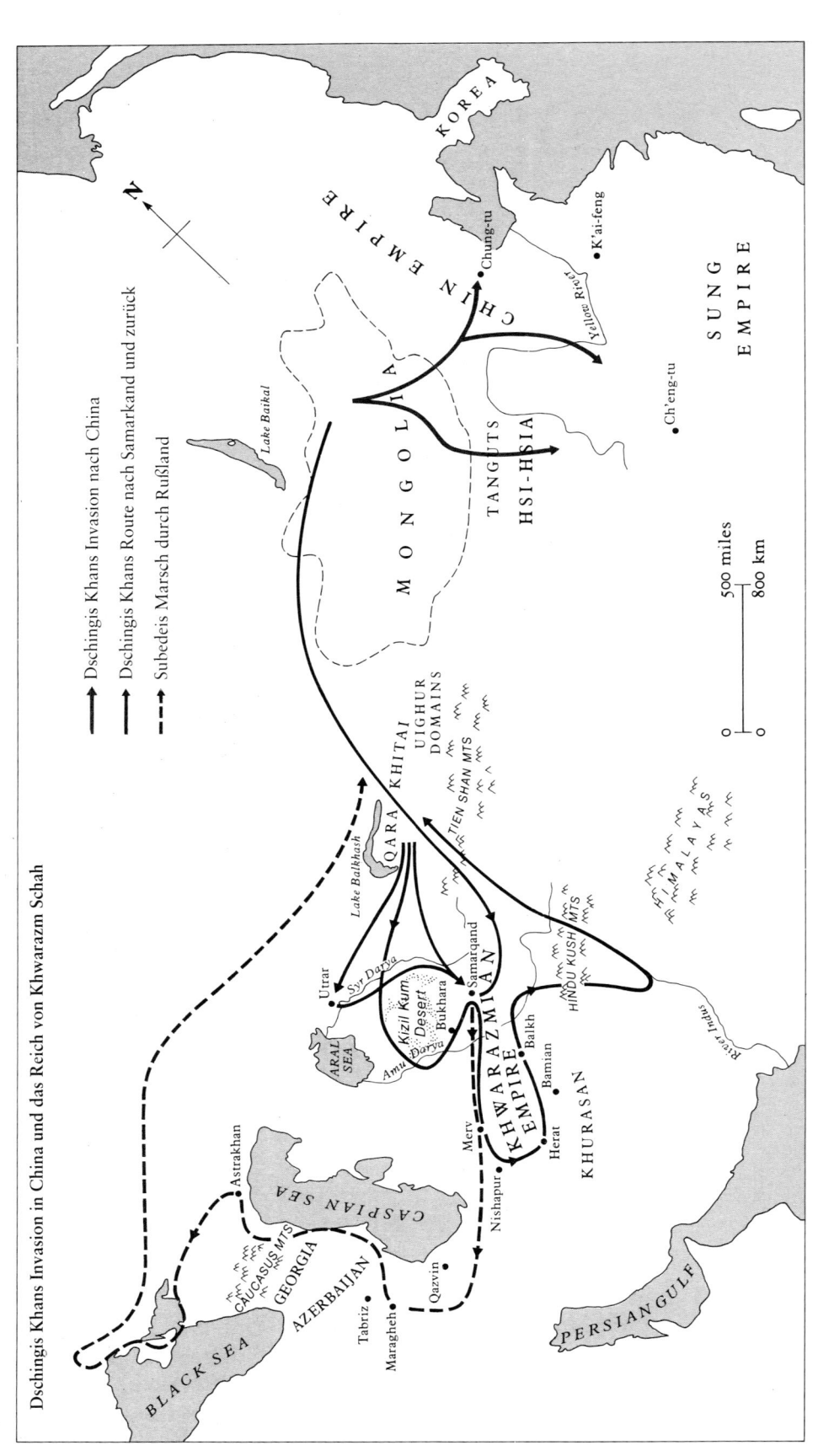

die südliche Mongolei zurück. Es war ihnen nicht gelungen, viel Gewinn aus diesem Feldzug zu ziehen, und die Chin bevölkerten die Städte, die von den mongolischen Plünderern zerstört worden waren, schnell wieder.

Die Mongolen hatten bei ihrer Rückkehr eine wichtige Lektion erhalten: Obwohl sie eine riesige Chin-Armee besiegt hatten, würde ihnen niemals die Unterwerfung des Kaisers der Chin gelingen, so lange er und seine Regierung sich sicher in den großen befestigen Städten befanden. Den Mongolen war niemals die Idee gekommen, in den Ländern, die sie besiegt hatten, zu bleiben und sie zu besetzen, und so bewirkte der Feldzug beinahe nichts – weder nach ihren Maßstäben noch nach denen irgendeines anderen Eroberers. Doch Dschingis wollte seine Macht stärken, bevor er weitere Angriffe ausführte. Er tat sich mit den benachbarten Kitanen zusammen, die weniger als ein Jahrhundert zuvor von den Jurchen aus dem nördlichen China vertrieben worden waren. Dieses Volk war nicht besonders stark, aber weil sein Gebiet nordöstlich der Chin lag, würden sich die Chin durch die neue Allianz fast umzingelt fühlen. Dschingis führte dann gemeinsam mit den Kitanen einen weiteren Feldzug über die nördliche Grenze der Chin durch. Diesmal waren die Mongolen bei der Eroberung befestigter Städte erfolgreicher, aber der Feldzug wurde abrupt beendet, als Dschingis von einem verirrten Pfeil verwundet wurde. Die Mongolen beschlossen, soviel Beute wie möglich zu machen und dann zu verschwinden.

Im Herbst 1213 kehrten sie zum dritten Mal zurück. Sie marschierten in drei großen Einheiten: Dschingis führte die größte an, während seine Söhne Jochi, Dschagatai und der jüngste, Tolui, die Führung der anderen teilten. Als sie die Randbezirke der Hauptstadt Chung-tu erreichten, erkannten sie erneut, daß diese viel zu stark befestigt war, und so wandten sie sich nach Süden und marschierten über die nördliche chinesische Ebene zum Gelben Fluß. Auf dem Weg dorthin überquerten sie die fruchtbare Ebene nördlich des Gelben Flusses und sahen zum ersten Mal einen Teil des riesigen Landes, das dort kultiviert wurde, und natürlich die vielen Bauern, die es bearbeiteten. In diesem Jahr ritten sie kreuz und quer durch das Gebiet der Chin und metzelten die Bevölkerung zu Tausenden nieder. Sie erbeuteten Massen von Seide, Gold und Silber sowie Hunderte von Jungen und Mädchen, die sie als Sklaven in die Mongolei marschieren ließen. Doch als sich der Feldzug weiter hinzog, wurden die Mongolen Opfer der Pest, die diese Länder immer wieder heimsuchte. Als die drei Teile der Armee sich vereinten, um Chung-tu zu belagern, ähnelten Dschingis' Soldaten mehr einer kleinen Gruppe ramponierter Raufbolde als Eroberern. Er besaß weder die Fähigkeit noch die Männer, um Chung-tu einzunehmen, noch hatte er die Absicht zu bleiben, um die Stadt auszuhungern. Jedoch brachten Zwistigkeiten am Hof der Chin die Entscheidung. Der Kaiser der Chin ließ plötzlich verlauten, daß er Frieden schließen wolle. Dschingis fragte, was die Chin ihm anbieten würden, wenn er die Belagerung beendigte. Als die Verhandlungen abgeschlossen waren, zogen sich die Mongolen mit noch mehr Seide und Gold und weiteren 500 Kindern für die Sklaverei zurück. Wieder einmal kehrten die Mongolen in ihr Heimatland zurück. "Unsere Soldaten, die (mit) soviel Satin und Waren beladen waren, wie sie tragen konnten, schnürten ihre Beute mit Seide zusammen und zogen ab."

Dschingis heiratete eine Prinzessin der Chin und nahm an, als er mit seiner schäbigen Armee China verließ, daß die Chin ihn nun als Herrscher der Region anerkennen würden und diese Position auch akzeptierten. Aus mongolischer Sicht war der Feldzug ein großer Erfolg und Dschingis' Ruhm wuchs aufgrund der enormen Beute, die aufgeteilt wurde, erheblich. Die Chin sahen das Ergebnis ebenfalls als Erfolg, denn wieder einmal hatten sie überlebt und die Eindringlinge einfach weggekauft. Nachdem die Mongolen fort waren, kehrten sie auf ihr Land zurück und machten da weiter, wo sie aufgehört hatten. Wie immer hatten die Mongolen nicht das geringste Interesse daran gezeigt, das nördliche China zu besetzen oder die Chin-Herrschaft abzulösen.

Währenddessen beschloß der Chin-Kaiser, der der Ansicht war, daß Chung-tu ein wenig zu dicht am nördlichen Paß zur Mongolei lag, seinen Hof in die Stadt K'ai-feng, südlich des Gelben Flusses zu verlegen. Nach einem chinesischen Bericht betrachtete Dschingis dies als einen Vertrauensbruch, da er angenommen hatte, die Chin hätten seine Oberherrschaft anerkannt. "Der Chin-Kaiser hat einen Friedensvertrag mit mir geschlossen, aber nun hat er seine Hauptstadt in den Süden verlegt; offenbar mißtraut er meinem Wort und benutzt den Frieden, um mich zu hintergehen!" Wahrscheinlich hätten die Chin der Zerstörung entgehen können, hätten sie die Mongolen noch besänftigt. Im Herbst 1214 kehrten die Mongolen zur Belagerung Chung-tus zurück, diesmal jedoch mit einer sehr viel größeren Armee, der auch Chinesen und Kitanen angehörten. Diesmal wurde die Stadt von einer Armee belagert, die bereit war, so lange wie nötig zu bleiben. Die Einwohner waren verstört, weil ihr Kaiser sie verlassen hatte, und sie fürchteten sich vor der Rache der Mongolen. Sie blieben hinter ihren Mauern und litten große Entbehrungen. Nach einigen Monaten kam es sogar zu Kannibalismus, und je länger sie aushielten, desto schwerere Vergeltung erwarteten sie. Im Frühling 1215 überließ Dschingis die Belagerung seinen Generälen, da keine Bewegung in Sicht war und kehrte an die nördliche Grenze zurück. Als die Kommandanten der Chin zu Beginn des Som-

Dschingis verfolgt die Chin durch die Berge. Aus einem
Manuskript von Rashid al-Din. Zu Beginn dieses
Feldzuges eroberten die Mongolen viele der Befestigungen
der Chin, die die Bergpässe bewachten.

mers die Stadt verließen und die Mongolen sie ohne Hindernis einnehmen konnten, war er nicht da.

Sobald die Mongolen innerhalb der Stadtmauern waren, wurden die schlimmsten Ängste der Einwohner Wirklichkeit. Chung-tu war eine der größten Städte im nördlichen China gewesen, und nun wurde sie vollkommen zerstört. Diese Nachricht mußte alle Höfe der Region zutiefst erschrecken. Zum ersten Mal zeigten sich die Mongolen nicht nur als bedeutende Militärmacht, sondern auch als Zerstörer. Schwadronen mongolischer Reiter ritten durch die Stadt und feuerten brennende Pfeile in die Holzhäuser, während andere Tausende der Zivilbevölkerung mit dem Schwert töteten. Ganze Bezirke wurden in Schutt und Asche gelegt. Der Botschafter des Khwarazm Schahs, Kaiser des großes islamischen Reiches von Westasien, berichtete nach seinem Besuch, daß auf den mit Kadavern bedeckten Straßen nach all dem Gemetzel menschliches Blut rann.

Es lag einige Methode in diesem Wahnsinn. Dschingis zog es vor, die Unterwerfung seiner Nachbarn ohne Krieg zu erreichen, und die militärischen Erfolge sollten klare Zeichen für die anderen setzen. Im Jahre 1218 unterwarfen sich die Koreaner, ohne Zweifel von den Berichten über das Schicksal Chung-tus beeinflußt, und bezahlten zudem ansehnliche Summen, um der Zerstörung zu entgehen. Die Vernichtung der ehemaligen Hauptstadt der Chin war sowohl eine schreckliche Vergeltung als auch eine Warnung für andere. Allen mongolischen Kommandanten war die enorme Diskrepanz zwischen der Größe des mongolischen Reiches und den angrenzenden Ländern bewußt. Ein Gemetzel großen Ausmaßes oder seine Androhung war die einzige Möglichkeit, sich durchzusetzen. Diejenigen, die die mongolischen Forderungen akzeptierten, wie die Uiguren, Tanguten, Kitanen und Koreaner, konnten mit Nachsicht rechnen; diejenigen, die es nicht taten oder, schlimmer noch, die die Abkommen nicht einhielten, konnten keine Gnade erwarten.

Mit dem Fall von Chung-tu ergaben sich viele chinesische, kitanische und chinesische Truppen, gemeinsam mit den Beamten und Funktionären, die für die Regierung des nördlichen Teil des Chin-Reiches verantwortlich waren. Unter ihrem Einfluß unternahmen die Mongolen ihre ersten zögerlichen Schritte hin zu einer Verwaltung des eroberten Landes. Es war eine Rolle, die sie nicht gern spielten, zu der sie sich aber gezwungen sahen. Trotzdem waren die Chin immer noch unbesiegt und blieben es noch beinahe zwanzig Jahre.

Die Strafe Gottes

Dschingis hatte mittlerweile das Interesse am Feldzug in China verloren und war mit Angelegenheiten weiter westlich beschäftigt. Berichte vom Fall Chung-tus hatten den Khwarazm Schah inspiriert, einen Dialog zu eröffnen. Khwarazm Schah 'Ala' al-Din Muhammad II. hatte ein Reich geerbt, das von dem türkischen Söldner Qutbeddin Muhammad gegründet worden war, das heutige Uzbekistan. 'Ala' al-Din übernahm auch eine riesige Armee, die hauptsächlich aus türkischen Söldnern von den Stämmen westlich des Aral-Sees bestand, und mit dieser Macht hatte er sein Reich südlich bis in das persische Gebiet von Khurasan ausgedehnt. In Wirklichkeit war es für seine Armee eher eine leichte Übung gewesen, doch er ergriff die Gelegenheit, sich danach zum "von Allah auserwählten Prinzen" zu erklären. Seine schmeichlerischen Höflinge nahmen das zum Anlaß, ihn den "zweiten Alexander" zu nennen. Im Nord-Osten von Khurasan lag das Reich Transoxanien mit seinen großen Städten Buchara und Samarkand, und dahinter das mächtige buddhistische Reich der Kara Kitai, das zwischen der moslimischen Welt und dem sich ausbreitenden Reich der Mongolen lag.

Nach der Unterwerfung der benachbarten Uiguren im Jahre 1209 erschien das Gebiet der Kara Kitai sehr viel weniger mächtig, vor allem weil es augenblicklich von einem Überlebenden des Krieges zwischen den Mongolen und den Naimanen regiert wurde: dem verhaßten und despotischen Kuchlug. 'Ala' al-Din wählte diesen Moment, um in Transoxanien einzudringen, das er schließlich 1210 eroberte. Diese Länder liegen zwischen den Flüssen Oxus und Jaxartes und sind insgesamt ziemlich unfruchtbar. Aber durch sie waren jahrhundertelang Karawanen aus dem Osten und dem Mittleren Osten gezogen und hatten den Städten, die Teppiche, Seide, gewebte Baumwolle und Silber-Lamé produzierten oder damit handelten, außerordentlichen Reichtum gebracht. Die größte dieser Städte war Samarkand, die Khwarazm Schah zu seiner Hauptstadt erklärt hatte. Es soll eine herrliche Stadt mit ungefähr 500 000 Einwohnern gewesen sein, in der Handwerker, Händler und chinesische Künstler neben Lederarbeitern und Gold- und Silberschmieden lebten. Auf den Feldern hinter den Stadtmauern wuchsen Auberginen und Melonen, die mit Schnee in Bleikisten verpackt und exportiert wurden. Die Straßen säumten schattige Bäume, Springbrunnen sprudelten kühles Wasser und Gärten schmückten die Häuser. Unter dem Khwarazm Schah wurde Samarkand zu einer der schönsten Städte in ganz Asien.

Da der Khwarazm Schah jegliche Eroberung für eine einfache Übung hielt, hatte er ernsthaft darüber nachgedacht, China einzunehmen. Seine Pläne platzten jedoch, als er von den mongolischen Siegen gegen die Chin hörte. Einer seiner Boten, die er ausgeschickt hatte, um über die neue Macht zu berichten, hatte die Plünderung von Chung-tu miterlebt. Dschingis wird der Khwarazm Schah ein Begriff gewesen sein. Nun waren sie sich gegenseitig ihrer Macht bewußt.

Im Jahre 1216 schickte Dschingis drei Boten mit herrlichen Geschenken – Gold, Jade, Elfenbeinschmuck und Mänteln aus weißem Kamelhaar – nach Samarkand. Sie überbrachten auch einen Brief:

> *Ich schicke Euch diese Geschenke. Ich kenne Eure Macht und die große Weite Eures Reiches, und ich betrachte Euch als meinen geliebtesten Sohn. Ihr sollt wissen, daß ich China und alle türkischen Völker in seinem Norden besiegt habe; mein Land ist ein Ameisenhaufen aus Soldaten und einer Silbermine, und ich brauche kein weiteres Land. Daher glaube ich, daß wir ein gemeinsames Interesse daran haben, den Handel zwischen unseren Untertanen anzuregen.*

Der Brief war folgendermaßen versiegelt: "Gott im Himmel, der Kah Khan, die Macht Gottes auf Erden. Das Siegel des Kaisers der Menschen". Die Meinungen über die wahren Motive dieses Briefes gehen wegen seiner Formulierungen auseinander; aber eines scheint ganz klar zu sein: die Feststellung, daß er, Dschingis Khan, der Herr über den Osten und der Khwarazm Schah Herr über den Westen war, und daß es vielleicht gut sei, wenn es ein Handelsabkommen zwischen ihren Reichen gäbe. Schon bald wurde dieses Abkommen geschlossen, und Händler erhielten freien Zugang zu den Territorien.

Trotzdem müssen Dschings' Absichten fragwürdig bleiben, wegen der unübersehbaren Beleidigung, als er den bei weitem mächtigeren Khwarazm Schah als seinen "Sohn" bezeichnete. Sollte er wirklich versucht haben, Ärger mit seinem großen Nachbarn zu provozieren? Auch wenn er gerade einige wichtige Siege im nördlichen China errungen hatte, war der Krieg noch lange nicht vorbei. Tatsächlich hatte er gerade erst angefangen. Die Mongolen hatten neue Gebiete im Osten und Westen besetzt, und die geringe Zahl ihrer Soldaten war vollkommen ausgelastet. Zu dieser Zeit und gegen einen solchen Gegner einen weiteren Feldzug zu führen wäre extrem leichtsinnig gewesen. Nach den mongolischen Chronisten war es allerdings nur noch eine Frage der Zeit, bevor Dschingis Khan einen Schlag nach Westen führte. In diesem Fall ergriff jedoch 'Ala' al-Din Muhammad II. persönlich die Initiative.

Im Jahre 1218 erreichte eine Karawane mit 450 moslemischen Händlern aus dem mongolischen Gebiet die Grenzstadt Utrar und setzte das Handelsabkommen in die Tat um. Der Gouverneur des Khwarazm Schahs in Utrar, Inalchuq Khwadir Khan, verdächtigte die Händler, Spione zu sein – was sie mit Sicherheit auch waren – ließ sie töten und konfiszierte ihren Besitz. Als Dschingis drei Boten an den Hof des Khwarazm Schah schickte, um Entschädigung zu fordern, antwortete dieser, indem er einen der Boten tötete und die Bärte der anderen abbrennen ließ. Dies war eine eindeutige Kriegserklärung, denn die Mongolen behandelten Botschafter stets mit dem größten Respekt und hielten ihre eigenen Gesandten für unantastbar.

Dem Khwarazm Schah muß bewußt gewesen sein, daß eine solche Beleidigung zum Krieg führen würde. Vielleicht glaubte er allmählich seinen Höflingen, daß er tatsächlich der neue Alexander sei und rechnete mit einem schnellen und mühelosen Sieg über diese heidnischen Reiter, der ihn zum unangefochtenen Herrn über ganz Asien machen würde. Man nimmt an, daß er immerhin eine massive Armee von ungefähr 400 000 Männer allein in Transoxanien besaß sowie Reserven im ganzen Reich – es gab nirgendwo Vergleichbares. Was auch immer seine Motive waren – sein eitler, arroganter und selbstüberschätzender Charakter führte zu einer der schlimmsten Katastrophen, die die östliche islamische Welt jemals erleben sollte.

Doch bevor Dschingis gegen den mächtigen Khwarazm Schah zog, mußte noch eine ganze Reihe ärgerlicher Angelegenheiten zu Hause geregelt werden. Zunächst einmal war es notwendig, sich mit seinem alten Feind Kuchlug zu beschäftigen, dem Überlebenden der Naimanen, der sich zum Herrscher der Kara Kitai erklärt hatte. Dann drohte ein Aufstand der Überlebenden des Krieges gegen die Merkiden, die Dschingis im Jahre 1208 besiegt hatte. Um diese Probleme zu regeln, entsandte er zwei seiner führenden Generäle. Der erste war Subedei Bat'atur vom Stamm der Ren, einem obskuren Stamm, den es heute noch im Nordwesten der Mongolei gibt. Er reitet und hält immer noch Rentiere in Herden und wird von den restlichen Mongolen für eine Horde ungehobelter Barbaren gehalten. Der andere war Jebei Noyan. Sobald man mit Kuchlug fertig war, fiel das Königreich der Kara Kitai an die Mongolen, was bedeutete, daß Dschingis' Grenzen jetzt an die des Khwarazm Schah reichten. Das erste Blut floß, als Subedeis Leute, während sie die restlichen Merkiden verfolgten, im Fergana Tal zu Füßen der Tien Shan Berge ziemlich heftig mit einer Armee zusammenstießen, die von Khwarazm Schahs Sohn Jalal al-Din angeführt wurde.

Im Gegensatz zu seinem Vater war Jalal al-Din ein begabter militärischer Anführer und hätte jedem mongolischen Prinzen die Stirn bieten können, wenn er eine Streitmacht von ausreichender Größe befohlen hätte. Da er annahm, daß der Krieg mit den Mongolen nun unvermeidbar sei, hatte Jalal al-Din seinem Vater geraten, ihre massive Armee in eine Reihe hoch mobiler Einheiten umzuwandeln, die sich jeder eindringenden Truppe der Mongolen entgegenstellen könnten. Statt dessen hatte sein Vater die gesamte Armee in einer Linie am Fluß Gluy Syr Darya aufziehen lassen. Jalal al-Din gab zu bedenken, daß diese Linie nicht stark genug sei, einem entschlossenen Angriff standzuhalten, und daß es das Beste wäre, einen Präventivschlag zu führen, bevor die Mongolen eine kräftige Armee zusammenstellen konnten. Wieder hörte man nicht auf ihn, auch wenn er die Grenze im Falle irgendeines Eindringens patrouillieren durfte.

Es war Subedeis Pech, daß er 30 000 erschöpfte Mongolen anführte, die beharrlich die abtrünnigen Merkiden durch die Tien Shan Berge verfolgten und direkt in 50 000, von Jalal al-Din angeführte, Soldaten des Khwarazm Schahs, hineinritten. Obwohl die Schlacht unentschieden blieb und beide Seiten große Verluste erlitten, waren die Mongolen gezwungen, sich mit ihren Verwundeten über die Gebirgspässe zurückzuziehen. Diese Begegnung war ihnen eine Lehre. Jalal al-Din war ein ernsthaftes Hindernis für jede Invasion, und sein Aufenthaltsort mußte von nun an sorgfältig beobachtet werden.

Um seinen Feldzug zu planen, berief Dschingis ein großes Quriltai mit seinen höchsten Generälen ein. Dies würde kein Plünderungszug wie der gegen die Chin sein; dies würde der größte militärische Feldzug werden, den die Mongolen je geführt hatten. Als er sich immer mehr mit der Planung beschäftigte, wurde Dschingis von einer seiner Frauen gedrängt, auch über die Nachfolge in seinem Reich nachzudenken. Er war bereits sechsundfünfzig und der Ausgang dieses Abenteuers war keineswegs sicher. Er betrachtete seine Söhne. Trotz seiner offensichtlichen Qualitäten als General, schied der älteste Sohn Jochi wegen seiner zweifelhaften Abstammung aus. Seine Mutter Borte hatte ihn geboren, nachdem sie von den Merkiden befreit worden war, die sie kurz nach ihrer Heirat mit dem jungen Dschingis entführt und vergewaltigt hatten. Sein zweiter Sohn Dschagatai, der sogenannte Wächter der Yasa, war ein peinlich genauer Verwalter, aber Dschingis mochte ihn nicht, er hielt ihn für einen engstirnigen und starrsinnigen Charakter. Ögedei war mit Sicherheit der intelligenteste und gebildetste der Söhne; ein fähiger, sogar begnadeter Feldherr. Er war extrem großzügig, liebte gute Gesellschaft und guten Alkohol, und auch wenn er weit weniger Spannkraft als sein Vater hatte, schien er neuen Ideen gegenüber der offenste zu sein. Der vierte Sohn, Tolui, ein noch größerer Trunkenbold als Ögedei und bereits ein brillanter General, war jedoch zu jähzornig. Dschingis kämpfte mit der Entscheidung zwischen seinen beiden jüngsten Söhnen und entschied sich schließlich für Ögedei. Die anderen drei mußten versprechen, daß sie nichts gegen Ögedeis Nachfolge unternehmen würden. Als dieses Problem gelöst war, kehrte Dschingis zur Planung seines Feldzuges zurück.

In der Zwischenzeit wurden aus der östlichen Steppe Zehntausende Männer von ihren Herden abgerufen, um sich in Genghis' Ordus zu melden. Langsam schwoll die Armee auf 150 000 bis 200 000 Männer an. Es war die größte Konzentration mongolischer Macht, die jemals zusammengezogen worden war – aber immer noch erst die Hälfte des Gegners. Deshalb beschloß man, den Angriff gegen den Khwarazm Schah gleichzeitig von verschiedenen Stellungen aus zu führen. Die mongolische Armee wurde in vier Korps aufgeteilt; das erste wurde von Dschingis und Subedei angeführt, das zweite von seinen Söhnen Ögedei und Dschagatai, das dritte von Jebei und das vierte von Jochi. Da Dschingis sich seiner Schwäche bewußt war, besann er sich auf seinen Vertrag mit den Tanguten. Sie sollten ihn mit Soldaten ausstatten, wann und wo immer er sie haben wollte. Die Antwort des Tangutenkönigs war enttäuschend: Wenn er (Dschingis) nicht genügend eigene Männer habe, verdiene er auch nicht, Khan zu sein. Getroffen von dieser Antwort setzte sich Dschingis grimmig allein für den Feldzug in den Westen in Marsch.

Im Herbst 1219 zogen sie zunächst auf die Stadt Utrar zu. Eine Armee aus 50 000 Mongolen, angeführt von Dschagatai und Ögedei, näherte sich den Stadtmauern. Der Gouverneur wußte, daß er keine Gnade erwarten konnte und lehnte die mongolische Forderung, sich zu unterwerfen, ab. Mit seiner 80 000 Mann starken Garnison bereitete er sich auf eine lange Belagerung vor. Währenddessen zogen die Armeen unter der Führung von Jebei und Jochi nach Süden. Jebei hatte das Kommando über 20 000 Männer, mit denen er jede feindliche Streitmacht, die die südlichen Grenzen bewachte, ausschalten und dann nach Transoxanien vordringen sollte. Während alle Augen auf ihn gerichtet waren, zogen Dschingis und Subedei ihr Kontingent still aus der Mongolei hinaus, überquerten den Fluß Syr Darya nach Transoxanien, und, anstatt nach Süden zu reiten, wandten sie sich westlich und verschwanden. Es war, als wären sie von der Landkarte verschwunden. Inzwischen zog Jochis Armee den Syr Darya hinauf und herunter, griff die Befestigungen des Khwarazm Schahs in Khojend an, bedrängte ihre Verteidigungen und überquerte dann ebenfalls den Fluß.

Dschingis und Subedei führten dann ihre Armeen heimlich durch die Kizil Kum Wüste in den Nordosten des Khwarazm Schah Gebietes. Diese Gegend wurde für undurchquerbar gehalten, doch die Mongolen hatten einen kundigen Führer gefunden. Dschingis wußte, daß die Spione des Khwarazm Schah ihm nicht folgen konnten; nach Ansicht des Feindes gab es die gesamte Division einfach nicht. Im März 1220 jedoch tauchte sie 650 km hinter den feindlichen Linien vor Buchara auf. Überrumpelt von diesem Gespenst stürmte die türkische Garnison aus den Stadttoren heraus, entschlossen, sich ihren Weg freizukämpfen. Sie wurde niedergemetzelt. Der persische Historiker Juvaini berichtet, die Ebene habe "wie ein mit Blut gefülltes Tablett" ausgesehen. Vollkommen demoralisiert gaben die Einwohner der Stadt kampflos auf.

Nachdem Dschingis in die "Kuppel des Islam", wie Juvaini Buchara nannte, eingedrungen war, ritt er in die größte Moschee, da er sie für den Palast des Sultans hielt. Als man ihm erklärte, daß dies das Haus Gottes sei, befahl er, daß man es in einen Stall umwandele und die Kästen, in denen der Koran aufbewahrt wurde, als Futtertröge benutze. Während die Koranbücher in alle vier Himmelsrichtungen flogen, versammelte Dschingis die Einwohner in der Moschee und belehrte sie von der Kanzel herab über den Hochverrat ihres Sultans. "Ich bin die Rache Gottes", erklärte er ihnen. "Hättet ihr nicht große Sünden begangen, hätte er nicht eine Strafe wie mich geschickt."

Dschingis, entschlossen vorbehaltlos zu plündern, befahl, daß alle Bürger der Stadt diese mit nichts anderem als den Kleidern auf dem Leib verlassen sollten. Bei der Plünderung brach Feuer aus, tobte durch die engstehenden Holzhäuser. Als es verloschen war, standen nur noch einige markante Steinkonstruktionen. Der Rest war "flach" geworden. Juvaini schätzte, daß mehr als 30 000 Einwohner getötet und viele tausend Frauen und Kinder in die mongolische Sklaverei geschickt worden waren - begleitet von Wagenladungen voll Beute.

Doch der Großteil der Bevölkerung hatte fliehen dürfen. Diese Menschen streiften im Land umher, suchten Zuflucht, wo sie sie finden konnten und verbreiteten Schreckliches vom Schicksal Bucharas. So sollten die Einwohner vom Samarkand, der Hauptstadt des Khwarazm Schahs, erschreckt und demoralisiert werden. Als Dschingis sich dieser Stadt näherte, zwang er Gefangene aus Buchara voranzumarschieren; das stärkte die Armee und bot einen natürlichen Schutzschild gegen die feindlichen Pfeile. Samarkand hätte ein Jahr lang aushalten können; es kapitulierte nach fünf Tagen. Weder Dschingis Khan, noch jemand aus seiner Armee, hatte eine solche Stadt je gesehen. Sie streiften durch die Straßen und Prachtalleen, tranken aus den Springbrunnen und labten sich an den exotischen Früchten und Säften. Die türkische Garnison – 30 000 Mann stark – wurde getötet, die Bevölkerung aufgeteilt, die Frauen vergewaltigt und versklavt. Nur die Kleriker wurden alle verschont, während sämtliche Handwerker und Kunsthandwerker in das mongolische Heimatland gebracht wurden, wo sie an Dschingis Hof arbeiten sollten.

Während Dschingis und Subedei die Reichsjuwelen des Khwarazm Schahs erobert hatten, belagerten Dschagatai und Ögedei immer noch Utrar. Es dauerte fünf Monate, bevor die Mauern fielen und einen weiteren Monat, um die Zitadelle einzunehmen, in die sich die Soldaten und die meisten Einwohner geflüchtet hatten. Als die Mauern der Zitadelle fielen, wurden beinahe alle Soldaten und die meisten Einwohner niedergemetzelt. Aber Dschingis hatte befohlen, den Gouverneur Inalchuq lebendig zu fassen. Er und

Dschingis schilt die Bürger Bucharas:
"Ich bin die Strafe Gottes ... ohne eure großen Sünden,
hätte er eine Strafe wie mich nicht geschickt."

seine Frau wußten, daß sie verloren waren, kletterten auf das Dach des Waffenlagers, von wo seine Frau Dachziegel abriß, die er auf seine Verfolger warf. Die Mongolen begannen, das Gebäude Stein für Stein abzutragen, bis sie Inalchuq in ihrer Gewalt hatten. Sie brachten ihn nach Samarkand, wo er hingerichtet wurde, indem man ihm geschmolzenes Silber in Augen und Ohren goß. Utrar wurde angezündet und dem Erdboden gleichgemacht.

Flucht vor dem mongolischen Zorn

Obwohl man Inalchuq erledigt hatte, war der Khwarazm Schah den Truppen von Dschingis entkommen. Der Sultan hatte die Bitten seines Sohnes, zu bleiben und gegen den Eindringling zu kämpfen, ignoriert und war nach Mesopotamien geflohen, in der Hoffnung, dort sicher zu sein. Dschingis setzte ihm Subedei und Jebei auf die Fersen. Sie folgten ihm von Stadt zu Stadt, von Provinz zu Provinz – und der Khwarazm Schah fand keine Ruhe. Jalal al-Din war ebenfalls aus Samarkand abgezogen, doch er wollte auf dem Schlachtfeld bleiben und versuchen, die Mongolen aufzuhalten. Dabei wurde auch er zum Flüchtling. Die Mongolen verfolgten ihn erbarmungslos. Dschingis und sein Sohn Tolui übernahmen diese Aufgabe selbst. Sie jagten Jalal al-Din durch das südöstliche Persien in das heutige Afghanistan, dann nach Pakistan und über den Fluß Indus. Die Zerstörung, die ihren Weg markierte, erreichte bisher unbekannte Ausmaße. Als Merf 1221 fiel, klagten die persischen Chronisten, daß Tolui 700 000 Menschen getötet und nur achtzig Handwerker ausgespart hätte. Nishapur erlitt ähnliches. Ebenso Balkh, einst eine der größten Städte ihres Zeitalters, mit herrlichen Moscheen, Krankenhäusern und Palästen - ein Ort, den Alexander besucht und an dem Zoroaster gepredigt hatte. Heute ist sie eine leere Arena aus Mauern, die eine windgepeitschte Ebene bewachen.

Jalal al-Din entging der Gefangennahme und wurde so zur legendären Figur persischer Chroniken. Sein Ruhm bewegte die Bewohner mancher Städte zur Revolte, doch dies trug ihnen nur den größeren Zorn der Mongolen ein. Eine Woche lang beschäftigten sich die Mongolen damit, die Einwohner von Herat niederzumetzeln und die Stadt, abgesehen von der Zitadelle, dem Erdboden gleichzumachen. Jalal al-Din ärgerte die Mongolen noch jahrelang, war jedoch nicht in der Lage, seine Armeen zu einer bedeutenden Größe zu versammeln und wurde niemals wieder zu einer ernsthaften Bedrohung. Sein Vater wurde erfolgreicher verfolgt.

Subedei und Jebei jagten den Khwarazm Schah durch Tus und Rayy bis zu den westlichen Ufern des Kaspischen Meeres. Subedei war befohlen worden, den Khwarazm

Schah zu beseitigen, und gleichzeitig sollte er die Länder zwischen dem Kaspischen und dem Schwarzen Meer erkunden. In Astara, am Ufer des Kaspischen Meeres, legte der Khwarazm Schah schließlich seine feinen Kleider ab, zog die Lumpen eines Bettlers an und versuchte, mit einer kleinen Gruppe von Gefolgsleuten unerkannt aus der Stadt zu schlüpfen. Arm und namenlos stieg er in ein kleines Fischerboot. Eine mongolische Truppe am Strand schickte dem Boot vergeblich ihre Pfeile hinterher. Der mächtige Khwarazm Schah gelangte auf die Insel Abeskum, wo er im Januar 1221 schließlich an Pleuritis starb. Von höchster Macht in niedrigste Armut gefallen, wurde er in einem zerrissenen Hemd von einem seiner Diener begraben.

Der restliche Feldzug von Subedei ging als eines der größten Abenteuer der Kavallerie in die Annalen der Militärgeschichte ein. Subedei zog weiter durch Aserbaidschan in das christliche Königreich Georgien, dann um die westlichen und nördlichen Ufer des Kaspischen Meeres nach Rußland. Hinter dem Paß bei Derbent tauchte seine Armee auf der Ebene nördlich des Kaukasus auf. Hier traf er auf eine Allianz türkischer Stämme der westlichen Steppe: Alanen, Cherken und Kiptschaken. Beide Seiten erlitten große Verluste, aber Subedei konnte seinen "großen Plünderungszug" über die russische Steppe ungehindert fortsetzen. Als die russischen Prinzen die Nachricht erhielten, der Feind nähere sich auf ihrem Territorium, zogen sie eine Armee zusammen, um dieser mittlerweile sehr geschwächten Horde zu begegnen – es war keine Armee mehr. Doch wieder wurden die Einheimischen bei der Schlacht von Khalka im Jahre 1223 vernichtend geschlagen. Es war jetzt fünf Jahre her, seit die Mongolen den Krieg begonnen hatten.

Die endgültige Rache

Für Dschingis endete der Krieg, als er die Wasser des Indus erreichte. Boten hatten ihm die Nachricht vom Tod des Khwarazm Schahs überbracht: Seine Armee war dezimiert und Jalal al-Din offenbar keine Bedrohung mehr. Als hätte er plötzlich genug vom Gemetzel, kehrte Dschingis zu den Weideländern südlich des Hindu Kush zurück und holte den berühmten taoistischen Weisen Chang Chun aus seinem Kloster an seinen Hof. In ungewohnt philosophischer Stimmung beschäftigte sich Dschingis auf einmal

Nächste Seite: Einst die blühende Stadt Balkh im Norden
des heutigen Afghanistan. Tausend Jahre vor Christus
predigte hier Zarathustra; siebenhundert Jahre später
zog Alexander an ihr vorbei. Dann kam Dschingis Khan.

mit existentiellen Fragen und wollte wissen, ob der Weise ein Kraut gegen den Tod kenne. Dschingis war so sehr von Chang Chuns Weisheit beeindruckt, daß er der taoistischen Sekte wertvolle Privilegien einräumte. In dieser nachdenklichen Stimmung reiste er im Herbst 1222 zurück nach Transoxanien, um einige Zeit in Buchara zu verbringen. Er hörte den islamischen Klerikern aufmerksam zu, wie sie die Tugenden ihres Glaubens auslegten und folgte ihren Lesungen interessiert, tadelte aber die Imame wegen der jährlichen Pilgerreise nach Mekka, da er darauf beharrte, daß Gott nicht in einem Stein existiere, sondern in der gesamten Welt präsent sei. In Samarkand befahl er den Imamen, in ihren Moscheen für ihn zu beten. Im Frühling 1223 begann er die lange Heimreise in die Mongolei. Er war ganz ohne Eile – er hatte sich auf dem Weg eine junge und attraktive neue Frau genommen. Aber nicht ihr Charme ließ ihn trödeln, sondern die Kunde, daß seine erste Frau Borte wütend über die neue Frau war. Und so schickte der Eroberer der Welt kurz vor der Mongolei Botschafter aus, um sich vorsichtig nach Bortes Stimmung zu erkundigen.

Erst 1225 kehrten seine großen, mit Beute beladenen Karawanen, die lange Reihen von Sklaven vor sich hertrieben, nach Hause zurück. Subedei und Jebei hatten bis dahin ihren Marsch durch die russischen Fürstentümer beendet und eine Menge Informationen über die Länder, die in der westlichen Steppe und dahinter lagen, mitgebracht. Dschingis war nun beinahe sechzig Jahre alt, aber neue Feldzüge in diese Gebiete überstiegen sogar seine sagenhaften Kräfte. Doch seine Soldatentage waren noch lange nicht gezählt; es gab eine Reihe von Problemen, mit denen er sich nun zu Hause beschäftigen mußte. Der General, dem er den Chin Feldzug übertragen hatte, war gestorben und das kleine Kontingent, das dieser befehligt hatte, in die Mongolei zurückgekehrt. Die Chin konnten so einen Großteil des Gebietes, das Dschingis ihnen zehn Jahre zuvor abgenommen hatte, zurückerobern. Doch bevor ein Feldzug nach China begonnen werden konnte, gab es Näherliegendes.

Sieben Jahre zuvor hatte sich der König der Tanguten geweigert, Dschingis Soldaten für den Feldzug nach Transoxanien zu stellen. Der Geheimen Geschichte zufolge machte sich Dschingis, bevor er sich diesem Ungläubigen zuwandte, Sorgen wegen einiger böser Omen. Die Mongolen waren sehr abergläubisch, und sogar die Gelehrtesten unter ihnen ließen sich leicht von den Launen eines Schamanen oder der verschlüsselten Nachricht in einem verkohlten Schafsknochen beeindrucken. Doch trotz dieser Omen war Rache schon immer seine vitalste Motivation gewesen. 1226 machte er sich an der Spitze seiner Armee auf den Weg. Militärisch verlief alles nach Plan. Jedoch verfolgte ihn auf diesem Feldzug das Pech. Nach wenigen Monaten fiel er während der Jagd unglücklich vom Pferd. Seine Ärzte rieten ihm, den Krieg aufzuschieben, bis er sich erholt hätte. Dschingis weigerte sich, verbarg seine Schmerzen vor den Soldaten und war entschlossen, zumindest so lange bei der Armee zu bleiben, bis die Tanguten bezwungen waren.

Chinesische Chronisten schrieben – ähnlich wie die Perser – über den Krieg in Transoxanien von schrecklichen Metzeleien, Zerstörungen und mit Knochen übersäten Feldern. Oft waren die Mongolen mit ihren Taktiken gegen die feindlichen Städte sehr einfallsreich. Sie stauten zum Beispiel Flüsse und überschwemmten dann das Land, um es anschließend zu erobern. Einmal fand die Schlacht auf dem vereisten Gelben Fluß statt, wo die Tanguten eine Möglichkeit zum Angriff gesehen hatten. Den Mongolen waren gefrorene Flüsse durchaus vertraut, und sie konnten deshalb die Tanguten hoffnungslos ausmanövrieren. Ihre Pferde glitten aus, rutschten ineinander und verloren ihre Reiter, die dann von mongolischen Bogenschützen getroffen wurden. Die Mongolen hatten Erde über ihren Teil des Eises gestreut und Filz um die unbeschlagenen Hufe ihrer Pferde gewickelt. Doch der Sieg tröstete Dschingis nur wenig. Eine Woche zuvor hatte er vom Tod seines Sohnes Jochi erfahren. Als er diese Nachricht bekam, war er in sein Zelt gegangen und dort tagelang geblieben, um vor den Soldaten seine Trauer zu verbergen.

Im Sommer 1227 war der Krieg gegen die Tanguten beinahe vorbei, doch Dschingis und seine Ärzte wußten, daß das Leben des Großen Khans schwand. Er versammelte seine Söhne um sich, und als Ögedei und Tolui kamen, saß ihr Vater in Decken gewickelt vor einem kleinen Feuer und fror. Er war fast wahnsinnig vor Schmerzen und schnaubte: "Meine Nachkommen werden Gold tragen, das feinste Fleisch essen, die besten Pferde reiten, die wunderschönsten Frauen in ihren Armen halten, und sie werden vergessen, wem sie das alles verdanken." Schließlich beruhigte er sich und fand die Kraft, seinem jüngsten Sohn zu erklären, wie der Feldzug beendet werden sollte. "Eine Tat ist erst ruhmvoll, wenn sie ausgeführt ist." Er ließ sie versprechen, den Krieg gegen die Chin weiterzuführen.

Irgendwann im August 1227 starb Dschingis Khan, doch wie er es befohlen hatte, wurde sein Tod vor der Armee geheimgehalten. Die Hauptstadt der Tanguten hatte sich noch nicht ergeben, obwohl die Einwohner ihren Friedenswillen bekundet hatten. Als die Stadttore schließlich geöffnet wurden, erfuhren die mongolischen Soldaten endlich von Dschingis' Tod. Sie fielen mit gezückten Schwertern in die Stadt ein und töteten gnadenlos.

Die Prozession, die ihren toten Anführer in die Steppe zurücktrug, dauerte viele Wochen. Jeder Fremde, der die Totenbahre am Weg sah, wurde von den Mongolen sofort getötet, um "ihrem Herrn in der anderen Welt zu dienen". Er wollte auf dem Berg Burchan Kaldun begraben werden, Teil einer Bergkette, die sich nahe den Flüssen Onon, Tuula und Kerulen erhebt. Nach der Überlieferung hatten sich die Ahnen der Mongolen,

der Blaue Wolf und die Rotbraune Rehgeiß, in der Nähe dieser Berge vereint. Dort lag und liegt für die meisten Mongolen immer noch der Ursprung ihrer Herkunft. Dschingis' Körper wurde drei Monate lang aufgebahrt, während Prinzen und Botschafter herbeireisten, um ihren Respekt zu erweisen. Bei seiner Bestattung wurden vierzig juwelenbehangene Sklavenmädchen und vierzig der besten Pferde geopfert und neben ihm begraben. Dann ritten tausend Männer über das Grab, um die Stelle unkenntlich zu machen. Schon nach wenigen Jahren bewuchs frisches Unterholz den Berg und Dschingis Khans letzte Ruhestätte war in der Weite der Steppe verschwunden.

Portrait von Dschingis Khan, aus dem
National Palace Museum, Taipei.

Das eingelöste Versprechen

Die Feldzüge von Dschingis Khan waren bei weitem die ausgedehntesten der gesamten Weltgeschichte; niemals war so ein großes Gebiet von einem einzelnen Mann erobert worden. Als er starb, war das Reich viermal so groß wie das von Alexander dem Großen und mehr als doppelt so groß wie das Römische Reich; und doch begann erst jetzt seine Expansion. Wie die griechischen und römischen Reiche sollte das Reich der Mongolen einen ungeheuren Einfluß auf die Weltgeschichte nehmen, obwohl es weniger als 200 Jahre überdauerte. All dies rankte sich um das Genie einer einzigen Person, Sproß eines unbedeutenden Nomadenstammes, der seit Hunderten von Jahren Schafe und Pferde durch die östlichen Steppen Asiens trieb.

Dschingis Khan war eine Hauptfigur in der Weltgeschichte, und doch ist das wahre Ausmaß seines Erfolges im Westen niemals wirklich erkannt worden. Hier geriet sein Name größtenteils zum Synonym grenzenloser Grausamkeiten, und er steht für die Vergewaltigung der Zivilisation und die Bedrohung heidnischer Horden. Niemals hat er den Rang großer Reichsgründer innegehabt, wie Alexander, Tamerlan oder Napoleon. Trotzdem übertrafen seine Taten die der bekannteren Namen bei weitem, und nicht nur, was ihren Umfang betraf. Zum einen war das mongolische Reich viel beständiger. Als Alexander starb, teilte man sein Reich unter seinen Generälen auf, welche dann eine Reihe kleinlicher Streitigkeiten ausfochten, die schnell zum Zusammenbruch der restlichen Teile führten. Das mongolische Reich verlor seine Ziele nicht, als die charismatische Figur aus seiner Mitte verschwand. Dschingis hatte für eine sichere Nachfolge gesorgt und gleichzeitig die Anfänge einer Verwaltung gegründet, die mit dem Reich wuchs. Wie Napoleon war er mit Generälen großen Kalibers gesegnet – mit Männern, die in den Rängen einer modernen Armee aufgestiegen waren, in der Talent und Fähigkeit belohnt wurden. In den meisten Armeen dieser Zeit erlangten Adlige und Prinzen automatisch ein militärisches Kommando, ganz unabhängig von ihrer Kompetenz. Dschingis schaffte es, ebenso wie der kleine Korse, seiner Armee offenbar endlose Siege und den damit verbundenen unglaublichen Reichtum zu schenken, was mit kompromißloser Treue bezahlt wurde. Doch anders als Napoleon verließ Dschingis niemals seine Armeen oder opferte sie seiner eigenen Eitelkeit. Und Dschingis erlebte niemals sein Waterloo. Seine Siege wurden durch brillante Strategie, Organisation, Disziplin und Mut gewonnen. Es gibt in der militärischen Geschichte einfach keinen Vergleich mit den atemberaubenden Siegen, die er während der letzten fünfundzwanzig Jahre seines Lebens errang.

Ein schrecklicher Preis

Die ungeheuerlichen Gemetzel, vor allem an Zivilisten, die seine Feldzüge begleiteten, hat die Geschichtsschreiber immer innehalten lassen. Doch man macht es sich zu einfach, wenn man dieses Gemetzel einfach als ungezügelten Barbarismus bezeichnet. Man muß Dschingis zugestehen, daß er Mord niemals als politische Waffe einsetzte, wie es Tamerlan und andere Tyrannen taten, tatsächlich wurde die Todesstrafe nur bei sehr wenigen Verbrechen verhängt. Während Dschingis' Regierungszeit ließ man Gefangene sofort frei, und es gab niemals irgendeine Form politischer oder ideologischer Tyrannei. Die Mongolen waren gegenüber anderen Religionen außerordentlich tolerant, und diese Tradition behielten sie den Großteil ihrer Geschichte über bei – eine seltene Qualität in einer Welt, in der Christen und Moslems seit beinahe 500 Jahren gegeneinander kämpften. Der Historiker Dr. David Morgan sah es so: "Angenommen man überlebte seine erste Begegnung mit den mongolischen Armeen, dann war es sehr unwahrscheinlich, daß man nachfolgend wegen seines religiösen Glaubens getötet wurde."

Bevor wir das Wie und Warum der mongolischen Kriegspolitik untersuchen wollen, ist es wichtig, das Ausmaß zu begreifen. Die Überfälle in Transoxanien, Khwarazmien und Khurasan verursachten bisher nie erlebtes Leiden. Diese Katastrophe beschrieb ein persischer Chronist hundert Jahre später: "... nach dem wütenden Massaker der Mongolen ... wird es zweifellos unmöglich sein ... das Land in den früheren Zustand zurückzuversetzen, selbst wenn tausend Jahre lang kein Übel mehr über das Land käme."

Alle Chronisten scheinen sich bei dem Versuch, das Ausmaß der Katastrophe zu erfassen, gegenseitig übertreffen zu wollen. Sie schreiben düsterste Berichte. Ein Autor behauptet, daß der mongolische General Elchidäi, als die Stadt Herat nach einer Rebellion Dschingis' schreckliche Strafe erlitten hatte, nicht weniger als 1 600 000 Menschen getötet haben soll. Ein anderer Chronist setzt die Zahl bei 2 400 000 an. Bei der Zerstörung von Nishapur soll die Zahl der Toten 1 747 000 betragen haben. Die Köpfe ihrer Opfer sollen in drei Pyramiden aufgebaut worden sein, je eine für Männer, Frauen und Kinder. Wenn die Knochen saubergepickt waren, stellten diese Schädelhaufen eine makabere Warnung für jeden dar, der die mongolische Oberherrschaft angreifen wollte.

Kein moderner Historiker hält diese Zahlen für realistisch. Man weiß nicht, wie groß die Bevölkerung in diesen Gebieten in der Mitte des dreizehnten Jahrhunderts war. Es ist aber unwahrscheinlich, daß irgend eine Stadt dort die Bevölkerungsdichte einer chinesischen Stadt wie Kai-feng oder Hang-chow übertraf, die beide über eine Million Einwohner zählten. Auch wenn man die Landbevölkerung mitberücksichtigt, die sich hinter den Stadtmauern versteckte, sind diese Zahlen mit Sicherheit übertrieben. Aber ihre Nennung zeigt den enormen psychologischen Schock, den die Bevölkerung erlitt. Es gibt in der persischen Geschichte keine Vergleiche für diese Zahlen, was vermuten läßt, daß man das Ausmaß von Tod und Zerstörung nicht fassen konnte. Khurasan erfuhr das gleiche Schicksal. In Bamian, Balkh und Merw wurde die gesamte Bevölkerung – sogar die Haustiere – abgeschlachtet. Die Generäle Jebei und Subedei brachten eine ähnliche Katastrophe über Aserbaidschan und zerstörten die Städte Rayy, Qum, Zanjan, Qazvin und Marakesch. Interessanterweise gehörten fast all diese Städte zu denen, deren Einwohner gegen die mongolische Herrschaft rebelliert hatten. Man muß außerdem hinzufügen, daß nicht alle Einwohner für entbehrlich gehalten wurden. Offiziere und Adlige wurden ausnahmslos verschont, genauso wie Kunsthandwerker, Handwerker, Schreiber, Kleriker, Händler und manchmal Beamte – alles Personen, deren Fähigkeiten die Mongolen hoch schätzten. Das Gegenteil war jedoch der Fall, wenn es um die Landbevölkerung ging, also den Großteil der Bevölkerung im dreizehnten Jahrhundert. Ob in China oder West-Asien: Die Bauern, die das Land bearbeiteten, wurden ohne Ausnahme so gering erachtet, wie eine Schafherde. Wenn Befehl gegeben wurde, die Bevölkerung auszulöschen, wurden sie wie Schafe zusammengetrieben – und auch so behandelt. Männer und Frauen, die auf ihren Knien die Erde bearbeiteten, wurden von den mongolischen Reitern als niederste Form menschlichen Lebens angesehen. Ein Pferd war sehr viel wertvoller.

Neuere Erfahrungen mit Massenvernichtungen scheinen uns aber zu zeigen, daß die Soldaten einer Eroberungsarmee sich vermutlich nicht die Mühe machten, Hunderttausende von Menschen niederzumetzeln, nur weil sie Landarbeiter waren. Die Mongolen zogen es vor, die Bevölkerung zu unterwerfen, statt sich mit Massenmord zu beschäftigen. Ihre Strategie war es, mongolische Verluste zu vermeiden. Städte, die sich widerstandslos ergaben, blieben verschont – und die Mongolen hielten meistens ihr Wort. Doch jedes Aufbegehren wurde gnadenlos bestraft; das darauf folgende Massaker sollte andere warnen. Wenn man die große Anzahl von Städten betrachtet, die sich den Mongolen freiwillig ergaben, scheint diese Taktik funktioniert zu haben.

Auch dem Gemetzel folgten oft weitere verheerende Schäden. Das persische Plateau besitzt nicht viele große Flüsse, und so wurde die Landwirtschaft immer durch ein sehr ausgeklügeltes und intelligentes System künstlicher Bewässerung unterstützt, das man Qanat nennt. Diese Bewässerungssysteme und besonders die Qanat mußten regelmäßig gewartet werden, sonst verschlammten sie und vertrockneten. Als die Bevölkerung entweder tot oder vertrieben war, brach das Qanat-System zusammen, das Land wurde

Die Zitadelle von Herat im Westen von Afghanistan, die auf den Überresten eines Forts von Alexander dem Großen errichtet wurde. Es wird berichtet, daß nur fünfundzwanzig ihrer Bewohner den mongolischen Angriff überlebten.

dürr, Landwirtschaft war nicht mehr möglich und die Städte in dieser Region, die davon lebten, mußten verlassen werden oder – wie die Stadt Buchara – wurden in ihrer einstigen Größe und Stattlichkeit nicht wieder aufgebaut. Das mongolische Vermächtnis dauerte Jahrhunderte an.

Aber warum machte sich eine Armee die Mühe, einen Ort zu besiegen, wenn in der Folge nichts übrigblieb, was man beherrschen konnte? Die Mongolen führten unter Dschingis Khan keine Eroberungsfeldzüge. Sobald die Kämpfe beendet waren, zogen sich die Armeen aus allen Gebieten zurück, mit Ausnahme von Khwarazmien, das unter die Kontrolle mongolischer Verwaltung gestellt wurde. Es bestand kein wirkliches Interesse an der Besetzung und Ausbeutung der Länder, über die sie wie ein Ungetüm hinweggewalzt waren. Dschingis' Vision von der Welt war bis zum Ende seines Lebens auf die Steppe konzentriert. Während sich das mongolische Gebiet so weit ausbreitete, "konsumierte" Dschingis beinahe aus Versehen auch einige Länder seßhafter Menschen.

Dschingis Khans Invasion des nördlichen Chinas und Khwarazmien sollten Unterwerfung bewirken, aber keine Weltherrschaft. Er war ausgezogen, um die Herrschaft über die Steppe zu gewinnen. In seinen Augen waren die Gebiete der Seßhaften an ihren Grenzen nur von geringer Bedeutung.

Die neuen Ratgeber und Verwalter, die sich jetzt am mongolischen Hof aufhielten, waren da ganz anderer Meinung. Für sie waren natürlich die Steppen von geringer Bedeutung, außer daß sie zwischen den Zivilisationsgrenzen lagen. Dieser fundamentale Unterschied zwischen der nomadischen und der seßhaften Weltsicht hatte zu fürchterlichen Folgen für Land- und Stadtbevölkerung geführt.

Doch es gab noch einen weiteren entscheidenden Faktor, der das Verhalten der Mongolen gegenüber den Seßhaften beeinflußte, und das war ihre geringe Bevölkerungszahl. Sie hatten einfach nicht genügend Leute, um die Gebiete, die sie erobert hatten, auch zu bemannen. Und deshalb verließen sie sich auf die kollektive Erinnerung an schrecklichste und brutalste Zerstörungen weniger Städte, um die Loyalität der anderen während der Abwesenheit der Hauptarmee zu sichern. Obwohl der gesamte Feldzug durch Khwarazmia, Khurasan und die russischen Steppen sieben lange Jahre dauerte, war er eigentlich eher ein gigantischer Überfall, der die gesamte Bevölkerung dieser Regionen durch Terror zur Unterwerfung zwingen sollte.

Bei der Betrachtung des mongolischen Verhaltens muß man berücksichtigen, daß sie so gut wie keinen Kontakt zur seßhaften Bevölkerung hatten. Ihre stolzen nomadischen Traditionen ließen sie große Agrarländer wie China verachten. Sie hatten zwar jahrhundertelang mit Grenzposten gehandelt und indirekt von den chinesischen Höfen Geschenke und Geld erhalten, sahen in China aber nichts anderes als ein riesiges Schatzhaus, das man plündern konnte. Eine erschreckende Statistik stammt aus ihren eigenen Berichten. Eine Volkszählung 1195 im Reich der Chin, nennt weniger als 50 Millionen Einwohner im nördlichen China. Als die Mongolen ihre erste Zählung im neu gewonnenen Gebiet durchführten, kamen sie auf nicht einmal 9 Millionen. Auch wenn man annimmt, daß eine große Zahl von Menschen wegen des allgemeinen chaotischen Zustands im nördlichen China vielleicht nicht erfaßt wurde, deutet diese Diskrepanz der Zahlen darauf hin, daß die mongolische Politik des Terrors einem Völkermord gleichzusetzen ist.

China brauchte lange, um sich von dieser Katastrophe zu erholen, da die Mongolen die Verantwortung für ihre Eroberung nicht übernahmen. Sie waren vollkommen zufrieden mit regelmäßiger Tributzahlung, Seide, Getreide und wertvollen Metallen sowie modernen Kriegsmaschinen, die von gefangenen Handwerkern gebaut wurden. Obwohl sie die Rechte über riesige Länder in China und Persien erworben hatten, die beide lange Traditionen komplexer und intelligenter Selbstverwaltung besaßen, nutzten die Mongolen diese Traditionen nicht für die Regierung ihrer neuen Länder. Tatsächlich sahen sie auch lange Zeit keinen Grund, überhaupt zu regieren. Wenn sie mit einer Krise fertig werden mußten, antworteten sie ad hoc – sie übergaben die Verantwortung normalerweise einem ausländischen Amtsträger, der seine Arbeit unter ihrer fernen Überwachung ausführte.

Dschingis Khan hat am Ende seines Lebens kein fest zusammengeschmiedetes Reich hinterlassen. Aber seine Nachfolger haben dennoch, und trotz der abgezogenen mongolischen Armeen aus den eroberten Ländern, durchaus ein Interesse an diesen Gebieten entwickelt. Hier unterscheidet sich die Herrschaft von Dschingis Khan dramatisch von der Alexanders, Attilas, Tamerlans und Napoleons. Dschingis glaubte daran, eine Dynastie gegründet zu haben, die die Unterwerfung des westlichen und zentralen Asiens und des nördlichen Chinas erzwungen hatte – und er erwartete, daß sie noch lange nach seinem Tod aufrecht erhalten bliebe. Doch es war ebenfalls klar, daß keine Steppennation jemals zuvor so viel Territorium erobert hatte, und daß die Mongolen deshalb eine neue Form der Politik entwickeln mußten. Wie diese neue Politik aussehen sollte, war noch nicht klar, aber die Mongolen waren vor allem praktisch veranlagt und niemals zu stolz, von anderen zu lernen.

Der Goldene Clan

Als sich das Reich ausweitete und schließlich den gesamten Mittleren Osten und China umfaßte, wurden die Methoden der mongolischen Regierung immer differenzierter, obwohl sie sich zunächst nicht von den offensichtlichen Vorzügen der chinesischen oder persischen Verwaltung verführen ließ. Sie setzte lieber auf die administrative Erfahrung von Menschen, die einen annehmbaren nomadischen Stammbaum besaßen,

---

Nächste Seite: Ein Qanat, das persische Bewässerungssystem.
Unterirdische Kanäle bringen Wasser aus den Bergen über die Ebene
und füllen flache Gräben neben den Feldern. Nach den Angriffen
der Mongolen wurde das Qanat vernachlässigt, das System verschlammte,
und Persien entwickelte sich zur Wüste.

wie die Uiguren, die die Länder östlich der Tien Shan Berge besetzten und die Kitanen, die vor den Jurchen die Herren des nördlichen China gewesen waren. Von den Uiguren hatten die Mongolen ein Alphabet übernommen und die Handelsgesetze, während sie von den Kitanen Konzepte, Vokabular und Institutionen übernahmen.

Die bedeutendste den Kitanen entlehnte Institution, war der Darughachi, ein mongolischer Vielzweckbeamter, der in besetzten Gebieten stationiert wurde und zu einer Art militärischer Provinzgouverneur wurde. Er stellte sicher, daß die Gemeinden ihre Verpflichtungen den Mongolen gegenüber einhielten. Diese Beamten hielten direkten und schnellen Kontakt zum Großen Khan. Ihre Hauptaufgabe war das Eintreiben der Steuern und das Weiterleiten der Abgaben in die Mongolei. Darughachis wurden aus der Keshig rekrutiert, der kaiserlichen Garde, deren Loyalität dem Leben und der Gesundheit des Großen Khans galt. Alle Kommunikationswege führten zu ihm oder den Adel um ihn herum, den Goldenen Clan, wie man ihn nannte. Das waren die Familien, die ihren Stammbaum bis zu Dschingis Khan selbst nachweisen konnten. Die wichtigsten Mitglieder waren Dschingis' vier Söhne, die er mit seiner ersten Frau Borte hatte. Nur sie und ihre Nachkommen hatten das Recht zu regieren.

Diese vier – Jochi, Dschagatai, Ögedei und Tolui – stellten den Kern der Dynastie dar. Um den Goldenen Clan abzusichern, hatte Dschingis ein System von Apanagen oder Ulus für seine Mitglieder und würdige kriegserprobte Kommandanten entwickelt. Es waren dies Ländereien, in denen Nomaden lebten und den Eigentümern zu Wohlstand verhalfen. Dazu kam ein Kontingent von Armee-Einheiten sowie Tiere, Handwerker und Künstler. Die Nutznießer dieser Ulus erhielten auch Anteile an den Steuereinkünften aus anderen Teilen des Landes. Die Ulus variierten in der Größe, je nach Alter des Begünstigten und der Achtung, die er genoß. Sein Reichtum spiegelte seinen Rang innerhalb des Clans wider. Die meisten Ulus maßen viele hundert Quadratkilometer, die der Söhne von Dschingis ein Vielfaches davon.

Vor dem Feldzug ins westliche Asien hatte Dschingis bereits seine Nachfolge geregelt, und vor seinem Tod die Geographie des zukünftigen Reiches durch die Ulus festgelegt, die er seinen vier Söhnen vermachte. Es war mongolische Tradition, dem ältesten Sohn jene Länder zu übergeben, die am weitesten von zu Hause weglagen. Jochi, der älteste, war einige Monate vor seinem Vater gestorben, und so wurden alle Länder "im Westen, so weit wie die Hufe eines mongolischen Pferdes je getrabt sind", unter seinen Söhnen aufgeteilt. Der älteste, Orda, bekam das Land an den nordöstlichen Ufern des Aral-Sees und die Gebiete um den Fluß Sari Su. Man nannte es später die Weiße Horde und weiß sehr wenig über dieses Gebiet. Sein jüngerer Bruder, der fähige aber jugendliche Batu, erhielt die Länder im Nordwesten, die sich vom nördlichen Ufer des Kaspischen Meeres in den Westen bis zur Wolga und nach Osten bis zum Fluß Irgiz erstreckten. Dieses war die Goldene Horde, und sie wuchs im Laufe der Zeit zu außerordentlicher Größe heran. Dschagatai war eine Art Großkanzler und bekam die Länder in Zentralasien, die früher den Kara Kitai gehörten; später kam Transoxanien dazu. Ögedei erhielt die Länder nordöstlich von Dschagatais – die Ala Kul, die Tarbagatai Berge, den Fluß Kara Irtish und die Region, die sich von den Altai Bergen bis zum Baikal-See erstreckte. Tolui, der jüngste Sohn, erhielt das mongolische "Herz", das traditionelle Erbe des Jüngstgeborenen.

Obwohl Dschingis bereits Ögedei zu seinem Nachfolger bestimmt hatte, dauerte es zwei Jahre, bis dieser schließlich den Titel des Großen Khans annahm. Vielleicht hatte er gezögert, weil er das Gefühl hatte, daß Tolui besser geeignet sei. Andere Quellen besagen, daß Tolui es verhinderte, weil er sich übergangen fühlte. Wie auch immer, 1229 wurde ein Quriltai einberufen und die Nachfolge schließlich festgelegt.

Der Große Khan Ögedei

Ögedei war allen Berichten zufolge der intelligenteste und mit Sicherheit der großzügigste und toleranteste der vier Brüder. Urteilt man nach der Menge der Geschichten, die über ihn geschrieben wurden, so scheint er viel Zeit damit verbracht zu haben, die von Dschagatai zum Tode Verurteilten, am Leben zu erhalten. Ögedei war ein großer Bonvivant, der den Wein liebte. Als sein älterer Bruder ihn wegen seiner exzessiven Trinkerei getadelt hatte, soll Ögedei seiner Sucht abgeschworen und versprochen haben, sich auf eine bestimmte Anzahl von Weinbechern pro Tag zu beschränken – jedoch erst, nachdem er Vorsichtsmaßnahmen getroffen und einen enormen Weinbecher hatte anfertigen lassen!

Doch damit ist Ögedei nicht hinreichend beschrieben. Unter seiner Herrschaft erblühte das Urreich seines Vaters zu einem Commonwealth von gewaltiger Größe. Seine erste und wichtigste Handlung war der längst überfällige Sieg über die Chin. Dieser Feldzug, der von Dschingis 1211 begonnen worden war, dauerte nun schon mehr als fünfundzwanzig Jahre. Ögedei war entschlossen, die Angelegenheit schnell abzuschließen. Zunächst mußte er das verlorene Land um das Wei Tal und in Shensi zurückbekommen, das die Chin nach dem dem Tod von Muyali wieder erobert hatten. Dschingis hatte immer gewußt, daß der Sieg über die Chin nicht leicht sein würde und seinen Söhnen geraten, die Hilfe des Sung-Reiches im Süden des traditionellen China in Anspruch zu nehmen.

Im Jahre 1230 begann eine neue mongolische Offensive, doch sie wurde bald abgewehrt. 1231 kehrten die Mongolen unter dem Kommando von Subedei zurück. Sie hatten zwar etwas Land erobert, wurden aber wieder aus dem Wei-Tal vertrieben. Ögedei beschloß, den Rat seines Vaters zu beherzigen und die Sung zu umwerben. Er wollte sich Kai-feng, der Hauptstadt der Chin, über das Gebiet der Sung nähern. Wenn sie den hundertjährigen Haß zwischen den beiden Dynastien ausnutzten und die Armeen der Sung auf ihre Seite bringen konnten, wäre das ein großer Vorteil. Ögedei übernahm das Kommando über den Hauptteil der mongolischen Armee und führte sie in östlicher Richtung am Ufer des Gelben Flusses entlang. Tolui brachte in großem Bogen ein Kontingent von 30 000 Männern hinunter in das Gebiet der Sung, nahm die Stadt Hang-chung ein und zog südwärts nach Szetschuan. Von dort zog er wieder nordwestlich, überquerte den Fluß Han und tauchte plötzlich auf Chin-Gebiet auf. Anfang 1232 traf er mit seiner durch Krankheit und schlechter Ernährung geschwächten Armee wieder auf Ögedei Khans Armee. Gleich darauf stießen die Mongolen auf die Armee der Chin, die von einem ihrer fähigsten Generäle, Wan-yen Yi, angeführt wurde.

Die Schlacht war schwierig, das Blatt wendete sich viele Male, aber schließlich waren die Chin besiegt. Wan-yen Yi wurde gefangengenommen, und die Mongolen, von seinen Fähigkeiten beindruckt, versuchten ihn zu überreden, auf ihre Seite zu wechseln. Er lehnte ab und zog den Tod dem Verrat vor. Die Chin hatten währenddessen ihre Armeen nach Kai-feng gezogen und den Rest ihres Gebietes verlassen. Zunächst belagerte Ögedei Kai-feng. Doch als sich der Kaiser der Chin weigerte, sich der mongolischen Herrschaft zu unterwerfen, überließ er Subedei den unvermeidbar langwierigen Feldzug gegen eine der größten und am besten befestigten Städte Chinas. Das war sehr viel mühsamer, als die Mongolen erwartet hatten. Nach einem chinesischen Bericht scheint es, daß die Chin eine neue Waffe einsetzten, die einen vernichtenden Effekt auf Subedeis Armeen hatte: "... große Mörser, die wie Himmelsdonner brüllten." Die Mongolen wurden wahrscheinlich erstmals mit Schießpulver konfrontiert, und sie liefen Gefahr, vor den Toren der Stadt vernichtet zu werden.

Unterdessen kehrten Ögedei und sein Bruder Tolui in die Berge zurück, um dort den Sommer zu verbringen. Sie wurden ernsthaft krank, und Subedei erhielt die Nachricht, daß der Große Khan wahrscheinlich nicht überleben würde. Es gibt viele verschiedene

Die Krönung von Ögedei Khan, aus einem Manuskript von Rashid al-Din. Neben ihm seine Frau Toregene und rechts im Bild seine Kinder. Später sollten sich Ögedeis Söhne und die seines jüngeren Bruders Tolui um die Nachfolge streiten.

Geschichten über die Geschehnisse an dem geheimnisvollen Sommerort. Eine erzählt, daß Ögedeis Krankheit so viel Besorgnis erregte, daß der mongolische Gott Tengri zu Hilfe gerufen wurde. Der Gott im Himmel willigte ein, das Leben eines anderen anstelle von Ögedeis zu nehmen, und Tolui erklärte sich zum Opfer bereit. Diese Legende stammt von den späteren Herrschern des Reiches, Toluis Nachkommen. Vermutlich wurde die Geschichte erfunden, um die Umstände von Toluis Tod zu verschleiern, der wohl durch etwas so Unmysteriöses wie Alkoholvergiftung erfolgte. Die Brüder hatten vermutlich ein weniger bekömmliches Gebräu zu sich genommen, und nur Ögedei erholte sich wieder von dem Genuß.

Für Subedei wurde die Situation immer verzweifelter. Er verlor immer mehr Männer und mußte einen schnellen Weg finden, diese Belagerung zu beenden. Er ergriff die Initiative und bat die Sung um Hilfe. Der Kaiser der Sung willigte für die Gegenleistung einiger Chin Provinzen – Honon und Kai-feng – ein. Schon bald standen 20 000 frische Sung Soldaten vor den Toren von Kai-feng, und die Stadt gab kurz danach auf. Der Zerstörung und Plünderung von Kai-feng im Jahre 1234 folgte die Exekution aller männlichen Mitglieder der Chin-Dynastie, während die Frauen an den mongolischen Hof deportiert wurden. Die Generäle der Sung waren Zeugen dieser Szenen, die sie noch jahrelang verfolgen sollten. Als Subedei sich gerade auf den Rest der Bevölkerung stürzen wollte, griff einer von Ögedeis Ratgebern, Yeh-lu Chu-tsai, ein.

Liberale Einflüsse: Yeh-lu Chu-tsai

Yeh-lu Chu-tsai besaß bereits einen großen Ruf am Hof der Chin in Chung-tu, bevor er von den Mongolen angestellt und ein großer Staatsmann wurde. Als geborener Kitane war er eng mit der alten Liao-Dynastie verbunden, obwohl sein Vater und Großvater Funktionäre am Chin-Hof gewesen waren. Er war zum Astrologen ausgebildet und mit buddhistischen Idealen erzogen worden. Trotzdem wurde er später zum typischen konfuzianischen Verwalter. Nach dem Fall von Chung-tu befand sich Yeh-lu Chu-tsai unter den Gefangenen, die vor Dschingis Khan gebracht wurden. Als Dschingis fragte, ob er nicht froh sei, daß seine Vorväter durch den Sieg über die Chin gerächt wären, erinnerte Yeh-lu Chu-tsai Dschingis daran, daß sein Vater und sein Großvater im Hof der Chin gedient hätten. "Wie kann ich als Untertan und Sohn im Herzen so untreu sein und meinen Herrscher und meinen Vater als Feinde ansehen?" Dschingis, von der Treue des jungen Mannes beeindruckt, stellte ihn sofort für seine aufkeimende Verwaltung ein. Bald holte Yeh-lu Chu-tsai andere aus den Rängen der Chin, Kitanen und chinesischen Gefangenen zu sich. Er rettete Bibliotheken vor dem Feuer, sammelte Dokumente und Bücher, wo immer die mongolische Armee sich befand und entwickelte gemeinsam mit seinem wachsenden Personal einen behelfsmäßigen, mobilen öffentlichen Dienst. Nach Dschingis Tod wurde er von Ögedei übernommen und einer seiner engsten Berater.

Yeh-lu Chu-tsai schreibt man den Verdienst zu, die schlimmsten Exzesse der Mongolen verhindert zu haben, vor allem indem er ihre Methoden der Steuereintreibung radikal veränderte. Doch erst nach dem Fall von Kai-feng und dem Sieg über die Chin bestand er seine wichtigste Herausforderung. Subedei und die anderen Generäle hatten ernsthaft vorgeschlagen, daß, nachdem man die Handwerker, Händler und Gelehrten gefangengenommen und in die Mongolei geschickt hatte, der Rest der Bevölkerung getötet werden sollte – nicht die Bevölkerung von Kai-feng, sondern die gesamte Population von Nord-China.

Die Millionen chinesischer Landarbeiter hatten den Mongolen seit einiger Zeit Anlaß zur Sorge gegeben – nicht nur, weil ihre Arbeit so unverständlich war, sondern einfach, weil ihre Menge so beunruhigend wirkte. Sie waren vollkommen nutzlose Soldaten und außerdem konnte man die riesigen Flächen guten Lands, die sie bevölkerten, besser als Weideland für die mongolischen Herden nutzen. Als eine Massenhinrichtung ernsthaft diskutiert wurde, sprach sich Yeh-lu Chu-tsai ernsthaft dagegen aus. Er führte an, daß die mongolischen Einnahmen aus Nord-China enorm ansteigen würden, wenn man die Landarbeiter in Ruhe arbeiten ließe und ihm die Erlaubnis gäbe, ein einfaches, fortschrittliches Steuersystem für das Produkt ihrer Arbeit zu entwickeln. Yeh-lu Chu-tsais Plan war es, einen ordentlichen Haushaltsetat für die mongolische Armee und ihren Hof zu bilden. Dies bedeutete, eine Steuer zu erheben, die im ganzen Reich gelten sollte. Die seßhafte Bevölkerung sollte 10 Prozent ihrer Ernte zahlen, während Nomaden ein Tier pro hundert Tiere abgeben sollten. Vor allem wollte er von der unproduktiven mongolischen Methode der Steuereintreibung wegkommen. Yeh-lu Chu-tsais Reformen entwickelten sich langsam, doch als die Zahlungen schließlich flossen, war Ögedei recht angetan und Massenhinrichtungen waren vergessen.

Obwohl Dschingis Yeh-lu Chu-tsai hoch schätzte, war sein Einfluß innerhalb des mongolischen Hofes als Schreiber, Astrologe und Erster Minister erst unter der Herr-

---

Nächste Seite: Das Fest von Qing Ming in der Stadt Kai-feng, gemalt vor der mongolischen Eroberung. Diese Stadt war mit über einer Million Einwohnern für kurze Zeit die Hauptstadt der Chin, bis sie 1260 der vereinten Armee der Mongolen und Sung zum Opfer fiel.

schaft von Ögedei wirklich zu spüren. Der zweite Große Khan war ausländischen Ideen gegenüber offener und bereit, neue Methoden zu praktizieren, obwohl er im Gegensatz zu seinem ersten Minister immer noch ein eingefleischter Nomade war. Es war Dschingis großer Wunsch gewesen, daß das Reich auf der Idee der Steppe basierte – das Machtzentrum, wie groß das Land auch werden würde, sollte nicht auf die seßhafte Gesellschaft übergehen, sondern fest im mongolischen Zentrum bleiben. Doch als sich das Reich nach allen Seiten ausbreitete und mit einer aufstrebenden Verwaltung Schritt zu halten versuchte, gekoppelt mit einem immer größer werdenden Austausch von Händlern und Abgesandten, die dem Großen Khan ihren Respekt erweisen wollten, reichten dafür die traditionellen Zeltlager nicht mehr aus. Die Mongolen mußten eine Hauptstadt bekommen.

Die Hauptstadt der Nomaden

Ähnlich wie die Städte Washington DC, Brasilia oder Canberra aus dem Nichts entstanden, tauchte Karakorum aus der Mitte einer großen Graswüste auf, um das Zentrum des größten Reiches der Geschichte zu werden. Nach dem Zusammenbruch des Imperiums verfiel sie bald, und der Großteil der festen Gebäude wurde im sechzehnten Jahrhundert für den Bau eines buddhistischen Klosters in der Nähe geplündert. Die Spuren von Karakorum verloren sich, bis die Russen es im neunzehnten Jahrhundert wiederentdeckten und Anfang des 20. Jahrhunderts ausgruben. Die Ausgrabungen deuten darauf hin, daß der Ort bereits lange vor dem mongolischen Reich von einer buddhistischen Gemeinde genutzt wurde, und daß er in der Zeit von Dschingis Khan als eine Art Zeltstadt für militärische Zwecke und als Umschlagplatz für Handel und Kunsthandwerk diente.

In mancher Hinsicht war es ein seltsamer Platz für einen Regierungssitz. Er lag nicht in ursprünglich mongolischem Gebiet, sondern in den Grenzregionen, ungefähr zwischen den Ländereien von Ögedei und Tolui im Orkhon-Tal – einem Gebiet, das einst von den Naimanen besetzt war. Doch für die Steppenvölker hatte dieser Ort große Bedeutung. Er lag dicht an einem Knotenpunkt von Straßen, über die jahrhundertelang wandernde Nomaden und Händlerkarawanen gezogen waren. Diese traditionellen Straßen wurden immer noch benutzt, und so schien es sinnvoll, hier die Hauptstadt zu bauen.

Die Arbeit wurde aufgenommen, während sich Ögedei immer noch auf dem Feldzug gegen die Chin befand, und die ersten Mauern standen 1235. Archäologen berichten, daß die Stadt auf einem künstlichen Berg errichtet wurde, der aus verschiedenen Sand- und Tonschichten bestand. Sie war von breiten Erdwällen umgeben. Im Südwesten befand sich Ögedeis Palastgebiet, das selbst noch einmal von Wällen geschützt wurde. An seinem südlichen Ende führten zwei massive Tore zu den Palästen, eines vor dem anderen, das Außentor war 30 Meter hoch. Innerhalb des Walles lagen zwei große Hallen für Audienzen, Bankette und den Empfang von Gästen. Die größte war über 80 Meter lang. Der französische Mönch, William von Rubruck, der als Missionar in das mongolische Reich gezogen war, beschrieb den Palast:

Und der Palast ist wie eine Kirche, mit einem Mittelschiff und zwei Seiten hinter zwei Säulenreihen, und mit drei Türen im Süden, und hinter der mittleren Tür steht ein Baum auf der Innenseite (ein Springbrunnen, der eine Auswahl von Getränken bot), und der Khan sitzt auf einem erhöhten Platz im Norden, damit er von allen gesehen werden kann; und er selbst sitzt dort wie ein Gott. Es gibt zwölf heilige Tempel unterschiedlicher Nationen, zwei Muhummeries (Moscheen), wo das Gesetz von Mohammed ausgerufen wird, und eine christliche Kirche befindet sich ganz am Ende der Stadt. Am östlichen Ende wird Hirse und anderes Getreide verkauft; im Westen werden Schafe und Ziegen verkauft; im Süden Ochsen und Wagen; im Norden Pferde.

Innerhalb der Palastgebäude befand sich hinter den Haupthallen ein niedriger, runder Hügel, auf dem die Mongolen ihre Wohnzelte aufstellten. Trotz zahlreicher großer Gebäude zogen sie es vor, unter Zeltplanen zu schlafen. Die Hauptgebäude scheinen nach einem chinesischen Modell mit spitzen Ziegeldächern gebaut worden zu sein. Die Hallen wurden von regelmäßig gesetzten Säulen getragen. Auf öffentlichen Plätzen dienten steinerne Schildkröten als Sockel für imperiale Monumente. Allen Berichten zufolge gaben die Mongolen große Summen für die Verzierung der Gebäude aus, und doch war die Stadt nicht besonders imposant. Ein europäischer Reisender verglich sie mit einem Dorf am Rand von Paris.

Was die Stadt Karakorum betrifft, kann ich euch sagen, daß abgesehen vom Palast des Khans, sie nicht größer ist als das Dorf Saint Denis, und das Kloster von Saint Denis ist zehnmal wertvoller als dieser Palast... Es gibt zwei Viertel; eins für

Nächste Seite: Die Überreste von Karakorum. Es gibt mehrere dieser großen Steinschildkröten, die wohl kaiserliche Denkmäler trugen – in Stein gehauene offizielle Würde des Hofes.

die Sarazenen (Moslems), in dem die Märkte abgehalten werden und wo sich eine Menge Tartaren wegen des Hofes aufhalten, der immer in der Nähe dieser (Stadt) ist, und wegen der großen Anzahl von Botschaftern. Das andere ist das Viertel der Cathayanen (Chinesen), die alle Handwerker sind. Außerdem gibt es große Paläste für die Sekretäre des Hofes.

Obwohl er sich nun einen ständigen Machtsitz geschaffen hatte, wanderte Ögedei, entsprechend den traditionellen Jahreszeitenwanderungen, weiter. Von Februar bis zum Frühling blieb er in Karakorum, dann reiste er nach Norden zu den Seen und Marschen des Orkhon. Dort verbrachte er vier bis sechs Wochen, kehrte kurz nach Karakorum zurück und zog dann, um den heißen Sommern zu entgehen, südöstlich in die Hochebenen der Berge. Ende August ging er in den Süden bis zum Ongin, wo seine Jagdgründe und seine Winterresidenz lagen, und dort blieb er, bis er nach Karakorum zurückkehrte, um den Kreislauf erneut zu beginnen.

Trotzdem stellte Karakorum den Brennpunkt des sich ausdehnenden Reiches dar und war Zentrum der Verwaltung. Yeh-lu Chu-tsai arbeitete maßgeblich an der Stärkung der Autorität dieses mittelalterlichen Brasilias. Hier befanden sich die Schatzkammer sowie die Steuer- und Zollabteilungen; und Dschagatai, der Lordkanzler, hielt dort Hof. Und nur hier konnten ausländische Abgesandte, reiche Händler und berühmte Kleriker um eine Audienz bei dem wichtigsten Mann Asiens bitten. Die Stadt wurde zum Mittelpunkt allen politischen und kommerziellen Lebens auf dem Kontinent.

Damit dies so sein konnte, mußte das Reich ein Kommunikationssystem erstellen, das alle Speichen mit der Nabe verband. Ögedei entwickelte das große Yam aus jenem einfacheren System, das sein Vater eingeführt hatte, um mit seinen Generälen in Verbindung zu bleiben. Es war ein Netzwerk reitender Boten, die aber durchaus auch andere Aufgaben wahrnahmen. Sie dienten als Eskorte für ausländische Abgesandte über Tausende von Kilometern offene Steppe; oder sie transportierten Material, besonders auf den Straßen von China. Sie überbrachten Nachrichten in die entferntesten Winkel des Reiches. Die zentrale Aufgabe des Yam war jedoch die schnelle Vermittlung herrschaftlicher Befehle in ganz Asien.

Ögedei etablierte dieses System zunächst in seinem eigenen Ulus. In regelmäßigen Abständen von ungefähr 40 bis 50 km oder einem Tagesritt wurden Poststationen an der Straße errichtet, die die Boten beherbergten und mit Essen und frischen Pferden ausstatteten. Diese Pferde lieferte die ansässige Bevölkerung. Das System selbst lag in der Hand der Armee. Die Boten trugen eine Identifikationsmarke bei sich, die Paiza, die angab, unter wessen Autorität sie reisten. Jede Paiza war ungefähr 50 cm lang und normalerweise aus Holz. Paizas aus Silber oder sogar Gold zeigten hochrangige Reisende an. Sie waren fein geschmückt mit Gravuren von Tigern oder Falken – ebenfalls Zeichen des hohen Ranges des Trägers.

Es gibt Berichte von Kurieren, die mit Hilfe des Yam erstaunliche Entfernungen überbrückten. Marco Polo berichtete von 300-500 km pro Tag. Diese Expreß-Kuriere galoppierten Tag und Nacht von einer Poststation zur nächsten, behängt mit einer Glockengirlande, die ihr Kommen ankündigte. Der Wärter an der Station hörte den Kurier und ließ frische Pferde satteln. Einmal wurde eine Nachricht vom Hof in Karakorum bis nach Rußland geschickt, und die Kuriere legten in einem Monat 1600 km zurück.

Ausdehnung nach Westasien

Als Ögedei die Hauptstadt des Reiches bauen ließ, gab es immer noch militärische Probleme, die gelöst werden mußten. Dschingis Feldzug durch Khwarazmia und Khurasan hatten das Land ruiniert und zerstört und alle Überreste der zentralen Regierung hinweggefegt. In der Anarchie, die jetzt herrschte, hatte Jalal al-Din, der 1221 nach Delhi geflohen war, langsam wieder die Macht erworben, um das Vakuum zu füllen. Es war genau die gleiche Situation wie im nördlichen China, nachdem Dschingis das Interesse an diesem Feldzug verloren hatte. Da die Mongolen keine Garnisonen hinterlassen hatten, um das eroberte Gebiet zu halten, war es nur eine Frage der Zeit, bis jemand anderes einzog.

Jalal al-Din hatte sich für vieles zu rächen und fand ohne Schwierigkeiten Anhänger. Im Jahre 1224 hatte er ein großes Stück des Gebietes zurückerobert, das er im darauffolgenden Jahr bis Aserbaidschan ausweitete, und bald schon führte er Plünderungszüge in das christliche Georgien an.

Zwei bronzene Paizas, Erkennungsmarken der Boten des Yam – das kaiserliche Kommunikationssystem.

Die Reiter des Yam mußten manchmal ohne
Unterbrechung Hunderte von Kilometern reiten
und im vollen Galopp die Pferde wechseln.

Bis 1228 hatte er praktisch das Reich zurückerobert, das seinem Vater einst gehört hatte und zusätzlich die Provinzen Fars, Kirman, Iraq-Ajemi, Aserbaidschan und Mazandaran. Besessen davon, sein Geburtsrecht zurückzugewinnen, führte Jalal al-Din einen mörderischen Feldzug, der den mongolischen in nichts nachstand. Er war eindeutig ein recht fähiger Anführer, ihm mangelte es jedoch an politischen Fähigkeiten: nachdem er den größten Teil Persiens zurückerobert hatte, konnte er das Königreich nicht gegen die äußere Bedrohung vereinen. Diese kam in Form einer neuen mongolischen Invasion im Jahre 1230, als Ögedei eine Armee ausschickte, um den unerwünschten Wiederaufbau des Sultanats Khwarazm zu verhindern. Die Mongolen zogen schnell durch Khurasan und bis nach Aserbaidschan, wo sie die Verteidiger in Tabriz völlig überraschten. Jalal al-Din floh vor seinen alten Feinden. Und diesmal fand er keinen Unterschlupf. Der mongolische Anführer Chormaghun verfolgte ihn unermüdlich, und je länger die Jagd dauerte, desto schwieriger war es für Jalal al-Din, auf seine Anhänger zu zählen. Er floh nordwestlich in die Ebene von Mughan, westlich des Kaspischen Meeres. Er überquerte ein Gebiet, durch das sein Vater zehn Jahre vorher bei seiner Verfolgung von den Mongolen gezogen war. Jalal al-Din wurde um 1231 wahrscheinlich von Kurden ermordet.

Der mongolische General Chormaghun, der den Feldzug angeführt hatte, blieb als Darughachi oder militärischer Gouverneur in den Gebieten von Persien, die er erobert hatte, und ließ sich in der Ebene westlich des Kaspischen Meeres nieder. Zehn Jahre lang arbeitete sich Chormaghun durch die vielen kleine Staaten des Kaukasus und unterwarf sie alle, bevor er sich 1236 dem Königreich Georgien zuwandte. Der Ruf der Mongolen hatte diese Länder bereits erreicht, und als Chormaghun und seine Armee ankamen, war die berühmte Königin Rasuda bereits in eine Nachbarprovinz geflohen. Und so wurde auch Georgien zu einem Vasallen-Staat. Ein weiterer Darughachi wurde abgestellt, um die Länder im Südosten, Khurasan und Mazandaran, zu regieren, und langsam erreichten die Mongolen eine wirkungsvolle Kontrolle über das westliche Asien. Diese Politik der Verstärkung mongolischer Präsenz im westlichen Asien zahlte sich aus, als man beschloß, das Reich noch weiter nach Westen auszudehnen.

Die Invasion nach Europa wird beschlossen

Nach der Zerstörung des Chin-Reiches im Jahre 1234 war Ögedei nach Karakorum zurückgekehrt, um den Bau seiner Stadt zu beaufsichtigen, der nun weit vorangeschritten war. Während die Hauptstadt sich aus der Graswildnis erhob, berief er 1235 ein Quriltai ein, bei der der Goldene Clan und seine Ratgeber eine Bilanz der Erfolge zogen. Es war vielleicht eines der wichtigsten Quriltais in der Geschichte des Reiches, bei dem eine Reihe von Institutionen geschaffen wurden, die viele Generationen Bestand hatten, und die es dem Reich möglich machten, die Geschichte der restlichen Welt dramatisch zu verändern.

Yeh-lu Chu-tsai benutzte das Quriltai, um seine Steuerreform durchzusetzen und eine Anzahl neuer Einrichtungen zu schaffen, die dem expandierenden Reich dienen sollten. Nachdem er Ögedei erklärt hatte, daß "das Reich nicht auf dem Rücken der Pferde regiert werden könne, auch wenn man es auf dem Rücken der Pferde erobert habe", legte er Regierungsrichtlinien fest, gründete Bibliotheken für die wertvollen Bücher und Dokumente, die er aus den Überresten der Chin-Hauptstadt gerettet hatte und plante Schulen, in denen mongolische Kinder zu Beamten ausgebildet werden sollten.

Bei diesem Treffen von 1235 fand auch die formelle Gründung des Yam statt. Man gab Befehl, Poststationen im ganzen Reich zu errichten, aber vor allem an der Straße zwischen den Hauptresidenzen Ögedeis, Dschagatais und Batus im fernen Westen. Es sollten in regelmäßigen Abständen Brunnen gegraben werden, um die Wasserversorgung zu sichern und Yeh-lu Chu-tsai kümmerte sich um die Versorgung der Posten mit Hafer, Pferden und Rindern.

Als militärische Einsätze diskutiert wurden, berichteten die Generäle von ihren Aktionen an den verschiedenen Fronten. Die Eroberung des nördlichen Chinas war vollzogen, und Ögedei konnte sich jetzt anderen aktuellen Problemen zuwenden. Seit 1211, als Dschingis Khan die koreanischen Herrscher unterworfen hatte, gab es immer wieder Ärger mit aufmüpfigen Koreanern. 1231 hatte eine mongolische Armee den Fluß Yalu überquert, nicht um zu erobern, sondern um zu plündern und die Koreaner zu Gefolgschaft und Tributzahlung zu zwingen. Nach ihrem Erfolg hatten die Mongolen siebzig Funktionäre dort gelassen, um die Gelder einzusammeln. Doch bei dem Quriltai wurde berichtet, daß die meisten dieser Funktionäre in Abwesenheit der mongolischen Armeen ermordet worden waren.

Ögedei war entschlossen, die Koreaner ein für alle Mal ruhigzustellen und schickte eine Armee über den Yalu. Nach drei Jahren Krieg und hohen Verlusten unter der Zivilbevölkerung, ergaben sich die koreanischen Herrscher schließlich. Und 1241 gab es Frieden. Ögedei beschloß auch, seine beiden Söhne Koten und Kochu mit einer Armee zu betrauen, die sie gegen das Reich der Sung führen sollten. Dies war die Antwort auf territoriale Streitigkeiten, die nach dem Zusammenbruch der Chin aufgetaucht waren. Da kam die Nachricht, daß General Chormaghun auf das Königreich Georgien zumarschierte. In gewisser Hinsicht war das der Vorbote für eine Entscheidung des Quriltai von 1235, die sich als höchst problematisch herausstellen sollte.

Batu, der verwaiste Sohn von Jochi, hatte die westlichsten Ausläufer des Reiches geerbt, obwohl diese Länder tatsächlich niemals erobert worden waren. Subedei hatte sie natürlich während des "Großen Überfalls" am Kaspischen Meer und durch Rußland erkundet und große Möglichkeiten in diesen Ländern gesehen. Er sah aber auch, daß die westlichen Steppen der schwächste Punkt in der Verteidigung des Reiches waren, da sich dort zahlreiche unbeständige Nomadengruppen aufhielten. Er erklärte, daß die Mongolen ihr Reich nach Westen bis zum Rand dieser Steppen ausdehnen sollten, um ihre Flanke zu schützen. Wäre dies erst einmal geschehen, könnten die Mongolen nach Europa vordringen und die einzelnen Völker nacheinander besiegen, wie sie es in China getan hatten. Ögedei war von der Idee so fasziniert, daß er selbst die Armee in den Westen führen wollte.

Glücklicherweise zügelte Yeh-lu Chu-tsai Ögedeis Begeisterung und erklärte, daß die Mongolen nun – anders als zu seines Vaters Zeiten – ein Reich besäßen, das jemanden an seiner Spitze benötige; sein Platz sei daher in Karakorum. Statt dessen sollte Batu den Feldzug leiten, bei dem er Länder erobern würde, die ihm sowieso vermacht worden seien. Der Beschluß, in Europa einzufallen, unterschied das Quriltai von 1235 von allen bisherigen. Schon bald gab es kein anderes Thema mehr. Man würde eine Menge an Planung und Zeit benötigen; der Feldzug, so schätzte Subedei, würde achtzehn Jahre dauern.

Die Invasion Europas

Vorbereitende Streifzüge

Das erste Ziel der Operation, die in Korakorum beschlossen wurde, war die Unterwerfung der Länder bis zu den Ufern der Wolga. Man mußte die Stadt Bulgar einnehmen, die am Zusammenfluß der Wolga und des Kama lag und den gesamten Handel zwischen diesen Flüssen und den Ural Bergen beherrschte. Die Bewohner Bulgars, selbst einst Nomaden, hatten schon lange ihre Zelte verlassen und sich Häuser gebaut und waren durch Pelzhandel reich geworden. Sie hatten außerdem das Wort des Propheten angenommen und waren zu dieser Zeit die nördlichsten Moslems. Im siebten Jahrhundert waren die nicht konvertierten Bulgaren über die Donau gezogen und hatten das Land gegründet, das heute ihren Namen trägt. Neben den Bulgaren mußten die Mongolen auch die nomadischen Stämme unterwerfen, die an den südlichen Ufern der Wolga lebten. Dann erst konnten die mongolischen Armeen die Wolga sicher überqueren, da ihre Flanken und ihr Rücken nicht bedroht wurden. Doch bevor irgendwelche militärischen Operationen begonnen werden konnten, waren zahlreiche Vorbereitungen zu treffen.

Der große Vorstoß nach Westen hätte eine enorme Menge an Soldaten erfordert, und diese waren nicht sofort verfügbar. Batu, der die Verantwortung für den Feldzug erhalten hatte, besaß nur eine lächerlich kleine Armee von 4 000 Mann. Man mußte eine Art Wehrpflicht einführen. Subedei hatte geschätzt, daß die Armeen im Winter 1237 marschbereit sein würden, was ihnen zwei Jahre Zeit gab, Männer aus unterworfenen Stämmen zu rekrutieren, sie auszubilden und für ihre Ausrüstung zu sorgen. Im Frühling 1236 war bereits eine ziemlich große Armee zusammengestellt: 50 000 Männer aus der Hauptarmee der Mongolen plus mehrere Gruppen chinesischer und persischer Pioniere und ungefähr 20 000 Wehrpflichtige. Nicht weniger als zehn blutsverwandte Prinzen hatten sich dem wachsenden Heer angeschlossen: Batus Brüder Orda, Shiban, Berke und Sinkur; Chaghadais Söhne Baidar und Buri; Ögedeis Söhne Guyuk und Kadan und Toluis Söhne Mongke und Budjek.

Da sich die Dinge so gut entwickelten, zogen Batu und Subedei mit einer Armee nach Norden, um die Bulgaren anzugreifen, während Mongke und Budjek nach Süden gingen, um die Stämme an der unteren Wolga einzunehmen. Die Verfolgung der südlichen Stämme wurde zu einer klassischen mongolischen Treibjagd, bei der Mongke und Budjek ihre Armeen zu einem großen Bogen formierten und dann an beiden Ufern des Flusses hinunterpreschten. Die mittleren Reihen fuhren auf 200 Barken flußabwärts. Die Jagd führte sie bis zu einer Insel mitten im Fluß, wo sich feindliche Krieger und ihre Prinzen inmitten der starken Strömung und dem aufgewühlten Wasser sicher fühlten. Doch sie hatten nicht die Sandbank bemerkt, die vom Ufer bis zur Insel verlief und seicht genug war, die Pferde hinüberzuführen. Innerhalb einer Stunde waren alle niedergemetzelt und der Widerstand des Südens gebrochen.

Währenddessen zogen Batu und Subedei im Norden durch das Gebiet der Bulgaren. Im Frühling hatten sie jeglichen Widerstand der Bulgaren gebrochen und einen weiteren Vasallenstaat geschaffen. Es gibt nur wenig Berichte von diesem Feldzug, außer daß die Stadt Bulgar vollkommen zerstört und niemals wieder aufgebaut wurde. Bevor sie wieder in die Mongolei zurückkehrten, zogen Batu und Subedei durch die Ausläufer des Urals und sammelten weitere Wehrpflichtige für ihre große neue Armee. Im Winter 1237 stand, wie Subedei geplant hatte, eine mongolische Armee von 120 000 Mann bereit, um über die gefrorene Wolga nach Rußland zu marschieren.

Zwei Armeen, zwei Schlachtkonzepte

Die Armee, die unter Dschingis Khan zusammengestellt worden war und dann während der Feldzüge nach China und Persien erprobt wurde, war nun bei weitem die größte Militärstreitmacht, die es gab. Ihre Kommando-Strukturen und Taktiken waren weiter entwickelt, als die jeder anderen Armee dieser Zeit und glichen durchaus einer modernen Streitmacht. Im Vergleich dazu hatten die Armeen Rußlands und Europas Strategien entwickelt, die einem mongolischen Offizier schrecklich phantasielos vorkommen mußten. Obwohl sie sich wie die Mongolen auf ihre Kavallerie oder Ritter stützten, die wirkungsvollsten Elemente einer Armee, hatten die Europäer der Mobilität der Pferde eine Meute von Schädeleinschlägern vorgezogen – denn das war aus den Rittern geworden.

Diese Beschreibung der europäischen Ritter in der höfischen Zeit mag einem sonderbar erscheinen. Doch Ritterlichkeit war mehr zu einer Geisteshaltung geworden, als daß es militärische Leistungen beschrieb. Das Zeitalter der europäischen Ritter entwickelte sich zu Beginn des dreizehnten Jahrhunderts und entlehnte seinen Namen dem französischen Wort Chevalier, was Reiter oder Ritter bedeutete. Zunächst hatte man reiterliches Können ausgebildet. Aber bald umfaßte die Ausbildung des jungen Mannes Gehorsam und die Fähigkeit, Vasallen zu befehlen. Man lernte zu kämpfen und zu jagen, mutig und geschickt zu sein. Der wahre Ritter mußte auch großherzig, mitfühlend und höflich agieren können. Er war Beschützer der Schwachen, oft Poet oder Musiker, und hatte sich dem Dienst an der Dame seines Herzens verschrieben.

Die Blüte der europäischen Ritterschaft wurde auch von militärisch-religiösen Orden, wie den Templern, Johannitern oder Deutschen Rittern vertreten. Ihr Leben war mit religiösen Ritualen, Zölibat, Armut, Hingabe zur Kirche und der Rückgewinnung des Heiligen Lands verknüpft. Kurz gesagt, viele waren Mönche und gleichzeitig professionelle Soldaten. Die Ideale des europäischen Rittertums waren ethisch hoch angesiedelt. In der Armee jedoch wurden entsetzlich grausame Methoden angewendet.

Die mongolischen Reiter unterschieden sich von den europäischen vor allem durch die Rüstung. In der ersten Hälfte des dreizehnten Jahrhunderts trug der europäische Ritter eine schwere Eisenrüstung, die praktisch jeden Körperteil bedeckte. Auf seiner nackten Haut hatte er zwei verschiedene Leinenunterhemden und zusätzlich ein gepolstertes. Darüber kam ein langes Kettenhemd, das ihm ungefähr bis zur Hüfte ging. Unter diesem Hemd trug er dicke Wollhosen und dann Ketten-Gamaschen, die bis zum Schritt reichten. Auf den Kopf setzte er sich einen Leinenhut, den man Coif nannte, darauf einen schweren Eisenhelm und darüber den bekannten kübelförmigen Helm. Über seinem Kettenhemd trug er ein schlichtes Leinenhemd, mit dem Emblem seines Ordens oder seiner Waffengemeinschaft. Die gesamte Rüstung, inklusive Breitschwert, Lanze und Schild, wog über 45 Kilo, und gemeinsam mit dem Reiter war dies eine enorme Last für den Pferderücken. Der europäische Krieger war also erheblich unbeweglicher als sein mongolischer Gegner. Er konnte keine komplizierten Manöver durchführen; den Sieg entschied ein ziemlich simples Draufhauen. War der Angriff erfolgt, stiegen die meisten Ritter ab (oder wurden vom Pferd geholt) und führten mit Schild und Schwert einen gefährlichen Nahkampf. Zunächst mit der Lanze, denn Schwert und Axt wurden im Nahkampf gegen Schild und Rüstung des Gegners geschleudert. Der ritterliche Kampf war ein schreckliches Duell bis zum Tod des Gegners.

Hinter der Kavallerie kam die Infantrie, meist ein Haufen untrainierter und schlecht ausgerüsteter Bauern, die zum Kriegsdienst gezwungen worden waren und normalerweise von den Reitern des Gegners niedergemacht wurden. Die Ritter selbst waren keine ausgebildeten Offiziere, und ihre individuellen Kampffähigkeiten nutzten ihnen nichts, wenn sie ihre Männer in die Schlacht führen sollten. Die Größe ihres Gefolges war ein Zeichen für ihren Reichtum, nicht für ihre Fähigkeit, und es gab ab dem Kommandanten keine klare Befehlskette.

Das einzige Gebiet, auf dem die Europäer glänzten, war die Konstruktion von Befestigungsanlagen (die beste Verteidigung gegen Reiter) und von Belagerungsmaschinerien. Doch keine europäische Erfahrung hatte sie eine andere Art der Kriegsführung gelehrt.

Sogar während der Kreuzzüge verteidigten die europäischen Armeen entweder befestigte Städte oder belagerten sie. Die Folge war, daß sie mit ihren Fähigkeiten nur wenig ausrichten konnten, als sie schließlich auf die Mongolen trafen.

Im Gegensatz zu ihnen stellten die Mongolen eine äußerst disziplinierte Kriegsmaschine dar, in der jeder Soldat seinen Platz und seine Aufgaben kannte. Er kämpfte nicht als Individuum, sondern als Teil einer massiven Formation, die mit bestens geübten Manövern eingesetzt wurde. Als die mongolische Armee sich näherte, tat sie es in langen einzelnen Reihen, die aus mehreren Einheiten bestanden. Den ersten zwei Reihen schwerer Kavallerie folgten drei Reihen leichter Kavallerie. An jeder Flanke und an der Spitze ritten weitere kleinere Abteilungen leichter Kavallerie.

Die Begegnung mit dem Feind war keine Überraschung, denn es waren Späher im Feld, die mit der Hauptarmee durch ein System von Flaggen und Boten kommunizierten. Wenn der Feind angegriffen worden war – entweder durch die Flanke oder durch die Spitze – verwandelten sich die Außenabteilungen schnell zur Vorhut und wurden bald von hinten verstärkt. Wurde die Truppenaufstellung des Feindes erst einmal entdeckt, ritten die drei hinteren Linien leichter Kavallerie durch die schwere Kavallerie und galoppierten vor. Selten verwickelten diese Bewegungen den Feind in einen Nahkampf. Statt dessen verleiteten sie kleine Schwadrone von zehn oder zwanzig Reitern, über die feindliche Linie zu reiten, wo sie tödlicher Pfeilhagel traf.

Die Mongolen manövrierten die feindlichen Linien auch gern dorthin, wo sie sie haben wollten. Dies taten sie mit Hilfe von Magudai, einem Korps aus "Selbstmörder-Truppen", das geradewegs auf die feindlichen Linien zuritt. Kurz vor dem Zusammentreffen mit dem Feind brach es plötzlich aus, drehte um und floh. Der Anblick von flüchtenden Mongolen war eine Versuchung, der die meisten feindlichen Anführer nicht widerstehen konnten. Mit der feindlichen Kavallerie dicht auf den Fersen, galoppierten die Magudai direkt zu ihrer wartenden Armee. Hatten die Verfolger den tödlichen Platz erreicht, waren ihre Reihen bereits gelichtet, und sie selbst eine leichte Beute. Aus 200 Meter Entfernung schossen die mongolischen Bogenschützen einen Pfeilregen ab, bis die Formation der Feinde auseinandergerissen war.

Dann wurde die schwere Kavallerie eingesetzt. Diese griff zum Klang der Naqara an, einer riesigen Trommel, die auf einem Kamel in die Schlacht getragen wurde. Die schweren Reiter begannen im Schritt, gingen langsam in Trab über – und dann durchschnitt, auf ein Zeichen ihres Kommandanten und mit dem passenden Trommelschlag, ein schrecklicher Schrei die Luft. Die Lanzen wurden gesenkt und die Pferde fielen in den Galopp.

Doch die mongolische Armee hatte mehr zu bieten als nur Kavallerie. Während ihrer

Europäische Ritter hatten Eisenrüstungen zum Schutz
gegen das Schwert entwickelt; aber ihr Gewicht nebst all den
zu tragenden Waffen machte sie sehr unbeweglich.

langen Feldzüge in China und Persien hatten sie viel über Belagerungsmethoden und Artillerie gelernt. Aus China brachten sie einfache Belagerungsmaschinen mit. Sie besaßen ein leichtes Katapult, das 1 kg schwere Geschosse über 100 Meter schleuderte und eine schwere Maschine, die ein 11 kg schweres Projektil über 150 Meter beförderte. Beide Maschinen waren geeignet, Steine gegen Mauern oder Tore zu schleudern oder Naphta und brennenden Teer in die feindlichen Linien zu schaffen. Doch ihre Reichweite war

Ein Handwerker schnitzt den traditionellen mongolischen Bogen, der gefährlichste Bogen des Mittelalters. Er wird aus Bambus und Yak-Horn geschnitzt und verleiht den Pfeilen eine ungeheure Geschwindigkeit.

nicht sehr groß, und erst als die Mongolen Maschinen von der Armee des Khwarazm Schah in die Hände bekamen, besaßen sie eine gute Artillerie. Die islamischen Modelle glichen den leichteren chinesischen und waren so etwas ähnliches wie das europäische Katapult. Sie besaßen eine Reichweite von mehr als 350 Metern. Die Mongolen übernahmen auch die Ballista, die wie eine große Armbrust aussah und einen riesigen Pfeil über dieselbe Distanz wie ein Katapult schoß, allerdings sehr viel zielsicherer. Diese Maschinen waren leicht und konnten Teil eines rollenden Sperrfeuers sein, mit dem die feindliche Frontlinie zurückgedrängt wurde.

Doch die bedeutendste Kriegserfindung, die die Mongolen wahrscheinlich zum ersten Mal während der Kriege gegen die Chin nutzten, waren Explosivstoffe. Sie wurden entweder in Form von Raketen en masse in die feindlichen Linien gefeuert, richteten dort wenig Schaden, aber großen Schrecken an, oder als Granaten verwendet: Tongefäße, die mit Schießpulver gefüllt und per Katapult oder Hand geschleudert wurden. Es wäre denkbar, daß die Mongolen auch Kanonen benutzten, da die Chinesen solche seit dem elften Jahrhundert einsetzten, doch es gibt keine Berichte darüber.

Praktisch jede neue militärische Erfindung wurde von den Mongolen aufgenommen und genutzt, und mit diesen Maschinen entwickelten sie bald Prinzipien der modernen Artillerie. Auf ein langes Bombardement aus Steinen, brennendem Teer, Granaten und Feuerbomben auf die feindlichen Linien folgte der Angriff berittener Bogenschützen. Der Erfolg dieser sorgfältig geübten Manöver hing von großer Mobilität und Disziplin ab. Obwohl das Bombardement bei weitem nicht so genau traf, wie die Pfeile der berittenen Schützen, stiftete es Angst und Verwirrung unter den Feinden und vereinfachte die Arbeit des Bogenschützen.

Das Bild der marschierenden mongolische Armee muß ein erschreckender Anblick gewesen sein. Jeder Tumen (theoretisch 10 000 Männer, praktisch waren es viel weniger) war mit zusätzlichen Waffen und Rüstungen versorgt, die auf Packpferden hinter ihren Reihen getragen wurden. Weit hinten, geschützt von der Artillerie und der Reserve befand sich der Hauptversorgungstrupp, der aus einer großen Anzahl von Kamelen und Wagen bestand. Einige der Wagen beförderten Essen und Ausrüstung, aber viele trugen auch mobile Gers. Inmitten der riesigen Staubwolken mußte es ausgesehen haben, als würde ein großer Zeltkonvoi durch das Land ziehen; und dahinter trotteten Schaf- und Ziegenherden, die Tausenden frisches Fleisch und Milch lieferten. Militärhistoriker des zwanzigsten Jahrhunderts haben die mongolische Armee als Vorstufe der modernen Militärmacht, die aus Panzern und Artillerie besteht, bezeichnet. Es überrascht kaum, daß zwei der größten Vertreter der Panzerkriegsführung, Feldmarschall Rommel und General George S. Botten, Bewunderer des legendären Subedei waren. Die europäischen Armeen des dreizehnten Jahrhunderts waren nur schlecht auf das vorbereitet, was sich dort aus dem Osten näherte.

Nach Rußland

Im Winter 1237 überquerte das mongolische "Ungetüm" die gefrorene Wolga und drang, Subedeis Plan entsprechend, schnell und tief in das Herz Rußlands ein, um das Dutzend Fürstentümer, das die Region regierte, zu trennen. Das Risiko eines gemeinsamen Widerstandes sollte so verringert werden. Diese Gefahr war sowieso gering. Während der letzten tausend Jahre hatten die Russen zwar den Invasionen der Schweden, Franzosen und Deutschen widerstanden, jetzt aber trafen die Mongolen auf ein Land, das vollkommen unfähig war, eine geeinte Armee aufzustellen – nicht einmal in kritischsten Momenten. Innerrussische Machtkämpfe machten den mongolischen Sieg viel wahrscheinlicher.

Das Ziel der Mongolen war die totale Eroberung ohne jegliches Risiko. Die mächtigsten der russischen Prinzen waren der Großherzog Yuri von Suzdal und Prinz Michael von Kiew. Sie sollten auseinandergebracht werden, um Suzdal und Nowgorod von Chernigov und Kiew zu trennen. Nach der Wolgaüberquerung ritten die Mongolen durch dichten Wald nach Norden, um ihre Ankunft zu verschleiern. Ein weiblicher Botschafter wurde mit zwei Reitern vorausgeschickt, um das erste Hindernis, das Fürstentum Riazan, das sich an der östlichen Grenze Rußlands befand, anzugehen.

Die Einwohner waren vom Anblick einer Frau vor ihren Toren so überrascht, daß sie davon überzeugt waren, eine Zauberin vor sich zu haben und sie nicht hineinlassen wollten. Aber die Botschafterin sprach ihre Sprache, und so konnten die Geschäfte schreiend ausgeführt werden. Die Mongolen forderten Unterwerfung, eine Steuer von 10 Prozent sowie die Verstärkung ihrer Armee. Der Prinz von Riazan antwortete verächtlich, die Mongolen könnten alles haben, wenn die Einwohner fort seien.

Subedei aber hatte bereits beschlossen, mit Riazan ein Exempel zu statuieren. Die Stadt war von dichtem Wald umgeben und die Mongolen fällten nun Bäume, um Palisaden zu errichten, die die Stadtmauern umringten. Von ihnen geschützt konnte Subedeis Artillerie gefahrlos die Stadt bombardieren. Nach fünf Tagen ununterbrochenen Beschusses wurde die Stadt eingenommen und restlos zerstört. Der Prinz und seine Familie wurden allesamt getötet – einige gepfählt, andere bei lebendigem Leibe gehäutet. Sämtli-

---

Nächste Seite: Die mongolische Armee versorgte sich auf ihren Märschen mit eigenen Schaf- und Rinderherden; Kamele und Ochsen dienten als Lasttiere und riesige Herden von Ersatzpferden wurden mitgeführt.

Die Mongolischen Feldzüge nach Rußland und Osteuropa

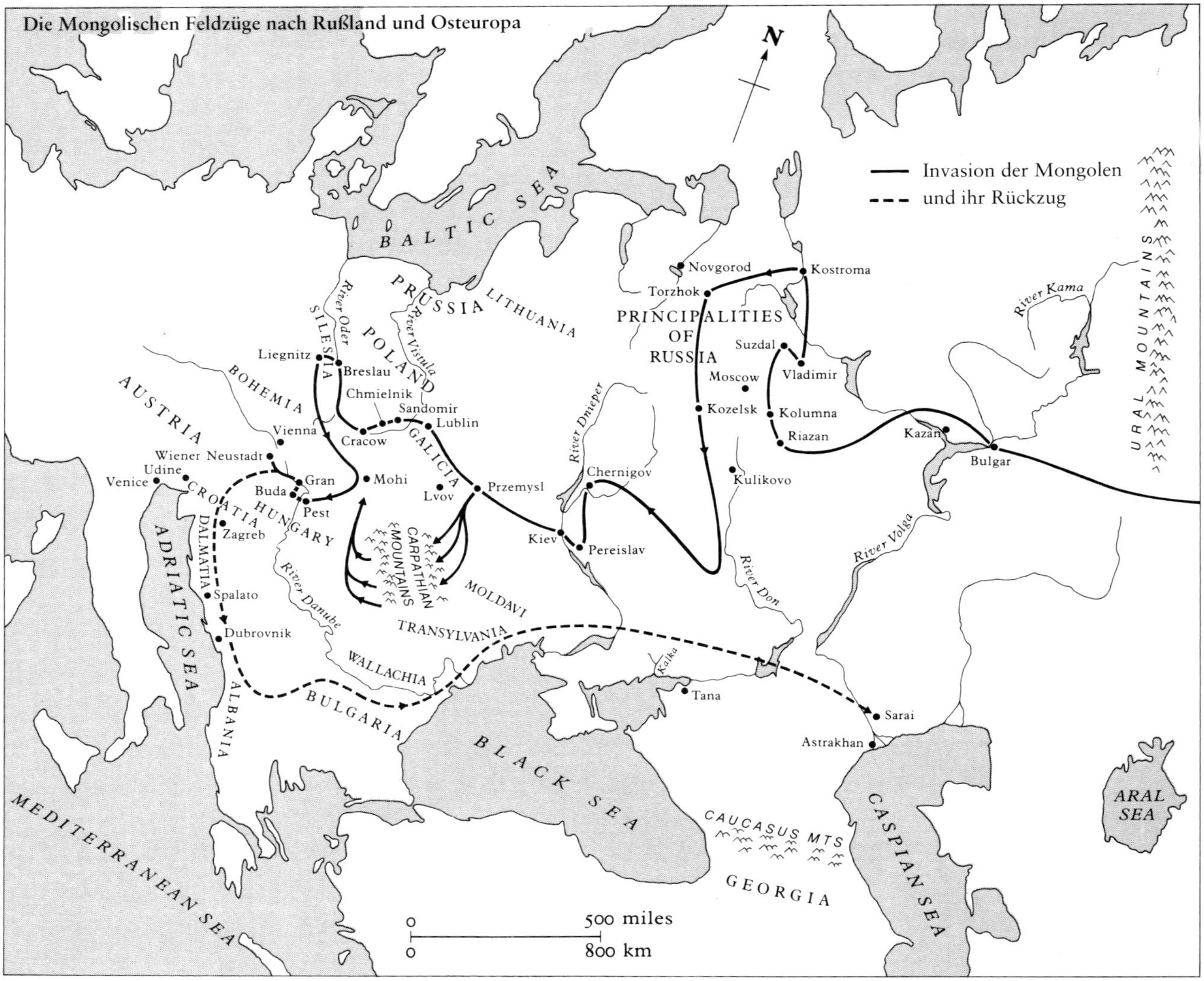

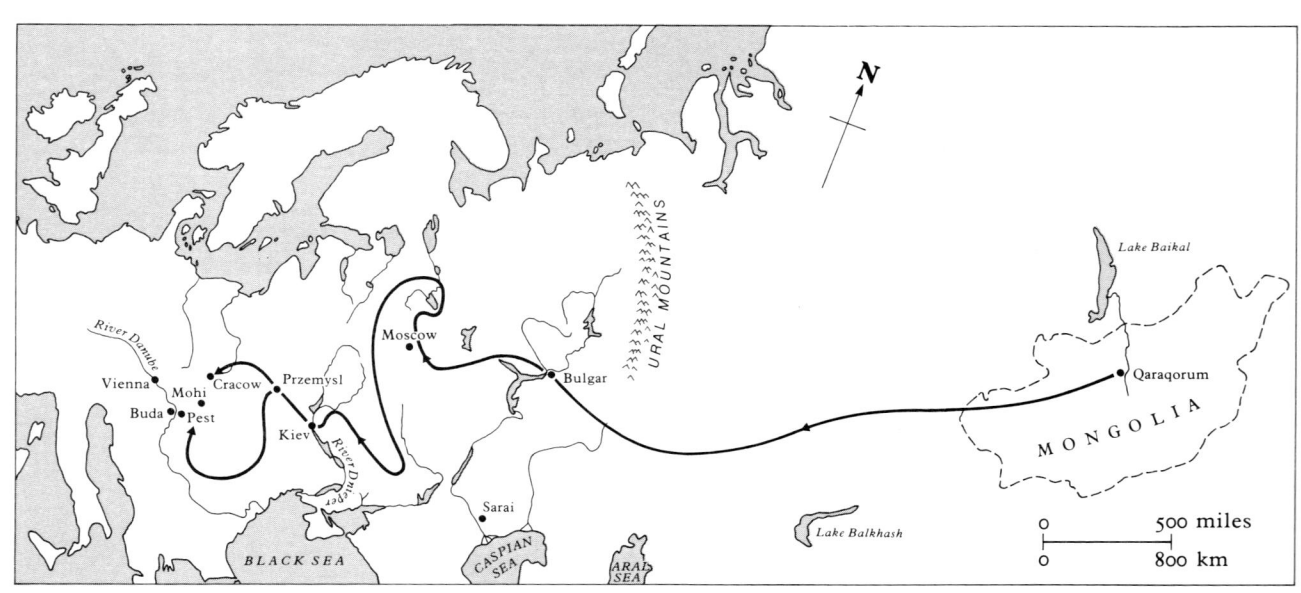

che jungen Frauen wurden vergewaltigt, inklusive aller Nonnen, während man andere zum Zusehen zwang. Man ließ einige Überlebende fliehen, damit die schrecklichen Nachrichten überallhin verbreitet würden.

Von Riazan zogen die Mongolen nach Kolomna und dann nach Susdalia, wo sie die Stadt Moskau einnahmen. Dann ritten sie in Richtung Osten nach Vladimir, wo sie ebenfalls ihre Palisadentechnik einsetzten. Nach Vladimir teilten sie ihre Armeen und ritten kreuz und quer durch das Land und verbreiteten bei dem Versuch, die Hauptarmee des Großherzogs von Suzdalia aufzustöbern, Terror von einer Stadt zur anderen. Im Februar hatten sie die Armee lokalisiert und sie ohne Kenntnis des unglückseligen Großherzogs eingekreist. Dann ließen sie ihren tödlichen Pfeilhagel auf sie niederprasseln.

Während Subedei die Suzdalianer niedermetzelte, war Batu nach Nowgorod gezogen. Doch sein Zug wurde aufgehalten. Das Tauwetter hatte das Land in undurchquerbare Sümpfe verwandelt. Der Angriff auf Nowgorod wurde abgeblasen. Batu traf wieder mit Subedei zusammen, und sie ritten südwestlich in die heutige West-Ukraine. Auf dem Weg wurden sie in der Stadt Kozelsk aufgehalten. Hier waren die Verteidiger vorbereitet und hatten beschlossen, die Mongolen lieber anzugreifen, als, wie ihre Nachbarn, belagert und bombardiert zu werden. Ihre Truppen trafen die mongolische Vorhut unvorbereitet und fügte ihr hohe Verluste zu. Unglücklicherweise bedeutete dies, daß Batu und Subedei ihren Marsch auf die grünen Wiesen der Ukraine stoppten und sich mit der aufmüpfigen Stadt Kozelsk befaßten. Der Widerstand der Verteidiger war allen Berichten zufolge heroisch und dauerte immerhin sieben Wochen, doch als die Stadt schließlich fiel, gab es keine Überlebenden. Das Gemetzel war so groß, daß sogar die Mongolen Kozelsk in "Stadt des Jammers" umbenannten.

Mittlerweile war die Armee stark dezimiert worden und brauchte Ruhe. Die Soldaten zogen weiter nach Süden und schlugen ihre Zelte im Schlaraffenland des Don-Beckens auf. Verstärkung wurde aus den verschiedenen Vasallen-Ländern zusammengetrommelt, frische Pferde aus der Mongolei geholt. Ein ganzes Jahr lang ruhte sich die Armee aus und baute ihre Kräfte wieder auf. Kleine Einheiten wurden zu Überfällen ausgeschickt, um die diversen Nomadenstämme, die das südliche Rußland und den nördlichen Kauka-

---

Nächste Seite: Die Mongolen waren Pragmatiker; sie rekrutierten gefangene chinesische und persische Ingenieure für die Konstruktion hochentwickelter Kriegsmaschinerien für den Kampf gegen die Mauern russischer und europäischer Städte. Das große Katapult auf diesem Bild stammt aus einem Manuskript von Rashid al-Din.

بخلاف من اعمادها وتعرضوا لجدار البلد وعرضوا العصم للعنا و
ارعافته احكام نوابه نع ملك الاعمال نوؤل الى الاسفاض لجيش سراير
ظل رايته الامير ضرصم من ناصر الدين والتوناش الحاجب وابو عبدا
نوم الجمعة منتصف ذي الحجة سنة ثلث وتسعين وثلثمانة بعد ساعة من المحاربة

جماعة من رجوم الفساد ونجوم العناد تعصيان السلطان وسلوا أسيوف الشقا، لما حصل لهم من بطن الرفاهية وشيطنة العصبية. فلما عرف السلطان اولئك المدابر مشى إلى حستان سبع عشرة الاف فارس وكان قد جمع الطائي زعيم العرب فحاصروا اولئك المردة في قلعة ارك وشرعوا

sus bewohnten, zu unterwerfen – und auf diese Weise Soldaten zu rekrutieren. Diesmal traf es die Circassianen, Alanen, Kiptschaken und Kumanen. Obwohl die meisten der Kumanen und Kiptschaken gefangengenommen wurden, gelang es ihrem Anführer Khan Kotian, mit einer Armee von 40 000 Mann über die Karpaten nach Ungarn zu fliehen.

Die mongolischen Überfälle waren so erfolgreich, besonders die von Batus jüngerem Bruder Berke, daß sie tatsächlich mehr Soldaten "eroberten", als sie brauchen konnten. Viele von diesen wurden für Gold verkauft, vor allem an den neuen Sultan von Ägypten, der sich als Macht im mittleren Osten etablieren wollte. Dies war eine zweischneidige Angelegenheit und sollte in den nächsten Jahren erschreckende Auswirkungen auf die Mongolen haben. Diese türkischen Nomaden-Sklaven wurden bald zum mächtigsten Element der Sultansarmee. Im Jahre 1250 heiratete einer ihrer Anführer, Aybak, in die ägyptische Herrschaftsfamilie ein, gründete das Bahriregime und wurde der erste Mamelucken-Sultan Ägyptens. Die Mamelucken und die Mongolen sollten während der zweiten Hälfte des Jahrhunderts immer wieder aufeinandertreffen.

Mongolische Rivalitäten

Im Frühling 1240 hatte sich die mongolische Armee erholt. Doch bevor sie den Feldzug begann, entwickelte sich ein Streit unter den mongolischen Prinzen, der später Folgen haben sollte. Batu hatte die Befehlsgewalt über eine große und mächtige Armee. Seine Ländereien erstreckten sich weit durch das Reich, und der Große Khan ließ ihm immer mehr zukommen. Batus persönliches Reich weitete sich zunehmend nach Westen aus, und das ärgerte offenbar eine Reihe von Prinzen in seinem Gefolge. Doch niemand sagte etwas, bis es während eines Banketts, bei dem die Wiederaufnahme des Feldzuges gefeiert werden sollte, zu einem Zwischenfall kam. Es war mongolischer Brauch, daß bei Feierlichkeiten derjenige zuerst trinken durfte, der den höchsten Rang hatte. Batu hob sein Glas und trank zuerst. Er war zweifelsohne der Mächtigste, aber diese Demonstration seiner Überlegenheit beleidigte die anderen Prinzen. Sie erwarteten, gleichrangig behandelt zu werden.

Prinz Guyuk und Buri, Sohn von Ögedei Khan und Enkel von Dschagatai Khan, waren so wütend, daß sie aus dem Zelt stürmten. Batu beschwerte sich darauf bei Ögedei Khan, daß er in aller Öffentlichkeit von seinen Cousins beleidigt wurde, die mittlerweile nach Karakorum zurückgekehrt waren – zur großen Verblüffung des Hofes. Ögedei befand sich nun in einer schwierigen Position: Sein Sohn Guyuk sollte der nächste Große Khan werden, und wenn Batu nicht zufriedengestellt würde, könnten Guyuks Chancen verringert werden. Um Sohn und Neffen nicht öffentlich zu tadeln, übergab Ögedei den Fall der Yasa. Diese befand, daß Dschingis Khan einmal entschieden hatte, daß jede Übertretung während eines Feldzuges von dem Kommandanten selbst geregelt werden müsse. Batu mußte also selbst über eine Bestrafung entscheiden. Die beiden Prinzen begannen den schmachvollen Rückritt in die westliche Steppe, wo Batu offenbar nur zu froh war, daß sie ihre Kommandos wieder aufnahmen. Es gibt keinen Bericht über irgendeine Bestrafung. Doch der Vorfall wurde nicht vergessen, und unter der Oberfläche brodelte die Unzufriedenheit weiter.

Als der Feldzug weiterging, mußten sich die Fürstentümer Chernigow und Kiew auf den Ansturm der Mongolen vorbereiten. Wieder schien der mongolische Vormarsch unaufhaltsam, und die Städte Chernigow und Pereislaw fielen eine nach der anderen, so daß Prinz Michael von Kiew sah, daß Widerstand zwecklos war. Er und sein Gefolge flohen nach Ungarn und von dort nach Schlesien und in das heutige West-Polen. Die Verteidigung Kiews, der politischen und religiösen Hauptstadt Rußlands, wurde dem Gouverneur Dmitri überlassen. Batu hatte die Offensive seinem Cousin Mongke, dem ältesten Sohn von Tolui, anvertraut. Mongke, der um die große Bedeutung dieser Stadt für die Russen wußte, versuchte Kiew einzunehmen ohne es zu zerstören. Unglücklicherweise weigerte sich Dmitri aufzugeben und besiegelte das Schicksal der Stadt durch die Ermordung von Mongkes Botschaftern. Russische Chronisten berichten, wie sich "Wolken von Tartaren" der Stadt näherten und behaupten, daß der Donner der Wagen, das Stampfen muhender Rinder und die Hufe Tausender von Pferden sowie das Kriegsgeschrei so laut tosten, daß sich die Menschen innerhalb der Stadtmauern nur durch Schreien verständlich machen konnten.

Das Bombardement begann, nachdem Batu angekommen war, um die Bemühungen seines Cousins zu beaufsichtigen. Die Mongolen konzentrierten ihren Angriff auf das sogenannte Polnische oder Westliche Tor, wo die Zinnen aus Holz bestanden. Es fiel bald darauf, und innerhalb weniger Tage waren die äußeren Mauern durchbrochen. Da Kiew keine Zitadelle hatte, tobte die letzte Schlacht um die Kirche der heiligen Jungfrau, die eilig befestigt worden war. Doch die Arbeit war umsonst gewesen, da das Gebäude unter dem Gewicht Hunderter erschreckter Einwohner zusammenbrach, die schutzsuchend auf das Dach geklettert waren. Dmitri wurde gefangengenommen, doch da er zur Verteidigung in der Stadt geblieben war, während sein Herr floh, ließen die Mongolen ihn frei. Wieder war die Zerstörung erschreckend, und das einzige der großen schönen Gebäude der Stadt, das stehenblieb, war die herrliche Kathedrale der Heiligen Sophia. Sechs Jahre nach der Katastrophe beschrieb ein europäischer Reisender die einst herrliche Stadt: "Viele wertvolle Kunstgegenstände und architektonische Monumente waren zu Trüm-

mern zerfallen." Kiew, "die Mutter aller russischen Städte", verlor ihren Rang als Hauptstadt; von nun an würde das Zentrum der politischen Macht im Nordosten liegen.

Von Kiew marschierten die Mongolen nach Westen bis zur russischen Grenze an den Ausläufern der Karpaten. Auf dem Weg überrannten sie Galizien und eroberten die Städte Volhynia, Cherven, Lvov und Przemysl. In der Nähe von Przemysl, an der heutigen polnischen Grenze, ließ Batu sein Winterlager errichten – sein Sprungbrett nach Europa. Die Frage lautete: Wo und wann sollte der Angriff stattfinden? Der logische Weg wäre gewesen, bis zum Frühling und damit auf das beste Wetter für den Angriff zu warten. Polen war das eindeutige Ziel, denn nichts außer offenem Gelände befand sich zwischen diesem Land und den Mongolen. Doch Batu und Subedei hatten einen sehr viel ausgeklügelteren Feldzug im Sinn, und zudem hatte sich zwischen Batu und dem ungarischen König ein Problem entwickelt, das der Aufmerksamkeit bedurfte.

Der Marsch nach Polen und Ungarn

Tausende von Menschen waren in Richtung Westen nach Polen und Ungarn geflohen, um dem mongolischen Sturm zu entkommen, darunter viele Prinzen und Bischöfe der Kumanen und Kiptschaken. Der ungarische König, Bela IV., hatte seit seiner Thronbesteigung im Jahre 1235 große Fähigkeiten als Führer gezeigt, doch jetzt glich seine Regierung mehr einem Überlebenskampf. Er befehligte eine der mächtigsten Armeen Europas mit einer erstklassigen Kavallerie, die westlich des Urals ihresgleichen suchte, und auf die er sich verlassen konnte – immer vorausgesetzt, daß er die Unterstützung seiner Adligen bekam, die die einzelnen Armeekontingente führten. In der Vergangenheit hatten die ungarischen Reiter erfolgreich die nomadischen Plünderer zurückgedrängt – viele von ihnen stammten von Steppenreitern aus dem Osten ab. Als 1240 plötzlich der kumanische Führer Khan Kotian mit seiner Armee von 40 000 Soldaten in Ungarn Zuflucht suchte, war Bela nur zu gern bereit, ihn aufzunehmen, vorausgesetzt, seine Armee konvertierte zum Christentum, was sie nur zu gern tat. Vierzigtausend Reiter bedeuteten für die königliche Armee eine Menge, und das war dem ungarischen Adel nicht entgangen. Er protestierte und behauptete, daß die Ungarn den Zorn des großen

---

Im Gegensatz zu den europäischen Rittern waren die mongolischen Krieger wenig geschützt: ein seidenes Unterhemd, ein langer Filzmantel und ein Lederharnisch machten sie leicht und wendig und so konnten sie die Geschwindigkeit und Wendigkeit ihrer Pferde am besten nutzen.

östlichen Eindringlings auf sich zögen, wenn sie den Flüchtlingen Schutz gewährten. Der ungarische Adel sollte Recht behalten.

Als Batu von der Flucht der Kumanen nach Ungarn erfuhr, schrieb er an Bela: "Ich habe gehört, daß Ihr die Kumanen, welche meine Untertanen sind, unter Euren Schutz gestellt habt. Ich befehle Euch, sie wegzuschicken, denn indem Ihr sie mir weggenommen habt, seid Ihr mein Feind geworden. Für sie ist es leichter zu fliehen, als für Euer Volk. Sie leben in Zelten, während Ihr in Häusern und Städten wohnt..." Mit seinem Brief schickte Batu nicht weniger als dreißig Boten nach Ungarn, die nicht alle ankamen und diejenigen, die ankamen, wurden ermordet. Damit hatte Bela das Schicksal seines Landes besiegelt. Doch die Mongolen hatten sich sowieso für eine Invasion entschieden, denn Ungarn bot die beste Weidefläche für ihre Herden, bevor sie nach Zentral-Europa vorstießen.

Während die Mongolen in der Nähe von Przemsyl ihr Winterquartier errichteten, gab Subedei seinen außergewöhnlichen Plan zur Eroberung von Ost-Europa bekannt. Ungarn war das erste Ziel, und die Armee sollte so bald wie möglich, also im tiefsten Winter, in Marsch gesetzt werden. Die Zeit sei günstig, der Erdboden gefroren und fest unter den Hufen, und zudem würde ein Winterangriff nicht erwartet. Die mongolische Armee bestand aus ungefähr 130 000 Männern, da 30 000 in Rußland geblieben waren, um dort die Kontrolle zu behalten. Es war keineswegs eine große Armee, und Subedei teilte sie in verschiedene Abteilungen auf. Vor einem Angriff Ungarns wollte Subedei jegliche Bedrohung durch ungarische Nachbarn aus dem Weg räumen; und so plante er eine Invasion an verschiedenen Punkten und baute eine Front von nicht weniger als 1 000 km auf. Nach heutigen Maßstäben war dies eine absonderliche Idee, aber für die damalige Zeit war sie einfach grandios.

Zwanzigtausend Mann wurden unter dem Kommando der Prinzen Baidar und Kadan nach Polen geschickt. Sie sollten durch Polen und Litauen ziehen und jede erwähnenswerte Armee im Norden niedermachen, die den Feldzug nach Ungarn bedrohen könnte. Währenddessen sollte die Hauptarmee unter Batu die Karpaten nach Ungarn hinein überqueren, Belas Armee ausmachen und sie in die Schlacht verwickeln. Gleichzeitig sollten seine 20 000 Mann aus Polen, die dort jede Opposition zerschlagen hatten, hinunter nach Ungarn reiten und dort den Rest der Armee unterstützen. Die beiden Armeen würden zeitweise 650 – 1 000 km weit auseinanderliegen, und um ihren Erfolg zu sichern, mußten sie in ständigem Kontakt bleiben. Die Reiter sollten an der Grenze verteilt und das gesamte Unternehmen auf den Tag genau geplant werden.

Polen war seit dem Tod von König Boleslaw III., hundert Jahre zuvor ein gespaltenes Land gewesen. Der König hatte das Reich unter seinen vier Söhnen aufgeteilt, und ihre

Gebiete waren auf nachfolgende Generationen wiederum aufgeteilt worden, bis das Land aus nicht weniger als neun Fürstentümern bestand und so in den Bürgerkrieg getrieben wurde. Im Jahre 1240 kämpften vier Herzöge gegeneinander: Konrad von Mazovien, Miecislaw von Oppeln, Heinrich der Fromme von Schlesien und Boleslaw der Keusche von Sandomir. Letzterer herrschte auch über Krakau, war mit der Tochter des Königs Bela von Ungarn verheiratet und sah sich selbst als den rechtmäßigen König von Polen an. Die polnischen Herzöge waren von den Geschehnissen in Rußland vollkommen ungerührt geblieben. Obwohl sie aus Rußland und von Bela von Ungarn zahllose Warnungen erhalten hatten, machten sie sich nur wenig Sorgen darüber, daß die Mongolen jemals den Vistula überqueren könnten. Sogar Konrad, der einen der russischen Prinzen aufgenommen hatte, nämlich Michael von Chernigov, schien sich des Terrors, der vor seinen Toren drohte, kaum bewußt zu sein.

In Ungarn standen die Dinge vollkommen anders. König Bela traf verzweifelte Vorbereitungen für den erwarteten Angriff. Seit seiner Thronbesteigung war er damit beschäftigt gewesen, die Autorität der Krone und die Bedeutung des ungarischen Hofes, den sein Vater in einem schrecklichen Zustand hinterlassen hatte, wiederherzustellen. Eine Reihe von ziemlich rücksichtsloser Reformen hatte ihn von der Mehrheit seiner Barone isoliert. Sie betrachteten Belas Politik als Angriff auf ihre Unabhängigkeit. Ohne ihre Unterstützung konnte Bela keine starke Armee ins Feld schicken: daher seine Begeisterung für die Anwesenheit der Kumanen. Doch der Anblick dieser unzivilisierten Soldaten, die ihre Felder zertrampelten, wo immer sie gerade lagerten, brachte die Barone noch mehr auf. Sie verlangten, daß die Neuankömmlinge ausgewiesen werden sollten; aber Bela war entschlossen, sein Reich zu verteidigen, und wenn er Nomaden anstellen mußte, die ihm dabei halfen, so war das ein Preis, den er zu zahlen bereit war. Er weigerte sich, den Forderungen der Barone nachzugeben, und ließ eiligst Verteidigungsanlagen an den verschiedenen Pässen der Karpaten bauen.

Im Januar 1241 hatten die Mongolen begonnen, ihre Armeen in Bewegung zu setzen. Die Prinzen Baidar und Kadan marschierten mit ihren 20 000 Männern nach Lublin und zum Vistula. Währenddessen hatten Batu und Subedei die restliche Armee in drei Teile aufgeteilt. Batu führte selbst 40 000 Mann an, sein Bruder, Prinz Shiban, brachte weitere 10 000 über einen Paß an der nördlichen Flanke, während Subedei und Guyuk 300 000 über die Pässe an der südlichen Flanke führten.

Berichte, daß die Mongolen in Bewegung seien, erreichten Pest, die Hauptstadt Ungarns. Bela inspizierte seine Verteidigungsanlagen und berief einen Kriegsrat mit allen Baronen und den Kumanen ein. Die Barone hatten sich mittlerweile bereiterklärt, ihre verschiedenen Armeen zusammenzuziehen, aber sie wollten immer noch nicht an der Seite der Kumanen kämpfen. Um die Barone zu überzeugen, schlug Bela vor, die kumanischen Anführer als Geisel für die Treue ihres Gefolges festzuhalten. Doch die Barone waren noch nicht zufrieden und verlangten mehr Geld für die Unterstützung ihrer Armeen.

Am 10. März wurde die Lage verzweifelt, als Bela die Nachricht erhielt, daß die Mongolen die Verteidigungsanlagen an den Karpatischen Bergen angriffen. Vier Tage später erreichte der Kommandant der Karpatischen Befestigungsanlagen blutüberströmt und erschöpft den Hof und berichtete, daß die Pässe gefallen seien und die Mongolen sich Ungarn stetig näherten.

Sechshundertfünfzig Kilometer nördlich spielte sich ein weiteres Drama ab. Die Polen wurden vollkommen überrascht. Baidar und Kadan hatten die Stadt Lublin Anfang Februar angegriffen und bald darauf den gefrorenen Vistula überquert. Dann verwüsteten sie Sandomir und zerstörten das Zisterzienserkloster. Nach Sandomir teilten die beiden Prinzen ihre bereits spärliche Armee weiter auf, um über ein größtmögliches Gebiet Schrecken und Zerstörung zu verbreiten. Die Mongolen machten sich vor allem wegen der vielen christlichen Ritter Sorgen, die an der baltischen Küste Garnisonen errichtet hatten.

Die Deutschen Ritter waren in Jerusalem 1198 als geistlicher Orden gegründet worden. Obwohl das Zentrum ihrer Wirkung – wie auch das der Templer und Johanniter – das Heilige Land war, waren sie bald in das nördliche Europa gezogen und hatten dort Befestigungen in Preußen und Litauen entlang der baltischen Grenze errichtet. Langsam gewann der Orden an Stärke, da ihm immer mehr deutsche Adlige beitraten. Ihre Außenposten, groß und unabhängig, blieben dem Papst unterstellt. Die geistlichen Ritter pflegten Beziehungen zu den polnischen Herzögen, besonders zu Konrad und Heinrich dem Frommen. Ersterer hatte, offenbar von der wachsenden Macht der Deutschen Ritter etwas zu sehr eingeschüchtert, seine Provinzen übergeben, während Letzterer deutschen Immigranten gestattete, sich auf seinem eigenen Gebiet niederzulassen, in der Hoffnung, sie könnten seine Ziele unterstützen. Die langsam verschmelzenden Interessen der Deutschen Ritter und der polnischen Herzöge schuf das Potential für eine gewaltige Allianz nordeuropäischer Mächte. Nachdem die mongolische Präsenz in Polen klar war, bündelte sich diese Allianz ihre Kräfte. Herzog Heinrich von Schlesien stellte eine Armee auf und bat um Unterstützung der Deutschen Ritter. Diese versicherten sich wiederum der Unterstützung kleinerer Ritterorden wie der Hospitaliter aus Frankreich. Zusammen zählten sie beinahe 30 000 Mann. Außerdem kam ihr König Wenzeslaus von Böhmen mit einer Armee von beinahe doppelter Größe zu Hilfe.

Auf der mongolischen Seite war Baidars Armee auf keinerlei ernsthaften Widerstand gestoßen. Er zog jetzt auf die polnische Hauptstadt Krakau zu. Herzog Boleslaw der Keusche hatte dort seine Garnison aufgebaut und hätte für die Mongolen eine Barriere sein können, hätte er nicht jegliche Vorsicht in den Wind geschlagen. Eine Vorhut von Baidars Armee war bis auf wenige Kilometer vor die Stadtmauern geritten. Als sie gesichtet wurde, ließ Boleslaws Kommandant sie mit einer große Armee verfolgen. Die Mongolen wendeten und flohen. Als die Eindringlinge nicht in voller Stärke wiederkehrten, befahl Boleslaw, daß man sie jagte und zur Schlacht zwang. Die Armeen von Krakau und Sandomir machten sich zur Verfolgung auf. Doch es war eine Falle. Nachdem Baidar praktisch die gesamte Armee auf das Land gelockt hatte, führte er sie in Chmielnik, ungefähr 18 km vor Krakau, in einen Hinterhalt. Dort wurde sie von einem Pfeilhagel niedergemacht.

Als Versprengte der Schlacht die Stadtmauern mit diesen Nachrichten erreichten, lösten sie Alarm aus. Boleslaw und seine Familie packten alle Schätze zusammen, die sie tragen konnten, und flüchteten nach Ungarn. Die meisten der Stadtbewohner folgten ihnen. Während sich die Straßen noch mit den Pferden und Wagen der Flüchtlinge füllten, blies der berühmte Trompter vom Balkon der Hauptturmes der Marienkirche sein Instrument und rief zu den Waffen. Eine kleine mongolische Aufklärungseinheit erreichte schon die Stadtmauern, bevor die Schlacht von Chmielnik beendet war. Einer ihrer Reiter hörte den Alarmruf, zog einen Pfeil aus seinem Köcher, legte seinen Bogen an, spannte und zielte. Da brach plötzlich das Trompetensignal ab. Und als die Menge hinauf zum Kirchturm blickte, war die Trompete bereits zu Boden gefallen und der Trompeter wankte mit einem Pfeil im Hals rückwärts. Als die Hauptarmee der Mongolen die Stadtmauern erreichte, fand Baidar die Straße praktisch leer vor. Die Stadt wurde am 24. März niedergebrannt.

In Ungarn war Transsilvanien bereits zerstört worden, ebenso Moldavien und die Wallachei. Die Prinzen dieser Regionen hatten nie die Möglichkeit gehabt, ihre Armee nach Buda zu bringen und wurden schnell überwältigt. Während Guyuk die Zerstörung im südöstlichen Ungarn fortsetzte, fegte Subedei nach Norden in Richtung Tiza, wo er sich mit der Hauptarmee unter Batu vereinigte. Auf dem Weg gen Süden, nach Uzghorod und Mukachewo, sollen sie nicht weniger als 100 km pro Tag zurückgelegt haben. Dort trafen sie auf eine ungarische Armee, die sie am 12. März besiegten.

Drei Tage später hatten die Mongolen die Donau erreicht und hielten sich in Sichtweite von Pest. Belas Armee lagerte auf der anderen Seite des Flusses. Batu hatte nicht die Absicht anzugreifen, bevor er Verstärkung von Shibans Kontingent bekommen hatte; und auch Subedei war noch weit weg. Die Kommunikation zwischen den verschiedenen Kommandanten war in den nächsten Wochen vor dem großen Treffen, das den Ausgang der ungarischen Invasion besiegeln sollte, kritisch. Shiban näherte sich mit unglaublicher Geschwindigkeit am oberen Vistula dem Treffpunkt. Am 17. März nahm er die Stadt Vac weiter oben an der Donau ein. Während Batu auf seine Ankunft wartete, beobachtete er die ungarischen Lagerfeuer in der Ferne, sah aber keine Anzeichen, daß Bela die Schwäche der Mongolen ausnutzen wollte.

Im ungarischen Lager wuchsen die Probleme, die Bela daran hinderten, den ersten Schritt zu machen. Die Barone wollten immer noch die Kumane aus Ungarn verjagen. Sie hatten eine kleine mongolische Vorhut gefangengenommen, bei der sich auch ein paar kumanische Reiter befanden – dies war nichts Ungewöhnliches, da Tausende von Kumanen zum Dienst der Mongolen gezwungen worden waren. Die ungarischen Barone hielten die Anwesenheit der Kumanen für den Beweis, daß die Flüchtlinge tatsächlich Verräter seien. Sie griffen an und ermordeten die kumanischen Anführer. Der Rest der Kumanen ergriff die Flucht und brandschatzte und mordete auf der Flucht nach Ungarn alles, was ihnen in die Hände fiel. Bela war jetzt in Not. Die Barone verweigerten ihm ihre Unterstützung, weil er auf ihre Bedingungen nicht einging.

Es scheint, daß die Mongolen nur wenig von dem Chaos im feindlichen Lager wußten – sonst hätten sie vielleicht ihren Vorteil daraus gezogen. Batu wußte, daß die Ungarn die größte Herausforderung im gesamten Feldzug darstellten, und er wollte nicht losmarschieren, bevor er sich nicht seines Sieges sicher war. Die Wochen verstrichen, und schließlich stießen Shibans Truppen zu ihnen; doch anstatt das ungarische Lager anzugreifen, packten sie ihre Gers zusammen und zogen sich zurück.

Als die Nachricht vom Rückzug der Mongolen Pest erreichte, einigten sich die Barone, die nun einen möglichen Sieg vor Augen hatten, plötzlich mit dem König. Am 7. April marschierten sie los. Batu führte seine Armee nach Osten und zog die Ungarn nach. Subedei hielt sich in einiger Entfernung und beschattete Batus Manöver, um den Eindruck ihres Rückzuges zu verstärken. Einen Tag später ließ er an einem Platz anhalten, den er bereits vorher ausgewählt hatte: dort, wo der Fluß Hernad in den Sajo fließt. Auf der nahen Mohi-Ebene zog Bela seine Arme von nahezu 100 000 Mann zusammen und errichtete ein Lager. Sogar ohne die Kumanen übertrafen Belas Truppen die der Eindringlinge um 20 000 Mann. Mongolische Späher berichteten, daß Bela auf einem Platz lagerte, der für seine große Armee viel zu klein war. Er hatte das Lager außerdem von Wagen und Zelten umringen lassen, was die Flucht im Falle eines Angriffs unmöglich machen würde. Die Ungarn waren hervorragende Reiter, ihr Anführer aber erwies sich als ziemlich unfähig.

Währenddessen ritten die Mongolen unter Kadan und Baidar tiefer nach Polen ein und überquerten Ende März die Oder. Ihre Späher hatten einige Tagesmärsche westlich die Armee von Herzog Heinrich entdeckt. Auf ihrem Weg nahmen Kadan und Baidar die Stadt Breslau ein und brannten sie nieder. Die Einwohner waren in die Zitadelle geflüchtet, aber die Mongolen hatten es zu eilig und ließen sie am Leben. Herzog Heinrichs Armee war den Mongolen um 10 000 Mann überlegen; und einige Tagesmärsche weiter weg befand sich eine zusätzliche Armee mit 50 000 Mann, die Heinrichs Schwager König Wenzeslaus von Böhmen gehörte. Unter Herzog Heinrichs Männern befand sich ein großes Kontingent Deutscher Ritter und Templer, sowie Hospitäler aus Frankreich – eines der besten Kontingente in Nord-Europa. Obwohl die Ritter mit ihren flatternden Bannern und den in der Sonne glänzenden Helmen einen dramatischen Anblick boten, bestand der Großteil der Armee aus einer Infantrie lokaler leibeigener Bauern, bewaffnet mit Heugabeln und Sensen. Diese Armee sollte Kadan und Baidar in Polen aufhalten.

Der Sieg über die europäischen Ritter

Am 9. April trafen die beiden Armeen bei Liegnitz in West-Polen aufeinander. Nachdem sie sich die Reihen der jeweils anderen angesehen hatten, begannen die Mongolen am nächsten Tag ihre erprobte Taktik. Eine kleine, bewaffnete Vorhut ritt auf die Europäer zu, drehte ab und begann, vor den polnischen Bogenschützen davonzugaloppieren. Herzog Heinrich ging in die Falle und schickte seine Kavallerie, den Stolz des europäischer Rittertums, auf eine selbstmörderische Verfolgungsjagd mitten in die mongolischen Reihen. Unter dem Gewicht ihrer Rüstungen, Lanzen und Helme galoppierten die Europäer hinter den flüchtenden Mongolen her.

Als die Kavallerie erst einmal von der Infantrie getrennt war, entfachten die Mongolen riesige Feuer, deren Rauchschwaden die beiden Einheiten endgültig auseinanderrissen. Dann fand sich die Kavallerie von mongolischen Bogenschützen umringt. Die Templer, Johanniter und Deutschen Ritter wirbelten herum und suchten den Feind. Wenn sie die Mongolen jedoch überhaupt durch den Rauch erblickten, dann waren sie weit weg. Von der Hügelkuppe schossen sie ihren tödlichen Pfeilhagel ab. Währenddessen war eine andere Abteilung der Mongolen im Bogen um das Schlachtfeld herumgeritten und hatte sich der ungeschützten Infantrie genähert. Keine der beiden Armeen konnte sehen, was mit der anderen geschah, aber die Ergebnisse waren dieselben. Die Mongolen, die Abstand zu ihren Opfern halten konnten, schossen einen Pfeilschwall nach dem anderen auf die Unglückseligen. Kettenhemden waren ein wirksamer Schutz gegen Schwertstreiche, aber gegen Pfeile und Speere völlig nutzlos.

Der berühmte Kampf zwischen Batus Armee und der von König Bela von Ungarn auf der Brücke über den Sajo am 10. April 1241 Die Mongolen setzten ein "rollendes Sperrfeuer" ein, um die Ungarn zurückzudrängen.

Das Gemetzel setzte sich fort, bis es Zeit war, die schwere Kavallerie einzusetzen. Als die mongolische Kavallerie im Nahkampf auf die europäischen Ritter traf, wurde dies zu einer schrecklichen und blutigen Begegnung, und die Mongolen mußten schwere Verluste hinnehmen. Doch sie siegten. Liegnitz war eine komplette Katastrophe für die Europäer. Herzog Heinrich wurde auf der Flucht getötet, geköpft und bis zur Unkenntlichkeit verstümmelt. Um die Einwohner einzuschüchtern, trugen die Mongolen seinen Kopf auf einem mongolischen Speer um die Stadtmauern herum. Wieder hatten die Eindringlinge keine Lust auf eine Belagerung und waren mit dem Gemetzel auf dem Schlachtfeld zufrieden. Um das Ausmaß ihres Erfolges zu demonstrieren, befahlen Kadan und Baidar, daß jedem Opfer ein Ohr abgeschnitten werden sollte. Sie schickten Batu neun Säcke mit Ohren.

Nach Liegnitz wollten die Mongolen eigentlich weiter nach Westen ziehen; statt dessen ritten sie nach Süden. Als König Wenzeslaus die Nachricht von Liegnitz erreichte, eilte er zurück nach Böhmen, um Verstärkung zu holen. Die Mongolen verfolgten trotz

Die ungarische Kavallerie, angeführt von König Bela. Aus der ungarischen Bilderchronik, Széchényi Nationalbibliothek, Budapest. Sie war bei weitem die furchterregendste Kavallerie Europas und die einzige ernsthafte Herausforderung der Mongolen.

ihrer Erschöpfung seine Armee, gingen aber der Begegnung mit einer großen Armee aus dem Wege. In kleinen Gruppen terrorisierten sie das Land. Die Polen glaubten, von einer riesigen Horde überrannt worden zu sein. Die Mongolen waren überall und nirgendwo und scheinbar ohne ein bestimmtes Ziel. Doch dies war keineswegs der Fall. Ihr Ziel war Ungarn.

Das Tor zum Atlantik

Am 10. April hatte Batu an den Ufern des Sajo die Nachricht von der Schlacht vor Liegnitz erhalten. In dieser Nacht begann er mit dem Angriff. Er und sein Bruder Shiban wollten den Fluß überqueren und Bela von vorn angreifen. Subedei sollte seine Männer nach Norden führen, die Ungarn umgehen und von hinten angreifen. Doch sie konnten keine Furt finden und mußten warten, bis ihre Ingenieure eine Brücke zwischen den Dörfern Girines und Nady Czeks gebaut hatten. Vor der Dämmerung näherte sich Batus Streitmacht einer Steinbrücke, die über den Sajo führte - geradewegs auf Belas Armee zu. Die Brücke war zu eng, um mehr als ein paar Reiter gleichzeitig hinüberzulassen, so daß es unmöglich war, in gewisser Stärke hinüberzureiten. Es schien, als könnten die Ungarn die Brücke unendlich halten. Da ließ Batu sieben Katapulte holen und begann, seltsame Geschosse auf die Ungarn zu schleudern, "begleitet von Donner und Feuerblitzen". Die Ungarn wichen vor den explosiven Geschossen zurück und ermöglichten es so den Mongolen, den Fluß zu überqueren. Die Katapulte wurden immer näher herangetragen und die Ungarn weiter zurückgedängt, so daß noch mehr Mongolen über die Brücke kamen. Heute nennt man diese Taktik ein "rollendes Sperrfeuer".

Schließlich gelangten Batu und seine Truppen auf die andere Seite des Flusses, aber sie führten keinen typisch mongolischen Kampf mehr. Batu hatte knapp 40 000 Mann, die Ungarn aber 100 000. Es sah so aus, als würde die reine Anzahl schon den Sieg bestimmen. Die Ungarn ritten einen Massenangriff nach dem anderen gegen die mongolischen Linien, aber jedes Mal wurden sie durch Feuerbomben und Pfeilregen zurückgetrieben. Trotzdem schien der Sieg für die beste Kavallerie Europas nur noch eine Frage der Zeit zu sein. Subedeis Armee war schon lange überfällig, und Batus Lage wurde verzweifelt. Das einzige, was Batu noch versuchen konnte war, die Flanke der Ungarn zu drehen. So ritten sie um die Ungarn herum und zwangen diese dazu, sich mit ihnen zu drehen. Jetzt hatten die Ungarn Subedei im Rücken – für den Fall, daß er auftauchte. Nach zwei Stunden heftiger Kämpfe befahl Batu seinen Männern, sich an den Fluß zurückzuziehen und eine einzige Linie zu bilden. Während die verwirrten Ungarn zusahen und die nächste Angriffsmöglichkeit abwarteten, fächerten sich die Mongolen zu einem riesigen Halbkreis auf, der die gesamte ungarische Armee zu umarmen schien. Hinter den Ungarn war Subedei mit seiner Armee aufgetaucht und tat genau dasselbe. Erst als es zu spät war, erkannten die Ungarn, daß sie umzingelt wurden. Sie hatten auf einmal ihren quantitativen Vorteil verloren. Es hätte nur noch Minuten gedauert, bis sie von einem tödlichen Ring berittener Bogenschützen umzingelt waren, die ihre Pfeile abschossen. Es war wie der Abschluß der mongolischen Treibjagd.

Beharrlich schlossen die Ungarn ihre Reihen, trieben ihre Pferde an und jagten aus dem Kreis hinaus und geradewegs auf ihr befestigtes Lager zu. Besorgt darüber, daß seine Soldaten keine Verfolgung schaffen könnten, blies Batu den Angriff ab. Aber Subedei war aus härterem Holz geschnitzt. Er sammelte seine Armee, heftete sich den Ungarn an die Fersen und hatte bald das Lager umringt. Seine Artillerie feuerte konzentriert explosive Geschosse auf ihre Zelte und Wagen, bis das Lager in Trümmern lag. Was noch stand, wurde von der schweren Kavallerie kleingeschlagen.

Einer kleinen Gruppe von Ungarn gelang es, durch eine Schlucht nach Pest zu entkommen – direkt in eine weitere Falle. Die leichte Kavallerie der Mongolen verfolgte sie auf beiden Seiten und mähte sie mit tödlich genauen Pfeilschüssen nieder. Der Weg nach Pest war mit Leichen übersät, "wie Steine in einem Steinbruch". Die Verluste der Ungarn wurde auf 60 000 Mann geschätzt. Bela gelang es, seinen Verfolgern zu entkommen, durch den Sajo zu schwimmen und sich in einem Wald auf der anderen Seite zu verstecken. Währenddessen erreichten die Mongolen Pest und brannten es nieder. Dann ritten sie die Donau entlang und bedrohten Buda am anderen Ufer. Es war ein langer Tag gewesen, zeitweise mit ungewissem Ausgang. Aber am Ende des 10. April 1241 besaß eine Armee, die beinahe 10 000 km weit aus den östlichen Steppen Asiens herangeritten war, die vollständige Herrschaft über die ungarische Ebene, und keine Macht zwischen hier und dem Atlantischen Ozean schien in der Lage zu sein, sich ihr in den Weg zu stellen.

Von Priester Johann bis Armageddon

Kulturelle Fremdlinge

Mehr als 700 Jahre nach diesen Ereignissen kann man sich die Dimensionen der mongolischen Feldzüge immer noch kaum vorstellen; die Koordination ihrer Armeen, ihre Kommunikationssysteme, ihr Mut und ihre Fantasie machten sie zu Meistern der Kriegskunst. Europa konnte einfach nicht begreifen, was geschehen war und wartete gebannt darauf, was folgen würde.

Europas erste militärische Begegnung mit den Mongolen war nicht viel anders als die der Chinesen und Perser in der ersten Hälfte des 13. Jahrunderts. Doch die psychologische Wirkung war in jeder Hinsicht traumatischer und nachhaltiger. Die chinesischen und persischen Zivilisationen hatten in ihrer langen Geschichte immer wieder gegen nomadische Armeen gekämpft. Europa hatte bis dahin ohne Erfahrungen mit den Asiaten gelebt und war auf die Mongolen unvorbereitet. Das Europa des 13. Jahrunderts wußte wenig über die Länder östlich des Urals. Die Handelsbeziehungen mit dem Osten reichten zwar in vorchristliche Zeit zurück, aber die Kaufleute, die zwischen der lateinischen Welt und China pendelten, informierten die eine nicht über die andere.

Das bekannteste Produkt des Ostens war natürlich Seide, von der die Römer glaubten, sie werde von Blättern heruntergekämmt. Indien war ein nur vage bekanntes Land, und das auch nur wegen Alexanders legendärem Marsch in diesen großen Subkontinent und wegen der vielen bizarren und wunderbaren Geschichten, die er dort erlebt haben soll. Wahrscheinlich hatten Händler sie erfunden, um die exotische Qualität ihrer Waren anzupreisen und Geschichtsschreiber überlieferten sie dann bis in die Zeit Marco Polos (1256–1323). Dabei wurde Indien, damals gleichbedeutend für Asien, zu einem Land, das von Menschen mit Hundeköpfen oder mit nur einem einzigen Fuß, oder mit Menschen, deren Füße nach hinten zeigten, bevölkert war. Es waren Kreaturen ohne Hals und Kopf, mit dem Gesicht mitten auf der Brust. Es gab wilde Jäger, die sich nur vom Geruch des Fleisches ernährten, und Pygmäen, die tausend Jahre alt wurden. Und es gab Satyre, Amazonen, Brahmanen und Asketen, verzauberte Berge, Einhörner, Greife und Ameisen, die nach Gold gruben. Außerdem war es das Land seltener Juwelen, Perlen, aromatischer Hölzer und Gewürze.

Mittelalterliche Gelehrte waren höchst erfinderisch
und phantasievoll, wenn es um die Darstellung der Monster ging,
die das unbekannte Land im Osten bewohnen sollten.

All diese fantastischen Kreaturen wurden in der mittelalterlichen Kunst und Literatur umgesetzt, und ihre Abbildungen schnitzte man für die Ewigkeit in die Außenwände gotischer Kirchen ein. Wir kennen sie als Wasserspeier. Vor 700 Jahren waren dies die Fantasien über Menschen in Asien.

Diese Vorstellungen beruhten durchaus auf Gegenseitigkeit. Auch die Chinesen kannten eine bemerkenswert ähnliche Ansammlung von Kreaturen, die ihrer Meinung nach den ihnen unbekannten Westen bevölkerten, Wesen mit Hundeköpfen, einfüßige Lebewesen und kopflose Untiere mit Gesichtern auf der Brust. Die Chinesen, die ihre Baumwolle aus West-Asien bezogen, glaubten, sie werde vom Flies der "Wasserschafe" geschoren.

Der Grund, warum sich diese merkwürdigen Bilder so lange hielten, war das vollständige Fehlen eines kulturellen Austausches zwischen den beiden Hemisphären. Das römische Reich hatte sich nie weiter als bis zum Fluß Euphrat ausgebreitet, hinter dem sich wilde nomadische Reiter, zerklüftete Berge und Wüsten befanden – eine Welt, die die Römer nicht interessierte. Man behauptet, daß die Chinesen eine Reihe von Versuchen unternahmen, Kontakt mit den Zivilisationen im Westen aufzunehmen; überliefert ist jedoch nur der Bericht von Kan Ying, einem Abgesandten, der im Jahre 97 v. Chr. unterwegs war. Er erreichte den Persischen Golf, wurde jedoch von seinen arabischen Gastgebern gewarnt, die ihre privilegierte Stellung als internationale Zwischenstation beibehalten wollten, daß der Rest seiner Reise zwei Jahre dauern würde, und daß die meisten, die in diese unbekannten Länder eindrangen, niemals zurückkehrten. Kan Ying drehte um. Im siebten und achten Jahrhundert, als die islamische Macht im Mittleren Osten größer wurde, fielen sowohl Länder als auch Seerouten unter die Herrschaft der Moslems. Die unvermeidliche Konfrontation des Islam mit dem christlichen Westen führte zur weiteren Isolation Europas. Der Handel mit Seide und Gewürzen lief derweil über Arabien, mit ständig steigenden Preisen.

Nicht nur Ignoranz führte zu Vorstellungen eines Landes mit Monstern und fantastischen Wesen. Auch die christliche Lehre tat das Ihre. Der heilige Augustinus hatte die Existenz von Monstern beschrieben und behauptet, ihre Erschaffung sei ein Teil von Gottes großem Plan, damit die Menschen von der Geburt Behinderter oder Geisteskranker nicht erschreckt sein würden. Östliche Regionen wurden außerdem mit biblischen Orten in Verbindung gebracht, wie dem irdischen Paradies und dem Land von Gog und Magog. Letzteres lag hinter dem Alexander-Tor (dem Derbent Paß im Kaukasus), wo Alexander von den beiden stinkenden Riesen Gog und Magog gefangengehalten worden sein soll. Der Offenbarung nach wurden sie vom Satan geschickt, um Jerusalem und die Welt zu zerstören. Zeitgenössische Chronisten würzten ihre Berichte über die Mongolen entsprechend mit menschenfressenden Monstern, und die Gemeinden erwarteten die unmittelbar bevorstehende Apokalypse. Die Fantasien von Handlungsreisenden wurden Teil der christlichen Vorstellung von der wirklichen Welt.

Es gab noch eine weit neuere Geschichte, die den Blick auf Asien verschleierte. Die drei Weisen aus dem Morgenland trugen, nach Matthäus, die Königswürde, und der heilige Thomas hatte diese Könige in Indien getroffen und getauft. Alle Geschichten zusammengefaßt ergeben ein Bild von Ländern in Asien, in denen Monster wohnen und christliche Könige romantische Taten vollbringen.

Die Legende von Priester Johann

Im 11. Jahrhundert war Europa in Kriege mit der islamischen Welt um den Besitz des Heiligen Landes verkeilt, und diese alten Geschichten hatten eine neue Aktualität gewonnen: Priester Johann oder Johann der Presbyterianer, war der legendäre christliche König des Orients, der dem Christentum in der Stunde der Not zu Hilfe kommen sollte. Die Kreuzzüge liefen schlecht, und diese Stunde war jetzt gekommen. Die Legende geht auf den Besuch des Prälaten Johann in Rom 1122 zurück. Er behauptete, aus Indien zu kommen, stammte aber wahrscheinlich aus einer christlichen Gemeinde an der Küste von Malabar, Teil einer blühenden Gemeinschaft östlicher Christen, die von der römischen Kirche als Nestorianer bezeichnet wurden. Da Rom die Beziehungen zu den Nestorianern abgebrochen hatte, genauso wie zu praktisch allen christlichen Gemeinden östlich von Konstantinopel, hatte Europa auch kaum Kontakte zu den asiatischen Zivilisationen. Rom wußte nicht, wie sich das Christentum im Osten entwickelt hatte.

Anfang des sechsten Jahrhunderts waren die Nestorianer von einer starken Basis in Persien nach West-Turkistan gezogen und von dort aus langsam östlich nach China vorgedrungen. Zu Beginn des elften Jahrhunderts befanden sich sogar Christen unter den mongolischen Stämmen, und mit den mongolischen Reitern verbreitete sich das Christentum über ganz Asien. Da die Kontakte zwischen Rom und den östlichen Christen also extrem selten waren, bedeutete der Besuch eines Prälaten aus dem Osten ein faszinierendes Ereignis. Es wird berichtet, er habe die römischen Kardinäle über das Leben in Indien belehrt und über außergewöhnliche Wunder, die in diesem Königreich während der großen christlichen Feste regelmäßig stattfanden. Historiker glauben heute, daß der Prälat wahrscheinlich ein Hochstapler war, doch zur Zeit seines Besuchs erschienen die Geschichten den mittelalterlichen Gelehrten nur plausibel, denn sie stimmten mit Matthäus' Bericht über die Heiligen Drei Könige überein; das heißt, daß es ein östliches Königreich gab, das von den Nachfahren jener drei Weisen aus dem Morgenland regiert wurde, die die Heilige Familie in Bethlehem besucht hatten.

Zwanzig Jahre später, als die Erinnerung an den Besuch des Prälaten immer noch recht frisch war, berichtete ein Bischof aus Syrien von einem mächtigen östlichen König namens Priester Johann, der den Moslems eine schwere Niederlage zugefügt haben sollte. Er berichtete auch, daß dieser Monarch, der ein Nachfahre der Heiligen Drei Könige sei, beschlossen habe, den Kreuzrittern in Jerusalem zur Hilfe zu kommen, jedoch durch die Überflutung des Tigris daran gehindert worden sei. Heute hält man diese Geschichte für einen entstellten Bericht über Kriege, die die Kara Kitai im zwölften Jahrhundert ge-

e serpente co e leuer tut semble bon peisson
Les eva pour les veines e li lunaton
Si de luy eveilette ne prenget vengeison
Si ne faites del regne eisil e destruction
Del os pels aues ne sai donc la acheison
De gog e magog remanquent la gent

De coe se ioe ils di traies alisandre nul ertur
Alisandre de dratonte e des isles entur
E gog e de magog sauues la vertu
E quid te aies home al quer ten au pour
vel semblant se faies ils en aueres hidur

Oben: Priester Johann, der frei erfundene christliche König des Ostens, in einem portugiesischen Atlas des 13. Jahrhunderts dargestellt. Während der Kreuzzüge entstand die Legende, daß Priester Johann dem Christentum in Zeiten der Not zu Hilfe käme.

Links: Die Mongolen wurden für die Nachkommen von Gog und Magog gehalten, zwei schreckliche Riesen, die hier ihre Opfer verspeisen. Aus Romance of Alexander, Trinity College, Cambridge.

gen den moslemischen Herrscher von Persien führten. Hier haben wir also eine Vermischung der besten mittelalterlichen Legenden: ein weiser König mit makellosen Vorfahren, heldenhaft und daher in bester Tradition Alexanders. Wer auch immer die Vorfahren von Priester Johann waren – die Tatsache, daß er Moslems tötete, sicherte ihm praktisch seine christliche Glaubwürdigkeit.

Im Jahre 1165 zirkulierte in Europa ein Brief, der von Priester Johann stammen sollte. Von diesem Zeitpunkt an wurde Johann eindeutig politisch ausgeschlachtet. Der Brief kam in vielen Formen und war an viele verschiedene europäische Männer von Rang adressiert: den byzantinischen Kaiser Manuel I. Comnenus, den Papst, den Heiligen Römischen Kaiser und andere Monarchen. In diesem Brief behauptete Priester Johann, über ein riesiges Königreich zu herrschen, das sich vom Turm zu Babel bis dorthin, wo die Sonne aufgehe, erstrecke. Er erklärte seine Absicht, Jerusalem von den Moslems zu befreien, die Feinde der Christen zu besiegen und das Heilige Grab zu besuchen. Dann zählte er seine Schätze und die Wunder seines Königreichs auf. Der Brief war natürlich eine Fälschung, gab aber der Kreuzzugbewegung enormen Aufschwung – was wahrscheinlich die Absicht des Autors gewesen war.

Der Papst schickte 1177 einen Abgesandten los, um Johann östlich des Turms zu Babel aufzusuchen. Dieser Abgesandte verschwand und während der nächsten dreißig Jahre erlitten die drei Kreuzzüge eine Katastrophe nach der anderen. Im Jahre 1217 zirkulierten Neuigkeiten zum bemerkenswert richtigen Zeitpunkt. Der Bischof von Arco, der einen heftigen Propaganda-Feldzug für den fünften Kreuzzug führte, hatte beschlossen, Johann und andere "christliche Könige des Orients" in seinen Briefen an die lateinischen Siedler in den Mittelmeerländern zu zitieren. Der Bischof behauptete, Priester Johann und seine orientalischen Kollegen hätten von dem neuen Kreuzzug gehört und stünden bereit, zur Hilfe zu eilen, um die Sarazenen aus dem Heiligen Land zu vertreiben.

Drei Jahre später erhielten diese Gerüchte weitere Substanz, als ein ziemlich zweifelhaftes Dokument auftauchte, das "Bericht von König David" genannt wurde; eine Beschreibung des siegreichen Vordringens nach Persien von "König David, christlicher König von Indien, der von Gott geschickt wurde, um die Heiden zu vernichten und Mohammeds Lehren zu zerstören". Es gibt viele Zeugnisse von diesem Brief - einige setzen König David mit Priester Johann gleich, andere behaupten, er sei sein Sohn oder Enkel. Wieder bestätigte der Brief die Prophezeiung, daß die Ankunft von Priester Johann unmittelbar bevorstünde. An diesem Punkt vermischt sich die christliche Propaganda mit historischen Tatsachen, denn was unzweifelhaft die Basis für diese Geschichte darstellte, war Dschingis Khans erstaunlicher Feldzug gegen den Khwarazm Schah. Die Kirche hatte Kunde von der Katastrophe erhalten und wandelte sie in eine Errettungsprophetie um.

Die Ironie hätte nicht bitterer sein können. In den folgenden Monaten, als weitere Informationen ankamen, berichtete der Papst immer wieder von den Siegen "König Davids" und sagte die Befreiung des Heiligen Lands voraus. Auch als diese nicht stattfand, schwächte das den Glauben an die Existenz von Priester Johann nicht. Im Jahre 1223, als Subedeis Armee den großen Feldzug durch Georgien und die russischen Staaten führte, schickte der König von Ungarn einen Brief an den Papst, in dem er schrieb, daß "ein gewisser König David oder, wie er normalerweise genannt wird, Priester Johann", gerade mit einer riesigen Armee in Rußland eingedrungen sei und 200 000 Menschen getötet habe. Man hatte sich diese schreckliche Tat zunächst damit erklärt, daß der große christliche König die ketzerischen Georgier, die Nachfolger der griechisch-orthodoxen Kirche, mit derselben Heftigkeit verfolgte, wie die islamischen Perser. Der Glaube an diese Figur war so fest, daß man sogar einen Bericht von Königin Rusudan von Georgien über die mongolische Armee beiseiteschob und diesem die weitgehend erfundenen Geschichten von "König David" vorzog.

Zweifellos war der christliche Westen von den widersprüchlichen Nachrichten und den vielen Toten verwirrt und nervös geworden. Und Priester Johann war trotz seines Hasses auf die Moslems nicht mehr ganz der fromme Christ, den die frühen Propheten so geliebt hatten. Während Europa über diese Widersprüche grübelte, gab der große Chronist aus Nowgorod genauere Informationen über den "Großen Überfall" auf die russischen Fürstentümer: "Sie zogen sich vom Fluß Dnjeper zurück, und wir wissen nicht, woher sie kamen, noch wo sie blieben; Gott allein weiß, wann er sie wieder gegen uns schickt." Die Ungewißheit war groß, aber Europa hatte andere Probleme.

Der Konflikt zwischen Kirche und Staat

Am meisten beschäftigte die Höfe um 1230 die wachsende Feindschaft zwischen dem Papst und dem Heiligen Römischen Kaiser. Grundlage war der Investiturstreit des elften Jahrhunderts. Papst Gregor VII. hatte die Doktrin formuliert, die Kirche be-

Nächste Seite: Legenden über Dschingis Khan vermischten sich mit Geschichten über Priester Johann. In dieser Illustration aus einem englischen Manuskript um 1400 kämpfen die beiden um Leben und Tod. Dargestellt ist wahrscheinlich Dschingis' Krieg gegen den christlichen König der Kereyiden, Wang Khan.

sitze die universelle Herrschaft über das gesamte Christentum und über alle christlichen Könige und Kaiser. Der Zwist zwischen den Nachfolgern St. Peters und Karl dem Großen entwickelte sich unter Kaiser Friedrich II. vom politischen Problem zum offenen Krieg. Friedrich war ein außergewöhnlicher Charakter, der manchmal als das enfant terrible des mittelalterlichen Europa beschrieben wird. Er war am normannischen Hof in Palermo erzogen worden, wo er die Mores einer exotischen Gesellschaft übernahm, die die Härte des normannischen Hofes mit großen Einflüssen aus dem mittleren Osten verband. Friedrich besaß eine brillante Intelligenz mit einer Neigung zum Brutalen, Sensiblen und Absonderlichen. Er liebte die arabische Kultur und hatte große Sympathie für den Islam. Seine Weigerung, am fünften Kreuzzug teilzunehmen – wofür er 1227 vom neuen Papst exkommuniziert wurde –, war wahrscheinlich der Grund für dessen Fehlschlag. Dennoch reiste er im folgenden Jahr im Kielwasser des sechsten Kreuzzuges nach Palästina und sicherte durch erstaunliches diplomatisches Geschick die Herrschaft über Jerusalem, Nazareth, Bethlehem und das Gebiet zwischen Jerusalem und Acre, ohne einen Tropfen Blut zu vergießen.

Friedrichs umfassende Kenntnisse mittelöstlicher Politik befähigten ihn, zum bestmöglichen Zeitpunkt Abkommen mit dem Sultan von Ägypten zu treffen. Nach der Zerstörung des Reiches seines Vaters war Jalal al-Din nach Indien geflohen, wo er 1223 wieder auftauchte, um seine Länder zurückzuerobern. Sein Erfolg war von kurzer Dauer, denn die Mongolen kehrten zurück, um ihre Herrschaft wiederzuerlangen. 1225 stellte Jalal al-Din nur kurzfristig eine ernsthafte Bedrohung für die Herrscher der moslemischen Welt dar. Er hatte die Kontrolle über West-Persien und Aserbaidschan erlangt, war in Georgien eingedrungen und hatte Bagdad angegriffen. Friedrich hatte also einen guten Moment erwischt. Dem Sultan mußte der Frieden mit den Europäern sehr gelegen kommen. Obwohl der sechste Kreuzzug ein Erfolg war, und Friedrich von seinen Sünden befreit und wieder in die Kirche aufgenommen wurde, blieb die Kluft zwischen Kirche und Reich tief. Feindseligkeiten brachen Ende der 30er Jahre des 13. Jahrhunderts wieder auf und spalteten Europa in zwei Lager – gerade als Ögedei Khan sich zur Eroberung Europas entschlossen hatte.

Ignorierte Nachrichten

Als Batus Armeen erstmals in Rußland einfielen, zeigte Europa nur sehr wenig Interesse. Rußlands Entfernung, die Spannungen zwischen den verschiedenen Fürstentümern sowie deren Festhalten an der östlichen Kirche führten dazu, daß das Land dem

Rest Europas fremd blieb. Die Flucht der verschiedenen russischen Prinzen alarmierte nur wenige. Doch unter denen, die aufmerksam wurden, befand sich der ungarische König Bela IV. Bela hatte schon früh christliche Missionare ausgeschickt, um Nomaden zu bekehren, die in der westlichen Steppe lebten, und sie vielleicht sogar dazu zu bewegen, ihn als Herrscher anzuerkennen. Jetzt, im Jahre 1237 schickte er den berühmtesten Missionar, den Dominikaner Julian, nach Ostrußland, um Informationen über den östlichen Eindringling zu erhalten. Die Reise des Mönches wurde vom Einfall der Mongolen unterbrochen, aber er kehrte mit einer Menge genauer Informationen zurück.

Julian berichtete detailliert über die große Beweglichkeit der mongolischen Armeen und ihren Strategien, befestigte Städte zu erobern. Er behauptete, daß die mongolische Invasion ihren Anlaß in einem Streit zwischen zwei Häuptlingen hatte, von denen einer wahrscheinlich der junge Dschingis Khan und der andere ein mächtiger Alter war, der dem jungen Mann die Erlaubnis, seine Tochter zu heiraten, verweigert hatte. Diese Geschichte hielt sich bis lange nach der europäischen Invasion und wurde immer wieder von den westlichen Reisenden aufgenommen. In genaueren Versionen wird der "mächtige Alte" als Priester Johann von Indien oder dessen Sohn David identifiziert, der offenbar von Dschingis Khan im Konflikt um seine Tochter ermordet wird. Bei einem Päpstlichen Rat in Lyon 1245 wurde mit dieser Geschichte eine allgemeine Beschreibung der Mongolen geliefert und berichtet, "der König der Tartaren" (Dschingis) habe Priester Johann umgebracht, dann soll er dessen Tochter geheiratet haben, und ihr gemeinsamer Sohn sei der gegenwärtige "König". Die Geschichte basiert wahrscheinlich auf Berichten über die Kriege der Steppenstämme während Dschingis' Aufstieg zur Macht; die Figur von Priester Johann ist Wang Khan, der Anführer der Kereyiden und ein östlicher Christ oder Nestorianer, der von Dschingis im Jahre 1203 besiegt wurde, und dessen Nichte der Große Khan später heiratete.

Julians Bericht hielt den Mythos von Priester Johann am Leben. Dschingis Khan hatte Priester Johann zwar getötet und so den großen Retter des Christentums zerstört, aber durch seine Heirat gleichzeitig des Priesters Nachfolge gesichert. Europäische Chronisten glaubten an den Retter, obwohl Julians Berichte alarmierende Neuigkeiten für König Bela darstellten. Julian war vermutlich der erste europäische Autor, der den Begriff "Tartari" für die Mongolen verwendete. Wahrscheinlich von den Kumanen übernommen, wurde der Begriff wegen seiner Ähnlichkeit mit dem lateinischen Wort "Tartarus" im Westen aufgegriffen. Er bedeutet "Hölle". In den Berichten, die kurz nach der mongolischen Invasion erschienen, werden die Mongolen als Teufel bezeichnet, die aus der Hölle kommen.

Julian berichtet weiter, daß Batu von Bela forderte, ihm die Kumanen, denen er Asyl gewährt hatte, auszuliefern, was einer Aufforderung zur Kapitulation gleichkam. Es scheint, daß sogar Friedrich, der Heilige Römische Kaiser, von Batu einen Unterwerfungsbefehl erhielt, der mit dem Angebot verbunden war, ein hohes Amt in Batus Regierung zu erhalten. Friedrich soll ziemlich verächtlich geantwortet haben, die Falknerei sei eine seiner Lieblingssportarten, und so könne er vielleicht die Rolle des Oberfalkners des Khans übernehmen. Friedrich wäre wahrscheinlich nicht allzu unglücklich über eine Invasion aus dem Osten gewesen, und er hätte mit Sicherheit nicht versucht, sie zu verhindern. Der Papst hatte ebenfalls von Julians Berichten gehört, war jedoch zu sehr damit beschäftigt, sich mit Friedrich zu streiten und kümmerte sich weder um die Bedrohung noch um das Hilfegesuch von Königin Rusudan von Georgien oder später um das vom katholischen Polen und Ungarn. Europa war gänzlich in seine eigenen Probleme verstrickt, Beweise für die sich nähernde Katastrophe wollte es nicht haben. Sogar als man eindeutig von den herannahenden Armeen berichtete, die unvorstellbare Zerstörung mit sich brachten, überwog die vage Hoffnung auf Priester Johann.

Im Jahre 1238 hörte Europa wieder von den Mongolen, diesmal aus einer sehr untypischen Quelle. Der Chronist Matthäus Paris gibt uns seinen Bericht:

Zu dieser Zeit schickten die Sarazenen Sonderbotschafter zum König von Frankreich, hauptsächlich im Namen des Alten Manns aus den Bergen. Sie erzählten von der monströsen unmenschlichen Rasse aus den nördlichen Bergen, die von den riesigen, reichen Ländern des Ostens Besitz genommen hätte; daß sie Hauptungarn entvölkert (die Region zwischen der Wolga und dem Ural) und Drohbriefe mit schrecklichen Boten losgeschickt hätte; ihr Anführer erklärte, er sei der Bote Gottes im Himmel, der geschickt sei, um die Nationen, die sich gegen ihn auflehnten, zu unterwerfen... Dieser mächtige und noble sarazenische Bote, der zum französischen König kam, wurde im Namen des gesamten östlichen Volkes geschickt, um ihnen diese Dinge zu sagen; und er bat um Hilfe von den westlichen Nationen, um die Wut der Tartaren besser unterdrücken zu können: Und er schickte auch einen sarazenischen Boten zum König von England (Heinrich III.), um ihm von diesen Ereignissen zu berichten und zu sagen, daß, wenn sie selbst den Angriffen dieser Menschen nicht standhalten würden, nichts die Zerstörung der westlichen Länder verhindern könne.

Der "Alte Mann aus den Bergen" war Hasan-i Sabbah, Anführer der Ismailis oder Assassinen, einer islamischen-shiitischen Sekte mit dem Hauptsitz in Nordpersien und einer Niederlassung in Syrien. Sie hatten einige Zeit gegen die sunnisch-moslemischen Anführer gekämpft, jedoch auch gegen die Kreuzritter. Der Grund für ihren unerwarteten Aufruf im Westen war der mongolische Feldzug unter Dschormaghun, der Jalal al-Din verfolgen und Persien sowie den Kaukasus zurückerobern sollte. Die Assassinen, die als Ketzer galten, konnten keine Hilfe von anderen Moslems erwarten. Doch im Hinblick auf die Tatsache, daß eine andere mongolische Armee christliche Länder im Norden angriff, nahmen die Assassinen naiverweise an, der Westen würde sich ihnen im gemeinsamen Kampf gegen die östliche Bedrohung anschließen.

Wieder erhielt Europa direkte Informationen über die östlichen Angreifer; doch das Herannahen der "Sarazenen" wurde mit äußerster Zufriedenheit begrüßt. Der Bischof von Winchester, Peter des Roches, der die Welt in zwei Lager aufgeteilt sah, antwortete: "Laßt diese Hunde sich gegenseitig verspeisen... wenn wir erneut gegen die Feinde Christus' ziehen, die dann geblieben sind, werden wir sie vernichten und die Erde von ihnen säubern, so daß die ganze Welt der einen Katholischen Kirche Untertan sein wird, und es nur einen Hirten und eine Herde gibt."

Doch nicht ganz Europa blieb von den Schlachtberichten, die langsam durchsickerten, ungerührt. Eine faszinierende Geschichte im Zusammenhang mit der mongolischen Invasion, ebenfalls von Matthäus Paris erzählt, ist das Schicksal der Heringindustrie von Yarmouth. Als die Mongolen im Winter 1237–38 in Richtung Nowgorod zogen, erreichten Berichte ihrer Zerstörungswut einige Fischergemeinden in Nordeuropa.

Die Einwohner von Gotland und Friesland, die ihre Angriffe fürchteten, kamen nicht wie sonst immer zur Zeit des Heringfangs nach Yarmouth in England, wo sie ihre Schiffe normalerweise beluden; und deshalb besaßen Heringe in diesem Jahr wegen des Überflusses keinen Wert, und ungefähr vierzig oder fünfzig Stück wurden, obwohl sie sehr gut waren, für ein Stück Silber verkauft, sogar an Orten, die von der See weit entfernt lagen.

Es scheint, daß die einfachen abergläubischen Leute in Nordeuropa ausreichende Warnungen aus Rußland erhalten hatten und auch darauf reagierten, während ihre Herren von denselben Warnungen immer noch völlig unberührt blieben.

Nachdem Batu die nördlichen russischen Fürstentümer zerstört hatte, ließ er seine Armeen im Jahre 1239 am unteren Don ausruhen und zog im folgenden Jahr weiter nach Kiew. Wie wir gesehen haben, versammelte sich Batus Armee im Winter 1240–41 bei Przemysl, bereit, nach Europa vorzustoßen. Innerhalb von drei Monaten hatte sie Europa in zwei Teile gerissen. Die Katastrophen von Liegnitz in Polen und Mohin in Ungarn, die im Abstand von zwei Tagen stattgefunden hatten, veränderten die europäische Sichtweise der mongolischen Bedrohung. Der letzte Rest an Hoffnung, daß diese Eindringlinge eine Armee von Priester Johann oder seinen Nachfolgern sein könnten, zerschlug sich schließlich. Durch die plötzliche und vollkommene Zerstörung zweier großer christlicher Königreiche sank Europa von einem Zustand naiver Hoffnung in einen Abgrund völliger Fassungslosigkeit.

Panik und Chaos in Europa

Eine Woche nach der Schlacht von Liegnitz hatte sich die mongolische Armee in Polen mit den Armeekräften in Ungarn vereint. Sie zogen dann weiter, um sich die östliche Hälfte des Landes zu sichern und es auf diese Weise König Bela unmöglich zu machen, eine neue Armee auszuheben und den Kampf wieder aufzunehmen. Die Eindringlinge zogen schnell voran, um die Zügel der Macht zu straffen und die Menschen dazu zu bringen, zu ihren Höfen und Geschäften zurückzukehren. Obwohl viel gemordet und geplündert und Pest beinahe völlig zerstört wurde, erging sich Batus Armee nicht in der Metzelei und der Vergewaltigung des Landes, wie es für den Feldzug seines Großvaters in Khwarazmia charakteristisch gewesen war. Trotzdem befand sich Ungarn in einem bedenklichen Zustand. Bela und seine Familie waren über die Karpaten nach Österreich geflohen. Als sie im Kloster bei Thurocz übernachteten, begegnete der ungarische König einem weiteren Flüchtling, nämlich Boleslaw dem Keuschen, der von Polen nach Süden floh. Ungarn war verlassen und taumelte noch, und damit war auch Boleslaws Heimat dem Schicksal ausgeliefert.

Die Bevölkerung war nicht weniger entsetzt über den Sturm, der über ihr Land hinweggefegt war, und lange Zeit konnten die Polen einfach nicht verstehen, was geschehen war und warum. Dieser Zustand der Verwirrung wurde zusätzlich mit fantastischen Geschichten aufgeheizt. Die Mobilität der Mongolen war etwas, das die polnischen Chronisten niemals verstehen konnten; der einzige Weg, wie sie sich die Geschwindigkeit und die großen Entfernungen, die der Feind zurücklegte, erklären konnten, war durch fünffache Überschätzung der Größe der mongolischen Armee. Die überwältigende Niederlage in Liegnitz wurde dahingehend gedeutet, daß die abscheulichen Heiden ein übelriechendes Gas verwendet hätten, um die Soldaten kampfunfähig zu machen. Der plötzliche Rückzug der Mongolen aus Polen wurde nicht mit den Ereignissen in Ungarn erklärt, sondern damit, daß die polnischen Armeen sie schließlich in die Flucht geschlagen hätten. Polnische Chronisten erhielten diese Fabeln noch lange aufrecht, und es gibt heute noch frei erfundene Berichte von siegreichen Kämpfen gegen die Eindringlinge. Sogar die Schlacht von Liegnitz wird in einigen zentraleuropäischen Geschichtsbüchern als Pyrrhussieg der Mongolen gesehen.

Während der zweiten Hälfte des Jahres 1241 befand sich Europa am Rande des Chaos. Der Chronist Vincent von Beauvais beschrieb lebhaft, wie die Mongolen eine ganze Reihe von bösen Geistern entsandt hätten, um ihre Feinde zu zerstören: "Den Geist der Angst, den Geist des Mißtrauens und den Geist der Zwietracht". Nachdem Papst Gregor zunächst vollkommen erschüttert und regungslos geblieben war, rief der alternde und nervöse Mann jetzt zu einem Kreuzzug gegen die Mongolen auf. In untypischer Solidarität gab der Heilige Römische Kaiser Friedrich II. bekannt, daß er ihn anführen wolle. Er schickte Briefe an alle Höfe in Europa und rief sie zur Unterstützung auf: "... an Deutschland, leidenschaftlich im Krieg; an Frankreich, das an seiner Brust unverzagte Soldaten nährt; an das kriegerische Spanien, an das wilde Irland und das kalte Norwegen." Die Antworten waren unterschiedlich. In vielen nordeuropäischen Burgen wurden Waffenarsenale aufgebaut, um sich auf den großen, vereinten Gegenangriff vorzubereiten. Andererseits schien der Herzog von Österreich, dessen Land an Ungarn grenzte, den Mongolen gegenüber völlig indifferent zu sein. Er war mehr damit beschäftigt, Vorteile aus Ungarns trauriger Lage zu ziehen und hatte von Bela eine enorme Entschädigungssumme dafür verlangt, daß er ihm und seiner Familie Schutz bot. Der Herzog von Österreich hatte auch die Gelegenheit ergriffen, drei ungarische Gebiete, die an seiner Grenze lagen, zu annektieren. Auf ihrem Weg dorthin waren die Österreicher auf eine mongolische Vorhut gestoßen, die das unbekannte Territorium erkundete und hatten diese zurückgedrängt. Daraufhin war der Herzog davon überzeugt, die mongolische Bedrohung sei völlig übertrieben, und er prahlte damit, daß seine Soldaten Hunderte von Mongolen im Nahkampf getötet hätten. Die Berichte des Herzogs konnten die Ängstlichen nur wenig beruhigen.

Andernorts in Europa gab es nur wenig Anzeichen für einen vereinigten Kreuzzug, dafür aber andere ehrgeizige Monarchen, die wie der Herzog von Österreich versuchten, Vorteile aus dem Chaos zu ziehen, das die Eindringlinge verursacht hatten. Die Schweden landeten im russischen Neva, um zusammen mit den Deutschrittern Nowgorod einzunehmen. Sie wurden von dem legendären Alexander Nevsky zurückgeschlagen, der zwar nachfolgend als russischer Nationalheld gefeiert wurde, jedoch einer von Batus Vasallenprinzen war. Friedrich II., der den Kreuzzug anführen wollte, stellte sich als völlig erfolglos heraus. Er meinte, der andauernde Streit mit dem Papst hindere ihn an irgendeiner vernünftigen Aktion. Die Intrigen an den europäischen Höfen gipfelten in der Behauptung, der Papst selbst habe sich mit den Mongolen gegen seine Rivalen vereint.

Im Winter 1241–42 dämmerte es auch dem Rest Europas, daß weder die Kirche noch irgendeine einzelne christliche Nation mächtig genug war, um dem bevorstehenden Angriff standzuhalten. Briefe mit verhängnisvollen Omen und Beschuldigungen gingen von

Hof zu Hof. Dieser Brief von Graf Heinrich von Lothringen an seinen Schwiegervater ist typisch: "Die Gefahren, die in der Heiligen Schrift vorausgesagt werden, treten nun wegen unserer Sünden zutage. Ein brutaler Stamm zahlloser Menschen, gesetzlos und wild, dringt in unsere Grenzen ein und hat das Land Polen erreicht, nachdem er durch viele andere Länder gewütet ist und die Menschen vernichtet hat." Es schien, als seien die Diener des Satans auf die Erde losgelassen worden, als stünde der Weltuntergang bevor und als würde die Bestrafung der Sünden bald folgen. Man erwartete den Zusammenbruch der westlichen Zivilisation und die Zerstörung des Christentums – wenn nicht sogar das Ende aller Zeit.

In dieser apokalyptischen Stimmung berichteten die Chronisten völlig frei und fantasiereich über mongolische Praktiken. Die Ankunft der Mongolen im mittelalterlichen Europa glich einer Invasion von Außerirdischen. Die engstirnige und intolerante christliche Welt konnte sich das Unbekannte nur mit Begriffen der Verdammnis erklären. Nachdem sie ihres erhofften Priester Johanns beraubt worden waren, verglichen die Chronisten die harte Realität der mongolischen Angriffe in fantastischer Weise mit Armageddon. Für die Ungarn waren Mongolen Wesen mit Hundeköpfen, die sich nicht damit zufriedengaben, ihre Feinde zu besiegen, sondern auch deren Leichen fraßen. Hier sind Matthäus Paris sadistische Fantasien zur mongolischen Zerstörung:

Um Grausamkeit und Schlauheit dieser Menschen zu schildern, ist keine Gemeinheit groß genug, und indem ich Euch kurz über ihre verruchten Gewohnheiten informiere, werde ich nichts erzählen, was ich bezweifle oder was ich nur meine, sondern was ich mit Sicherheit geprüft habe und was ich weiß... Der Häuptling der Tartaren und seine Gäste und andere Lotusesser (Kannibalen) verspeisten ihre Kadaver, als wäre es Brot, und ließen nichts übrig als die Knochen für die Aasgeier... Die alten und häßlichen Frauen wurden den Kannibalen gegeben.... als ihre tägliche Essensration; die schönen wurden nicht gegessen, sondern wurden von Schändern trotz all ihrer Schreie und Wehklagen entehrt. Jungfrauen wurden vergewaltigt, bis sie vor Erschöpfung starben; dann wurden ihre Brüste abgeschnitten und für die Häuptlinge als Delikatessen aufbewahrt, und ihre Körper dienten den Wilden als unterhaltsames Bankett...

Die Szene aus dem persischen Manuskript Schah Namah oder Buch der Könige, um 1300, zeigt die Hinrichtung eines Gefangenen, während andere nach typisch brutaler mongolischer Art kopfüber lebendig begraben werden.

جلوه‌ی وان	جهان زین سخن پاک و روشن جهان	نباشد بیدار هم از درد جهان	چو مردم برابر بود در جهان	لبت همچون چون رخ شاد
باشند	هر مردم ماوا زی بود در هفت	کسی کو مرد جای و خبر است	چو مردم چنان مانده به	باشد او را تراز کار کر
همی کار	براز رکش احمن بیس	زد و از این سخن کس نشد	برا شو اندر سخن داد	سه کنخدا سنده دور کست
که مزد ل باد	یکی سر تبرد دشمنها داد	کرامایه کسی را باشد	از آن زنهار انرا زینهار شد	وشنبه کفنار کسری یاد
ابا اول ا دو	بد رک کسری باغ بود	ورزن بندا زر زرم را ترست	ابا ابرا هیچ هجو خواهی	مباد او سرش نامور باک
که دیوار او را	نمرد دل حسر کسری کند	نون در بشان هم شادار	بخشش بشان هم شادار	بعد زینکه ست ان رو ما زیهان
برکه باغ	مآملاه بود دار مهر نبور	زر و مرد و ل و ل و باغ کشاد	نکون زل بخت را رنج ندارد	همه مردم ما زبر ابر کلند
پاک بر ماند	وز آن پس بسی کشت سار کرد	سر مرد ل و ین نکو سار کرد	نکو ن زل بخت را رنج دارد	نه دار ناغبا ن ار پسپند
نود با شد				و فوهشه از دار جان

باز شاهی کسری چهل سال بود

خا		بلد و بش جشید سپاه یا مبر	زغر زرم دل همی کرد یاد	همی بود نا شم چبر میاد	زنی زاده و باغ ارا سته
عمر اا	شاهیشم ن سال		وز البشش رای او ورد	کا شاهم هی به کوه آرد	باد
که او دوار	محسن نازاش کراد کر		سحن هر جه کفتی ازو شاد	خط خود آن ماه أدم	اسری جان سیا سیاه بوده
سر بلند	سازد هشم کسرا				یا می هیسش کر پهر
بوم او	نوزا ناز از روز نوشو			بجر اشگ کار راج هفت	همی روز کار مرح
ومشک	تا شا پاپ از ز ری			محر اندا ما کم برود	گبسر اند سنده قباد
زنا کش وا	هشش ند			بجر رزه ستم سر موغان	ه هستم سیر مو غان
نعما ش					ندر روز سر دار گز میاد

Matthäus Paris hatte niemals einen Mongolen gesehen, noch, allen Berichten zufolge, jemanden getroffen, der Mongolen kannte. Selbst die etwas seriöseren Erzählungen waren nicht ohne Ausschmückung. Bruder Jordan von Giano, ein Franziskaner-Vikar aus Böhmen, beschrieb detailliert die mongolische Kampfpraxis, behauptete jedoch auch, daß die Armee aus großen Frauen-Kontingenten bestehe. "Diejenige, die am besten kämpft, ist begehrenswert, genauso wie in unserer Gesellschaft diejenige, die am besten webt und näht, begehrter ist als die Schöne." Kein Bericht konnte grausam genug sein: "Sie essen Frösche, Hunde, Schlangen und all solche Dinge. Die Männer sind unmenschlich und besitzen die Natur von Tieren; sie sollten eher Monster als Männer genannt werden, denn sie dürsten nach Blut und zerreißen und verschlingen das Fleisch von Hunden und menschlichen Wesen..."

Die mongolische Invasion hatte die vagen christlichen Vorstellungen strafender Gerechtigkeit in die beinahe fanatische Überzeugung verwandelt, daß das Ende der Welt bevorstand. In Nordeuropa füllten sich die Kirchen tagtäglich mit verängstigten Menschen, die die Kleriker zu hysterischen Errettungsgebeten anfeuerten. Prediger zogen durch die Lande und verkündeten die bevorstehende Apokalypse. In Deutschland wurden die Juden als die ewigen Sündenböcke für alles in großer Anzahl ermordet, weil man glaubte, sie schmuggelten Waffen über die Grenzen zu den Mongolen. Für Matthäus Paris war das Ende der Welt so sicher, daß er in voller Überzeugung predigte, das Jahr 1250 sei die Ankunft des Antichrists und das Ende des sechsten und letzten Zeitalters. Sogar mächtige Monarchen wie Ludwig IX. von Frankreich hatten sich bereits dem Märtyrertum verschrieben. "Wir haben diesen Trost vom Himmel", erklärte er seiner Mutter: "Wenn diese Menschen, die wir Tartaren nennen, kommen, werden wir sie entweder zurück in die Hölle schicken, wo sie herkommen, oder sie werden uns in den Himmel schicken, wo wir den Segen, der auf die Erwählten wartet, genießen."

Mongolische Machtkämpfe

Während Europa den Schall der letzten Trompete erwartete, ließen sich die Mongolen für die Sommermonate nieder, um sich auszuruhen und zu erholen. Sie gestatteten ihren Herden, dicker zu werden und ermöglichten der eintreffenden Verstärkung die Ausbildung und die Einordnung. Während dieser Monate brach ein weiterer Streit unter den mongolischen Prinzen aus - wahrscheinlich war es eine Fortsetzung desselben Streites, der Batu von Guyuk und seinem Gefolge entfremdet hatte. Es gibt keinen Bericht darüber, was geschehen war, aber plötzlich kehrten die Prinzen Guyuk und Buri nach Karakorum zurück. Einige Historiker spekulieren, daß Guyuks plötzliches Verschwinden Teil eines dunklen Manövers war, um seine Nachfolge zu sichern. Ögedei Khan war in den letzten Jahren zum Alkoholiker geworden und verbrachte seine Tage in blinder Dumpfheit, ohne die Welt um sich herum wahrzunehmen. Seine wilde und ziemlich habgierige Frau Toregene war zur Regentin in Karakorum geworden und widmete sich der Förderung ihres ältesten Sohnes Guyuk. Ögedei hatte seinen Enkel Shiremun zu seinem Nachfolger ernannt, doch seine schwindenden Kräfte bedeuteten, daß es nur wenig Unterstützung für den jungen Mann gab.

Weit entfernt, in Ungarn, brachten Batus legendäre Siege immense Macht und Einfluß. Sechs Jahre vorher hatte er Karakorum als schwächster und unbedeutendster der Dschingis-Prinzen verlassen; nun reichte sein Gebiet von China bis nach Westasien weit über das Reich hinaus. Es ist wahrscheinlich, daß Guyuk, als die Neuigkeiten von Ögedeis Sterben bis zur kaiserlichen Armee im Westen vorgedrungen waren, Vorteile aus der Kampfpause zog und zum Hof zurückkehrte, um sein persönliches Anliegen zu unterstützen. Doch er war nicht der einzige mongolische Prinz, der sich mit der Nachfolge beschäftigte: Mongke, der Sohn von Tolui und einer von Batus zuverlässigsten Helfern, machte sich auch auf den Weg nach Karakorum. Er war nicht gegangen, um Batu zu vertreten – der keinen Ehrgeiz hatte Großer Khan zu werden –, sondern um eine Allianz zwischen Batu und der Opposition in Karakorum zu bilden, die entschlossen war, eine Dynastie von Ögedeis Nachfolgern zu verhindern.

Spähtrupp im Westen

Währenddessen bedeutete das Innehalten des mongolischen Vormarsches für die Hauptstädte Europas, daß die Kraft hinter dem Kreuzzug, der gegen sie geführt werden sollte, nachließ und der große Gegenangriff verschoben wurde. Im August starb Papst Gregor. Sein Nachfolger, der achtzigjährige Celestine IV., lebte nur noch siebzehn Tage. Der Vatikan, von Friedrich II. behindert, verstrickte sich bald in einen zeitaufwendigen Streit um die Wahl eines neuen Papstes.

Als der Winter kam, bereiteten sich die Mongolen auf das nächste Stadium ihres Feldzuges vor. Die Anzahl der Kundschafter wurde erhöht. Sie sammelten wertvolle Informationen über die Stärke und Disposition der feindlichen Armeen und suchten nach dem sichersten Ort, an dem Batu seine Armee über die Donau bringen konnte. Doch bevor er sich entschieden hatte, spielte ihm die Natur in die Hände: die Donau fror zu. Am Weihnachtstag führte Batu seine Armee nach West-Ungarn und griff sofort den Bischof-

ut existens. Clemone q; p̄ tdūū q̄ moratus: accepta
licēcia a gphētis; S; maledcōne a qda ı̄qȳ epīco
p̄o cū suspect’ erā; p̄ modū ut audīuī p̄ qda for
nicacōne ab eīsde d̄cīto. noīe p̄ gallo. inde cū eīa
s̄e lāico: canales ad legīa s̄ū ingressus p̄egnans.
&in mugdo ult̄i: opido q̄ friſac d̄r iacuim’ apud
f̄res; S; ab eode s̄re posito mane relict’ ēarthna p̄t’
iui soliuag’. Ac dein qda opīdo auste q̄ theutoni
ce Heustat d̄r: id nōua ciuitas int’ ēsē nouos reli
giosos q̄ beguini uocāt’ hospitabar. s̄e ı̄ p̄ma
ciuitate Uienna locisq; ētia circtibz aliq annis
dehtui. opa gfunde s̄eu s̄eu bona & mala. uiuēt eni
dn̄a ı̄stigante satis ı̄cı̄tinent. Aīe mee ı̄gri adiutabar.
a multos uert̄u ab errore reuocaui memorato. Hoc q̄
in multis aliis peccī int’ nos varios euigentis; n̄asc
dūs; scl̄s est uelut uastator hostilis & ultor formida
bilis. Hoc ideo dixim eq̄ qda gens ingens. hoīes i͡
humani. ē lex eulex. ira furor. Uga furoris dn̄i
trās ı̄finitas pgudo ferali deuastat. ōia obs
tancia cede & incendio horribil’ exterminando. Iū
h’ demu estate ipa ges memorata q̄ tattari nū
cupāt’; pannonia q̄ per ı̄dicōne cepāt; pr īn
dem opido ı̄ q̄ tc forte morabar cū ı̄finitis mili
bz obsedit tentēt. Hec erat ibide ı̄ p̄ g̅ uect’s
uiri bellici p̄t’ milites L. qs cū xīj balistarius dur
i munitōe reliquit. Hu omēs cr qbzda eminen̄
ecclus susūi stridentes crecāt: ı̄mane abhorrebant
s̄e u icilm satellitū antiq̄; & ascidūt’. ad d̄m ıangy
planct’ ı̄miabiles audiebant. q̄ subito & inaduente
ceputea ı̄occupati: sine delectu quicōnis. fortune.
seru’ & etatis. omnis indifferent diuis’ suppliciis
ūtabant. Quoy cadaūib; p̄ncipes cū suis cenosa
rioris. Aliisq; lotos agis q̄si pane uescentes. nil p̄t
ossa uulturib; relīquebant. S; quod mirū ē fame
lici & edaces uultures; q̄ forte superant reliquum
uesci minime dignabāt. Aj̄ulieres aūt uetulas
& deformes antropofagis q̄ pro uulgo reputāt’: in
escā q̄si p̄ diariio dabant. n̄ formosis uescebāt;
set eas clamantes & ululantes in nustitudine cohitū
suffocabant. Uirgines q̄ usq; ad crimina cōm opp̄i
mebant. & tande absciss eaȳ papill’ q̄s magistra
tib; p̄ deliciis reseruabant: ipsis uirgineis corpori
b; lauciuis epulabāt. Hıs deniȳ uirū ipsȳ
speculatorib; ex edam p̄montoz̄ı sūmitate: ducē

p̄nceps dalmacie cepit octo. Quoȳ dux austrie
nouū unū anglicū nascōne. S; ı̄p q̄dam malefi
cia de regno anglie p̄petua bau̅macōe psepttū.
Hic er pt̄e regis necessissimū tattaroȳ; bis uenerat
ad regem hungarie: nuncı̄ & ı̄ter p̄s. & mala q̄
p̄ modū ı̄tigerūt. satis manifeste p̄muniendo
ı̄numauerat. nisi s̄e & regnū suū tattaree dede
sūtuit. Hic a p̄ncipibz n̄ris ı̄ductus ad dicen
dicendū ūitate de tattaris. ullm uisus; p̄mitt
uramentū. s; tanta q̄ testat’ est: ut & ipsi credi po
set diabolo. In p̄uis igit̄ de se ipo narrauit. q̄ ista̅
p̄ temp̄ p̄septenū siue. id̄ā xxij. anoȳ erat’ siue
i ciuitate Achon amissis in ludo omībz. q̄ habebat
i ipsa hyeme ul p̄ camisia de sacco. calceos de boue
capa de calicio secū asportans ignominiosa pellecte
iedia cū infinitate tonsoratus dr̄o ut sataur’ ı̄cipss
se clamans ut mus. mltas prouincias libe p̄ius
sec. & hospites busticos luenn̄i; & clemēlem utdūi
p̄tuit. q̄muis cotidie iboy leuitate & cordis ı̄sta
cia diablo se comendasset. Tande ex nimietate
laboȳ & assidua aeris mutacōe. & iboȳ apud Caldos
gni lāguore detēn̄ & iredui uite denisus est. Hō ua
lens igit̄ procede ut’ reuiti paulati respuando ibi
qmorans; cepit ut erat aliqntulū lit̄at’ ea q sibi p̄
ferebant: tabul’ cōmendare. & cito s̄ea tā recte p̄
ferre: ut idigena putaret’. & eadem facilitate
didicit plures linguas. Ipm q tattari per explora
tores suos eligentes sibi attīrūt. & postq̄m de uen
dicando sibi tocī mudi dn̄o accepūt responsū:
multis sibi donariis ad fidelitatem suā & s̄uicū
astrūxit. pro eo q̄d ı̄terp̄tib; ı̄digebant. De
moȳb; aūt eoȳ & st̄icōne. de disposicōne corpoȳ
eoȳ & statura. de pūia & modo pugnandi: iurauit.
q̄ sunt s̄t omēs hoīes auari. iracundi. dolosi. et
īmisricordes. S; rigore punicōnis & ı̄humanitate
penaȳ per suos s̄tiores ı̄fligendaȳ. a uirgius
& mutuis decep̄acōib; & s̄uicus. iuces cohēent.
Principia suas tbūi deos uocant. & cos colūt
tēporibz solēpnitates eoȳ. Aj̄ultas q̄ declaras
s; cūm ū tn̄ales. & ı̄p se sol’s. omnia cuidit s̄e
creata. In erecēdo s̄tēciam & rebelles: ullin esse
credūt pcītm. Habitā ut pectora duȳa & robta.
facies macras. & pallidas. Scapulas rigidas & r̄ s̄as
hasos distorto & breues. Menta perm̄itentia &

sitz Gran (Esztergom) an. Diese wunderschöne Stadt mit ihrem Königsschloß und ihren Kathedralen wurde gestürmt, nachdem die Stadttore mit Katapulten zersplittert waren. Große Mengen des ungarischen Staatsschatzes konnten erbeutet und nach Karakorum gebracht werden. Eine weitere Armee, die von Kadan angeführt wurde, griff Buda an, plünderte es und zog weiter zur nächsten Stadt, nach Gyor.

Während all dieser Angriffe waren die Mongolen weiterhin nicht an langen Belagerungszuständen interessiert; wenn sie auf ernsthaften Widerstand stießen, zogen sie es vor, zum nächsten Ziel weiterzureiten. Als man mit West-Ungarn fertig war, schickte Batu der Hauptarmee ein Tumen voraus, das über die Grenze nach Österreich vordrang. Diese Streitmacht brach durch die südöstlichen Gebiete und verwüstete das Land bis zur Wiener Neustadt. Der Herzog von Österreich, der plötzlich aus seiner Selbstzufriedenheit aufgerüttelt wurde, bat bei seinen ausländischen Verbündeten um Unterstützung – doch es kam keine. Die Österreicher gerieten in Panik, als eine mongolische Armee im Frühling 1242 Klosterneuburg angriff und man um Wien herum Späher entdeckte.

Während dieser Erkundungszüge nach Österreich spielte sich eine außergewöhnliche Episode der europäischen Geschichte ab. Eine der mongolischen Aufklärungspatrouillen wurde angegriffen und acht ihrer Männer gefangengenommen. Unter den Gefangenen befand sich ein Engländer, ein Ritter, der für irgendein unbekanntes Verbrechen ausgewiesen worden war. Man weiß nur wenig von diesem Mann, außer daß er, nachdem er Britannien verlassen hatte, in den Mittleren Osten gereist war, wo er seinen Reichtum verspielt hatte und bald darauf in den Dienst der Mongolen getreten war. Er soll mehrere Sprachen gesprochen und den Österreichern gegenüber behauptet haben, er sei im diplomatischen Dienst bei den Mongolen. Wenn er versuchen wollte, sich mit dieser Behauptung diplomatische Immunität zu sichern, schlug sein Plan fehl: Die Österreicher töteten ihn wie auch die anderen sieben Gefangenen.

Mongolische Streitkräfte ritten auch nach Südwesten auf die Adria zu. Um dieselbe Zeit, als sie in Österreich waren, kommandierte Kadan einen Tumen, der die Verfolgung von Bela aufnahm, welcher von Österreich nach Kroatien und Dalmatien geflohen war. Patrouillen, die zu dieser Streitmacht gehörten, wurden noch bei Udine gesehen, nur 100 km von Venedig entfernt. Kadan zog nach Zagreb, plünderte die Stadt und marschierte weiter nach Spalato (Split) und Trogir, wo Bela sich versteckte. Doch Kadans

Eine heftig übertriebene Illustration von Matthäus Paris aus seiner Chronica Majora, die die Mongolen beim Kochen und Verspeisen ihrer Opfer zeigt, während eine weibliche Gefangene ein Schicksal erwartet, das schlimmer als der Tod ist.

Armeen hatten während des Ritts bis zum dalmatischen Ufer schwer gelitten, und nachdem sie die Verteidigung ausgekundschaftet hatten, ritten sie an Spalato vorbei und zogen weiter nach Dubrovnik. Im Mai kehrte der Tumen, der nach Österreich vorgerückt war, zurück – er hatte Informationen über die österreichischen Armeen gesammelt.

Batu bereitete sich nun auf den nächsten Schritt seines Feldzuges vor: die Eroberung Mitteleuropas. Das einzige, was ihn davon hätte abhalten können, den Atlantik zu erreichen, wäre eine vereinte europäische Armee von überwältigender Größe gewesen. Eine solche Armee existierte nicht. Batu wußte das und wartete ungeduldig darauf, seinen Plan fortführen zu können.

Der Khan ist tot

Dann, eines Morgens im Mai 1242, versammelte sich das mongolische Lager still und ohne Vorwarnung und bereitete sich auf den Abmarsch vor. Doch anstatt nach Westen zu ziehen, wandten sich die Armeen nach Osten, überquerten wieder die Donau und ritten zurück in das Gebiet, das sie gerade erst besiegt hatten. Dabei führten sie den erschreckendsten Feldzug von Tod und Zerstörung, der jemals in Europa erlebt worden war. Dies war kein ausgeklügeltes Manöver mit dem Ziel, den Feind zu verwirren und auszuschalten; dies war ein kompletter und totaler Rückzug. Dabei stellte Batu sicher, daß die Ungarn und jeder andere auf seinem Weg die Mongolen nicht so schnell wieder vergessen sollten. Gefangene wurden freigelassen und dann wie Kaninchen gejagt und niedergemetzelt, und ganze Dörfer und Städte wurden von der Landkarte radiert. Batu hinterließ ein Land in Asche. Er ritt zurück in das südliche Rußland nach Saraei, zu einem Hauptlager in der Nähe von Astrachan. Er beschloß, diese Stadt zur Hauptstadt seines neuen Reiches zu machen, während Subedei die kaiserlichen Tumen zurück nach Karakorum brachte. Europa war erlöst. Was diese dramatische Wendung bewirkt hatte, war die Nachricht aus Karakorum, daß der Große Khan Ögedei gestorben war.

Es gab auch Neuigkeiten von großer politischer Verwirrung in der Hauptstadt. Ögedeis Witwe agierte im Mittelpunkt einer Reihe von Verschwörungen, die Guyuks Nachfolge sichern sollten. Gegen sie arbeitete die Opposition an der Unterstützung ihres Kandidaten Mongke, dem Sohn von Tolui. Obwohl Batu bereits der Opposition seine Unterstützung zugesagt hatte, hatte Toregene, die momentan regierte, das Rad des Schicksals zu ihren Gunsten gedreht, indem sie alle Ratgeber ihres verstorbenen Ehemannes entließ und sie durch ihre eigenen Höflinge ersetzte. Es gab auch Gerüchte, daß Toregene und ihre Verschwörer Ögedeis langsamen Sterbeprozeß nicht abwarten konnten und mit vergifteten Wein nachgeholfen hatten.

Batu erkannte sofort, daß unter Toregenes Herrschaft an eine Weiterführung des europäischen Feldzuges nicht zu denken war. Die kaiserlichen Tumen wären zurückbeordert worden, hätte man sie nicht bereits zurück in die Mongolei geschickt. Sollte Mongke zum Großen Khan gewählt werden, so war es sicher, daß die Eroberung Europas weitergehen würde. In der Zwischenzeit war Batus Strategie, die Länder, die er östlich der Karpaten und westlich des Urals (nach allen Maßstäben ein riesiges Gebiet) bereits besiegt hatte, unter seiner Herrschaft zu festigen. Die Zukunft des Hauses Batu war bereits gesichert. Die Zukunft Europas aber würde sich in Karakorum entscheiden.

Mission zu den Tartaren

Päpstliche Abgesandte

Der plötzliche Rückzug aus Osteuropa wurde zunächst als Wunder betrachtet. Aber man ging davon aus, daß es sich nur um einen Aufschub handelte, und die Tartaren unausweichlich zurückkehren würden, um ihr Werk zu vollenden. Die Kirche war mehr denn je davon überzeugt, daß die Tartaren das Werkzeug eines rachsüchtigen Gottes seien und nannten sie deshalb den "Hammer Gottes". Für sie waren die Mongolen eindeutig die Nachkommen von Gog und Magog, die aus ihrem Gefängnis hinter den Kaukasus-Bergen entlassen worden waren und so die Ankunft des Antichrists und Armageddons ankündigten. Es gab regelrechte theologische Debatten über die Tartaren, ihren Ursprung, ihre Ziele und die Bedeutung ihres Angriffs auf Europa.

Doch die Kirche fand ohne ein Oberhaupt auch keinen politischen Weg, mit dem "Ende der Welt" umzugehen. Papst Celestine IV. war im September 1241 gestorben, und das Christentum schlingerte zwei Jahre lang ohne geistigen Führer dahin. Zu der ständigen Bedrohung durch den "Hammer Gottes" kam die Nachricht, daß Jerusalem an die moslemischen Armeen gefallen sei, und die christliche Macht im heiligen Land zerschlagen war. Innozenz IV. wurde schließlich 1243 neuer Papst. Und beinahe sofort erneuerte Friedrich II. seinen Angriff auf die päpstlichen Gebiete in Italien. Rom war zerstritten und von einem Aufstand bedroht. Deshalb floh Innozenz nach Lyon, wo ihm der junge König von Frankreich, Ludwig IX., Asyl gewährte. Von Lyon aus berief Innozenz sofort den sogenannten 13. Ökumenischen Rat ein, der im Juni 1245 stattfinden sollte. Der neue Papst erklärte die Verteidigung des Christentums zum obersten Gebot, was die meisten Menschen als Absicht verstanden, gegen den "Hammer Gottes" vorzugehen.

Innozenz IV. – Jurist aus Genua, bevor er Papst wurde – war realistischer als viele seiner Mitmenschen. Ein Jahr vor dem 13. Ökumenischen Rat sammelte er in Lyon Informationen und Berichte, die aus Rußland, Polen und Ungarn zu erhalten waren. Er erfuhr nur wenig über die Religion der Mongolen, aber eine Menge über ihre Kampfme-

---

Das berühmte 13. Ökumenische Konzil fand im Juni 1245
auf Befehl von Papst Innozenz IV. in der Kathedrale von Lyon statt;
auf ihm wurde über die große Bedrohung der Mongolen beraten.

esperance de tous ceulx qui se fyoient en luy qui feust es angoisses de sa mort. Il ouurit sa bouche et ses premieres parolles quil dist furent quil demanda la croix et la print deuotement pour aler oultremer. Et depuis lors en auant il debuoit de plus plus grant aulmosnier

et desiroit accomplir son saint voiage et secourir la sainte terre de promission. Laquelle fut celle propre annee que le Roy saint loys se auisa presque toute gastee et destruitte par une maniere de gens Sarazins appelles tueffains Lesquelz entre aultres villes prindrent par force la sainte thoden. Er wußte auch, daß offizielle Abgesandte respektiert und geschützt waren. Also beschloß Innozenz einige Monate vor der Ratsversammlung kundschaftende Missionare zu den Mongolen zu schicken. Sie sollten an den mongolischen Hof reisen, Grüße der Christen sowie und die ziemlich verwegene Einladung überbringen, das Christentum anzunehmen und sich taufen zu lassen. Noch wichtiger: Die Mission sollte Informationen über die Tartaren und ihre Absichten sammeln. Außerdem sollten die ostrussischen und griechisch-orthodoxen Kirchen und die östlichen Christen aufgefordert werden, sich in gemeinsamer Sache gegen die mongolische Bedrohung zu vereinen und gleichzeitig in den Schoß Roms zurückzukehren. Innozenz beschloß, Mönche aus den neugegründeten Dominikaner- und Franziskanerorden für seine Mission "Ad Tartaros" loszuschicken. Beide Ordensgemeinschaften waren hochmotiviert; besonders die Franziskaner galten als eifrige Predigermönche.

Die päpstlichen Briefträger – Lawrence von Portugal, Ascelinus aus der Lombardei, Andreas von Longjumeau und Dominik von Aragon – nahmen alle den Weg durch die Levante. Sie sollten ihre Briefe dem ersten mongolischen Häuptling, den sie trafen, übergeben und diesen bitten, sie an den mongolischen Kaiser weiterzuleiten. Einer der ersten Boten in dieser Sache war der Franziskaner Johann von Plano Carpini. Seine Mission war die schwierigste. Er sollte die Landroute nach Ostrußland nehmen, die von dem Ungarn Julian im Jahre 1237 zum ersten Mal bereist worden war, anschließend bis zum mongolischen Hof ziehen – wo immer dieser auch war – und dem mongolischen König persönlich die Briefe überreichen.

Dies war für einen leicht übergewichtigen Mann in den Sechzigern keine leichte Sache. Sicherlich hätte er lieber seine letzten Jahre in stiller Zufriedenheit mit seinen Ordensbrüdern verbracht. Doch er war sorgfältig ausgewählt worden, denn er hatte Erfahrung mit diplomatischen Kreisen und kannte eine Reihe der Monarchen des östlichen Europas. Johann war Ende des zwölften Jahrhunderts in Plano Carpini, einer kleinen Stadt nahe Perugia in Nord-Italien geboren worden und ein früher Anhänger des heiligen Franziskus, der ihn 1221 nach Sachsen geschickt hatte, um Klöster zu gründen.

Zu Ostern, am 16. April 1245, brach Carpini mit einer kleinen Gruppe Reisegefährten, unter ihnen Bruder Stefan aus Böhmen, nach Schlesien, Böhmen und Polen auf. In Breslau stieß ein Pole zu ihrer Gruppe: Bruder Benedikt, der die slowenische Sprache fließend beherrschte. Von dort aus ging es zu den Überresten Krakaus um Konrad, den Herzog von Mazovien, zu suchen, der bereit war, Länder und Kirchen gegen die Mongolen zu verteidigen. Man nahm auch an, Konrad werde seine familiären Bindungen zu den russischen Prinzen, besonders zu Prinz Daniel Romanowitsch, nutzen, um die Idee eines anti-mongolischen Blocks zu unterstützen. Unglücklicherweise waren Daniel und die anderen russischen Prinzen bereits Vasallen von Batu. Sie hätten eine Rebellion gegen die mongolischen Herren als reine Selbstmordversuche angesehen.

Zumindest verließen die Franziskaner die Stadt in Richtung Kiew nicht ganz mit leeren Händen. Sie hatten erfahren, daß die Mongolen Geschenke erwarteten und daher mit dem Geld, das sie besaßen, eine große Menge Pelze gekauft. Im tiefsten russischen Winter reisten sie durch ein Land, das sich fest in der Hand der mongolischen Armee befand. In Kiew begegneten sie dem Kommandanten eines Tumen. Carpini berichtete in allen Einzelheiten über die Trostlosigkeit der Stadt und über die schrecklichen Spuren der mongolischen Invasion drei Jahre zuvor. Der Boden war immer noch übersät von gebleichten Knochen zahlloser Opfer, und die Stadt lag in Trümmern. Carpinis Gruppe, nun auf zehn Mann angewachsen, wurde durch das Land der Kumanen eskortiert, wo sie zum ersten Mal auf ein mongolisches Lager trafen. Beim Anblick von Europäern "eilten bewaffnete Tartaren in schrecklicher Weise auf uns zu und wollten wissen, was für Männer wir wären". Mühsam erklärte Carpini mit Hilfe verschiedener Dolmetscher den Zweck ihrer Mission, und sie durften schließlich weiterreisen. Sie sollten in Batus Lager gebracht werden, damit er über ihre weitere Zukunft bestimmen konnte. Den Bräuchen entsprechend mußten sie eine Geisel zurücklassen, und so blieben Bruder Stefan und einige der Diener im Lager.

Während die Franziskaner auf dem Weg zu ihrer ersten Begegnung mit einem mongolischen Prinzen waren, zogen die Dominikaner im Mittleren Osten langsam durch die Levante zu den mongolischen Siedlungen in Nordmesopotamien. Der Franzose Andreas von Longjumeau, der von einem weiteren Mönch seines Ordens begleitet wurde, reiste durch Syrien und versuchte, einen mongolischen Außenposten zu erreichen. Sie bekamen nur wenig Unterstützung von den verschiedenen Sultanen, die der Meinung waren, die eigentliche Mission der Mönche sei die Unterstützung einer Allianz zwischen den Mongolen und Rom gegen den Islam. Den päpstlichen Boten muß diese Unterstellung sehr seltsam erschienen sein – sie sollte sich aber in den kommenden Jahren als geradezu prophetisch erweisen. So reiste Andreas ohne Hilfe weiter nach Nord-Mesopotamien und nach Armenien, das unter der Herrschaft des mongolischen Militärgouverneurs Baiju stand. Toregene hatte Baiju im Rahmen ihrer Politik, die Beamten ihres verstorbenen Ehemannes loszuwerden, dorthin geschickt, um Chormaghun im Jahre 1242 zu ersetzen.

Als die Dominikaner ihren Weg durchs Baijus Gebiet fortsetzten, begegneten sie einer Reihe von christlichen Gemeinden und schließlich dem Prälaten der Gegend, Simeon Rabban-ata, der von niemand anderem als Ögedei Khan ernannt worden war. Andreas entdeckte, daß die östlichen Christen bei den Mongolen eine Menge Privilegien genossen und sich dementsprechend entfalten konnten. Simeon hatte viele neue Kirchen gebaut und den Glauben bis weit in den Norden Persiens und in das mongolisch kontrollierte Westasien getragen.

Die östlichen Christen rechnen ihre Geschichte bis zu Thaddäus zurück, einem der siebzig Evangelisten, den Jesus kurz vor seiner Kreuzigung losgeschickt hatte. Thaddäus ging in die Stadt Edessa, dem heutigen Urfa in der Türkei, und verbreitete von dort aus den Glauben nach Osten. Die Ostchristen waren äußerst eigenständig, sie sprachen weder Griechisch noch Latein, sondern Aramäisch, die Sprache, die Jesus gesprochen haben soll und ihre Schrift war syrisch – oder das biblische Aramaisch. Die Kirche weitete sich bis nach Persien aus und entwickelte in den nächsten vier Jahrhunderten prächtig. Nach einer Reihe von Kriegen zwischen dem byzantinisch-römischen Reich und Persien versuchten die Ostchristen, sich von den westlichen Kirchen zu distanzieren. Diese Trennung wurde 431 dauerhaft, nachdem sie den griechischen Prälaten Nestorius unterstützt hatten, der als Ketzer verdammt worden war, weil er eine andere Theologie als Rom predigte. Seitdem wird die östliche Kirche nach Nestorius benannt (Nestorianer). Das östliche Christentum ging seinen eigenen Weg und lehnte beispielsweise das Zölibat für Kleriker ab. Über die Jahrhunderte wurden die Nestorianer wegen ihrer Heilkunst berühmt; sie hatten viel von den Arabern gelernt. In Merv, Nishapur, Samarkand, Buchara und Herat wurden viele Kirchen gebaut. Schließlich gelangte der Glaube zu den nomadischen Reitern der Steppe; Onghuten, Kereyiden und Uiguren wurden bekehrt.

Audienz bei Batu Khan

Im Frühling 1246, als Carpini immer noch auf der Reise durch die Ukraine zum Lager von Batu war, wurde die Frage der Nachfolge in Karakorum schließlich geklärt. Die Regentin Toregene hatte mit Unterstützung des Dschagatai-Clans schließlich genügend Stimmen erworben, um die Wahl ihres Sohnes Guyuk zu sichern. Es war offenbar eine unpopuläre Entscheidung; Guyuk besaß nur wenige treue Anhänger unter den anderen mongolischen Prinzen und war dem Trinken und der Ausschweifung noch mehr zugetan als sein verstorbener Vater. Die Kandidatur von Mongke war zwar erfolglos geblieben, aber die Opposition keineswegs beschwichtigt. In Karakorum brodelte der Ärger.

In diesen politischen Strudel ritt der beleibte Johann von Plano Carpini. Er erreichte am 4. April 1246 Batus Hauptstadt Sarai am Ufer der Wolga. Wie es Brauch war, mußten er und seine Begleiter sich verschiedenen Reinigungsriten unterziehen. Dazu gehörte das Durchschreiten zweier Feuer, um sich von allen bösen Absichten zu befreien und die sich daran anschließende Verbeugung vor einer ausgestopften Filzpuppe des Dschingis

Khan. Batu beindruckte Carpini und seine Gruppe zutiefst, ebenso wie seine herrliche Stadt. Zahllose Audienzen wurden in dem besonders schönen weißen Leinenzelt abgehalten, das einst dem ungarischen König Bela IV. gehört hatte. Batu Khan und seine Frauen und Beamten empfingen ihre Gäste und boten ihnen herrliches Essen und den besten Wein aus goldenen Gefäßen an. Leider mußten die Mönche das alles ablehnen und sich mit Haferschleim und Wasser begnügen, da sie sich mitten in der Fastenzeit befanden.

Batu hatte sich als Herrscher über ganz Rußland etabliert und sich die meisten der russischen Prinzen unterworfen, angefangen mit Jaroslaw von Nowgorod bis zu den Prinzen von Chernigow und Galizien. Er hatte die gegenseitigen Animosiäten der russischen Prinzen zu seinem eigenen Vorteil genutzt. Seine Herrschaft reichte von Bulgarien bis Nowgorod, obwohl seine Armeen nur selten westlicher als Kiew eingesetzt wurden. Innerhalb weniger Jahre hatte er so viel Macht und Ruhm erworben, wie es außerhalb von Karakorum einzigartig war. Die einfachen Franziskaner saßen auf Seidenteppichen, umgeben von wunderschön geschmückten Frauen und warteten auf die Wünsche des Batu Khan. Nachdem er die päpstlichen Briefe hatte übersetzen und vorlesen lassen, beschloß Batu, daß die Mönche sie persönlich nach Karakorum bringen sollten, um sie dem Großen Khan selbst zu überreichen. Batu sah keinen Anlaß, sich in die Beziehungen zwischen Europa und dem Reich einzumischen, obwohl er gegen den neuen Khan gewesen war. Guyuk würde in ein paar Monaten gekrönt werden, und Batu lag daran, daß die Europäer Gelegenheit erhielten, die gesamte Herrlichkeit des mongolischen Reiches und seiner Zeremonien zu sehen.

Und so machten sich die Abgesandten mit einer Eskorte auf den Weg zur wichtigsten Hauptstadt der Welt. Karakorum war nicht mehr eine Oase der Zivilisation, wie sie Ögedei und seine chinesischen Architekten geplant hatten. Der Hof hatte sich während der Regierung der Herrscherin gewandelt. Zunächst einmal war der große und weise Minister Yeh-lu Chu-tsai durch den muslimischen Händler Abd al-Tahman ersetzt worden, der als erstes die Steuern in Nord-China verdoppelte. Das Herrscherhaus selbst hatte sich zum Zentrum der Intrigen entwickelt. Toregene war in die persische Sklavin Fatima vernarrt, deren Einfluß auf die Regentin großen Ärger bewirkte. Viele alte Amtsträger mußten gehen. Praktisch alle Chinesen und Uiguren wurden aus der Verwaltung geworfen und einige von ihnen sogar exekutiert. Yeh-lu Chu-tsai selbst verließ Karakorum als gebrochener Mann und starb 1243. Der militärische Gouverneur von Transoxanien wurde sogar von einer Einheit kaiserlicher Wachen verfolgt und mußte bei Batu Zuflucht suchen.

Obwohl Carpini und seine Gruppe diese Einzelheiten wahrscheinlich nicht kannten, nahmen sie trotzdem die Spannungen im Reiche wahr. Um nach Karakorum zu gelangen, wurden sie über die Straßen des nun gut funktionierenden Yam-Systems geleitet. Sie wechselten an jeder Station die Pferde und kamen manchmal so spät an, daß sie keine Zeit zum Essen hatten und erschöpft ins Bett fielen. Die Abgesandten folgten einer Route, die sie nördlich des Aral-Sees durch Khwarazmia führte, an Utrar vorbei, wo Dschingis Khan die Eroberung des Westens begonnen hatte. Sie erreichten im Juli die Altai Berge, betraten das ehemalige Land der Naimanen, zogen weiter östlich über die Chanagi-Berge und kamen am 22. Juli in Guyuks Ordu an. Sie hatten 5 000 Kilometer hinter sich gelassen und bei einer Tagesleistung von ungefähr 50 Kilometern, etwas mehr als drei Monate für die Reise gebraucht. Der Mann aus Plano Carpini war weiter nach Osten gedrungen, als irgendein Europäer vor ihm, und er hatte Länder und Menschen gesehen, von denen die Europäer niemals geträumt hatten. Seine Reiseberichte sind sehr detailliert und füllten zahllose Lücken europäischer Erkenntnisse. Doch riesige Gebiete Asiens blieben unerkundet und bei dem Versuch, diese weißen Flecken auf europäischen Landkarten zu füllen, mißriet Carpini wieder einiges. Es gab immer noch Wesen, "die Gesichter wie Hunde haben sollen und in der Wildnis an den Ufern des Meeres leben". Sein Reisegefährte Benedikt berichtete, daß Nordasien mit "den hundeköpfigen Cynocephali" bevölkert sei und mit "Parossies", die kein festes Fleisch aßen, weil sie zu kleine Münder hätten – sie ernährten sich nur vom Essensgeruch.

Ein neuer Großer Khan in Karakorum

Am 24. August waren Carpini und seine Gruppe Teil einer bewegten Szene. Sie standen in einer riesigen Menschenmenge, die sich in einer Zeltstadt in Sira-ordu, einige Meilen vor Karakorum am Koku-nor, zur Krönung Guyuk Khans versammelt hatte. Abgesandte, Prinzen und andere adlige Vasallen waren aus allen vier Himmelsrichtungen des Reiches gekommen, um an der Krönung teilzunehmen: Großherzog Jaroslaw aus dem christlichen Rußland, Sultan Kilij-Arslan IV. aus Suljuk Rum (Kleinasien), Polizeipräsident Sempad aus Armenien, der Bruder des ägyptischen Sultans, ein Gesandter des Kalifen von Bagdad, königliche Prinzen aus Korea und Prinz David IV., der Sohn von Königin Rusudan aus Georgien. Es gab Vertreter aus Nordchina, vom Reich der Sung im Süden, heilige Männer aus Tibet, Schamanen aus den Bergen und Heerscharen von Gefolgsleuten. Die gesamte mongolische Aristokratie war anwesend; außer Batu Khan, der lieber in Sarai blieb. Dies war eine schwere Beleidigung gegenüber der Herrscherfamilie, die die Kluft zwischen den mongolischen Prinzen vertiefte.

Die Zeremonien dauerten vier Tage, und an jedem Tag wechselte man die Farben, die am Hof getragen wurden. Carpini bemerkte die Harnische und Brustplatten, die die Pferde der mongolischen Offiziere schmückten und behauptete, sie hätten "einen Goldwert von zwanzig Mark". Auch die riesigen Mengen von Seide, Brokat, Pelzen und Juwelen, die als Tribut für den neuen Großen Khan gebracht wurden, beeindruckte die päpstlichen Besucher. Bei der Krönung selbst wurde Guyuk von vier Prinzen auf einer Bahre getragen, damit er über die Köpfe der versammelten Menge hinwegsehen konnte. Man trug ihn zu einem großen Thron aus solidem Gold und Elfenbein, verziert mit Perlen und Edelsteinen, der von dem russischen Goldschmied Cosmas angefertigt worden war.

Nach dieser Zeremonie blieb der mongolische Hof in Sira-ordu. So auch Carpini und sein Gefolge, die geduldig auf ihre Audienz bei dem neuen Khan warteten. Tatsächlich kam Carpini niemals nach Karakorum, was ihn allerdings nicht von lebhaften Schilderungen abhielt. Er lieferte ein seltsam schmeichelhaftes Bild von Guyuk, den er als einen ziemlich furchteinflößenden Mann Mitte Vierzig beschrieb. Tatsächlich war Guyuk sehr viel jünger, hatte eine kränkliche Ausstrahlung, war sicherlich Alkoholiker und auf dem Weg zu einem frühen Grab. Aber er war kraftvoll genug, um in den ersten Monaten seiner Herrschaft einige grundlegende Änderungen am Hofe vorzunehmen.

Einer der ersten, die gehen mußten, war Abd al-Tahman, der muslimische Händler, den seine Mutter zum Premierminister ernannt hatte, und bald darauf war Baiju an der Reihe, der militärische Gouverneur in Nordpersien, der auch von seiner Mutter unterstützt worden war. Guyuk beschuldigte Fatima, die Favoritin seiner Mutter, der Hexerei und verurteilte sie zum Tode durch Ersticken – einer besonderen mongolischen Todesart. Die Schamanen der Mongolen glaubten, die geistige Essenz eines Individuums sei in seinem Blut enthalten; vergoß man dieses, bedeutete es Unheil für den Boden, auf den es fiel. Deshalb wickelte man Todeskandidaten entweder in Teppiche, bis sie keine Luft mehr bekamen oder zerquetschte sie zwischen Holzplanken. In Fatimas Fall nähte man ihr alle Körperöffnungen zu, rollte sie in Filz und warf sie in einen Fluß. Die neue Regierung brachte viel Brutalität mit sich, Guyuk setzte aber viele der ehemaligen Minister, die seine Mutter entlassen hatte, wieder in ihr Amt ein.

Nächste Seite: Johann von Plano Carpini, der erste Europäer, der in den Fernen Osten gereist sein soll, beschrieb ausführlich die Pracht und das Spektakel von Guyuk Khans Krönungszeremonie, die vier Tage lang dauerte, und auf der Guyuk erklärt haben soll: "Von nun an soll mein Wort als Schwert dienen."

Die mongolische Gesellschaft aus franziskanischer Sicht

Carpini berichtete über das Kommen und Gehen in Guyuks neuer Regierung und erwähnte besonders die Rückkehr eines extrem fähigen uigurischen Christen namens Chinqai, der Yeh-lu Chu-tsais Stellvertreter gewesen war. Er nannte ihn "obersten" Sekretär, obwohl er eher die Funktionen eines Kanzlers oder Premierministers hatte. Chinqai fungierte als Mittelsmann für eine Audienz mit Guyuk. Aber der Große Khan hatte es nicht eilig, die Europäer zu sehen; zum einen kannte er den Inhalt der päpstlichen Briefe bereits, weil Batu schon berichtet hatte, zum anderen waren diese sogenannten Abgesandten vom Papst ohne Geschenke zur Krönung des neuen Khans gekommen – ein schrecklicher fauxpas. Carpini hatte alle Pelze als Tribut an Batu in Rußland gelassen. Die Mönche sollten daher nicht nur warten, sondern auch leiden. Er ließ ihnen in ihrem Lager so gut wie kein Essen zukommen. Die armen Mönche wären wahrscheinlich verhungert, wenn Cosmas, der russische Goldschmied, ihnen nicht geholfen hätte.

In Wahrheit war Carpinis Bitte um eine Audienz bei Guyuk wenig mehr als eine Formalität. Er verfügte bereits über geheime Informationen über die Absichten des Großen Khans gegenüber dem Christentum, und diese waren nicht ermutigend. In der Zwischenzeit beobachtete er die Mongolen und ihren Lebensstil sehr sorgfältig, denn er wußte, wie lebenswichtig sein Bericht für den Vatikan war. Trotz der düsteren Aussichten, die sein Bericht vermittelte, blieb Carpini bemerkenswert ruhig und in vielen Fällen extrem schmeichelhaft. Er beschrieb mongolische Religionspraktiken ausführlich: berichtete über das Anfertigen und Anbeten von Filzgötzen, über die Verehrung von Dschingis Khan, über Pferdeopfer und vieles mehr. Er beschreibt auch Rituale der Schamanen und die Anbetung von Tengri, dem Ewigen Himmel oder Himmelsgott.

Was seine Mission, die Mongolen zum Christentum zu bekehren, betraf, so schien er bald zu der Ansicht gekommen zu sein, daß jegliche Anstrengungen auf diesem Gebiet irgendwie verfrüht seien. Trotzdem berichtet er von der großen Anzahl "nestorianischer Kleriker" am mongolischen Hof, und daß die meisten Mitglieder der königlichen Familie entweder bereits Christen waren oder von ihnen zumindest stark beeinflußt seien. Er war auch optimistisch gegenüber einer zukünftigen Evangelisierung Chinas – ausgerechnet. Carpini selbst kam zwar nie nach China, aber es gab eine Menge Chinesen an Guyuks Hof, und vielleicht weil die meisten von ihnen Christen waren, vermittelten sie ihm einen falschen Eindruck. Obwohl die Ostkirche seit dem siebten Jahrhundert Missionen in das China der Tang geschickte hatte, war das Christentum dort seit über hundert Jahren auf dem Rückzug. Trotzdem schloß Carpini aus seinen Erkundungen, daß die Chinesen "ein Altes und Neues Testament, Priester und Eremiten haben, und Gebäude wie Kirchen besitzen, in denen sie zu bestimmten Zeiten beten; und sie sagen, daß sie einige Heilige haben. Sie beten zu einem Gott, ehren Unseren Herrn Jesus Christus und sie glauben an das ewige Leben, aber sie sind nicht getauft." Obwohl nichts davon in diesem frühesten europäischen Bericht über die Chinesen auch nur im Entferntesten stimmte, enthält er sehr gute Beschreibungen ihrer physischen Erscheinung und ihrer außerordentlichen Kunstfertigkeit.

Für seine Geschichte der mongolischen Stämme mußte sich Carpini wieder einer Mischung aus Dichtung und Wahrheit bedienen. Er besaß gründliches Wissen über die Geschichte des Ostens, kannte die Alexander-Romane und andere europäische Texte. Anhand dieser suchte er in uigurischen und anderen Berichten nach einer Erklärung für den Ursprung der Mongolen. Er erzählt von der Bedeutung "Chingiskans" und bezieht sich dabei auch unweigerlich auf den allgegenwärtigen Priester Johann. Er stellt fest, daß Dschingis Khan nicht identisch mit Priester Johann oder König David sei, sondern der Gründer eines großen heidnischen Reiches. Priester Johann sei der christliche König von Großindien und habe Dschingis Khan mit griechischem Feuer (brennender Schwefel, der gegen den Feind katapultiert wurde) und Gliederpuppen zu Pferde besiegt.

Dies ist eine Mischung aus Berichten über Dschingis' Feldzug gegen den Khwarazm Schah und Legenden, die sich um den Sieg Alexanders über den indischen König Porus ranken. Carpini hörte diese Geschichten zu einer Zeit, als die Mongolen ihre eigenen Dschingis-Romane entwickelten und ihn zu einer Art Gottheit verklärten. Die Mongolen waren bereits mit der orientalischen Version der Alexander-Romane vertraut und hatten Themen daraus mit Fakten aus Dschingis' Taten vermischt. Den Bericht über Dschingis' Niederlage hatte Carpini vermutlich von russischen Gefangen am mongolischen Hof erhalten, die damit ihre Unterdrücker lächerlich machen wollten.

Der bei weitem wichtigste Teil in Carpinis Bericht beschreibt die mongolische Armee, ihre dezimale Struktur, ihre Disziplin und ihre Kampfmethoden. Es ist ein korrektes und zum Teil detailliertes Bild einer modernen Kampfmaschine. Carpini schließt diesen Teil mit einem guten Rat gegen die schreckliche Bedrohung ab: "Wenn die Christen sich, ihr Land und das Christentum retten wollen, dann müssen Könige, Prinzen, Barone und Landesfürsten sich vereinen und gemeinsam Männer schicken, die gegen die Tartaren kämpfen, bevor sie beginnen, sich über das Land auszubreiten."

Es war November, bevor es Chinqai gelang, Carpini eine Reihe von Audienzen bei Guyuk Khan zu vermitteln. Man verlas den Inhalt der päpstlichen Briefe, die den mongolischen Khan wegen der großen Zerstörung, die seine Armeen über das christliche Eu-

ropa gebracht hätten, anklagten und ihn inständig um die Zusicherung baten, solche Angriffe zu unterlassen. Als Gegenleistung bot man ihm und seinem Volk das Geschenk der Taufe an. Guyuk Khans Antworten waren eindeutig, und Chinqai gab sich viel Mühe, sie für die Gesandten korrekt auf lateinisch und persisch niederzuschreiben, damit sie in Europa verstanden würden.

Zu den Zerstörungen in Europa antwortet Guyuk dem Papst: "Ich verstehe Eure Worte nicht. Tengri (Ewiger Himmel) hat diese Menschen bestraft und vernichtet, weil sie sich weder Dschingis Khan noch Khagan (Ögedei) unterworfen haben, die beide geschickt wurden, um Gottes Befehle bekannt zu machen." Die Mongolen hatten ihre politischen Anschauungen vermutlich von den Chinesen übernommen, und Guyuks Antwort hielt sich genau an die chinesischen Prinzipien: Der Herrscher einer neuen Dynastie begründete sein himmlisches Mandat mit seiner erfolgreichen Machtergreifung. Die spektakulären Erfolge der Mongolen hatten diese dazu gebracht, ihr heiliges Mandat auf die ganze Welt zu beziehen. Das mongolische Reich war nicht bloß ein Staat wie jeder andere, sondern die oberste und universelle Monarchie, und alle Länder außerhalb ihrer Grenzen wurden automatisch untergeordnet und als potentielle Vasallen betrachtet.

Was die Bitte des Papstes betraf, die Mongolen mögen die Taufe akzeptieren, lautete Guyuks Antwort: "Ihr, der Ihr der Große Papst seid, kommt gemeinsam mit allen Prinzen, um uns zu dienen... Wenn Ihr nicht Gottes Befehl befolgt und meinen Befehl ignoriert, werde ich Euch als meinen Feind ansehen. Und ich werde Euch Verstehen lehren. Wenn Ihr anders handelt, dann weiß Gott, was ich weiß." Die Großen Khane sahen sich selbst als Gottes Stellvertreter auf Erden und mit der Welteroberung beauftragt. Jede Nation mußte sich entweder unterwerfen oder wurde zerstört. Cosmas, der das Große Siegel angefertigt hatte, mit dem Guyuks Brief gestempelt wurde, erklärte die Symbolik des Siegels: "Mit der Kraft des Ewigen Himmels, Befehl des Universellen Herrschers des Reiches der Großen Mongolen. Wenn das Siegel den Untertan und die Rebellen erreicht, sollen sie es respektieren, sollen sie es fürchten."

Vor Carpinis Abreise kam einer der Soldaten, die ihn begleiten sollten, auf ihn zu und berichtete, daß Guyuk plane, eigene Botschafter zum Papst zu schicken und deshalb eine weitere Audienz mit den Klerikern wolle, um dies zu arrangieren. Es war üblich,

Eine der drei Kopien von Guyuk Khans Brief an den Papst,
die sich im Archiv des Vatikans befindet. Die Inschrift des Khansiegels:
"Durch die Stärke des Ewigen Himmels, den Befehl des universellen
Herrschers des Reiches der Großen Mongolen."

daß die Einladung, mongolische Botschafter zu schicken, von den besuchenden Gesandten ausgesprochen wurde, aber Carpini entschied sich dagegen. Er meinte, es sei ein Fehler, offizielle mongolische Botschafter durch Europa reisen zu lassen, da "sie Streitigkeiten und Krieg unter uns sehen würden, und dies würde sie dazu ermutigen, uns anzugreifen." Am 13. November 1246 verließ Carpini schließlich Guyuks Zeltstadt, um die lange Heimreise anzutreten. Die Mönche reisten durch den tiefsten Winter und erreichten Batus Lager Anfang Mai des folgenden Jahres. Batu sicherte ihnen freies Geleit nach Kiew zu, wo sie sechzehn Monate nach ihrer Abreise begrüßt wurden, "als kehrten wir von den Toten zurück".

Während Carpini einen weiteren russischen Winter erduldete, zog der Dominikaner Ascelinus aus der Lombardei durch die Levante, wobei er dem Weg von Andreas von Longjumeau auf der Suche nach Baijus Lager folgte. Im Gegensatz zu Andreas gelang es Bruder Ascelinus genaue Wegbeschreibungen zu erhalten, und er kam im Mai 1247 im Lager des Militärgouverneurs in Sisian in der Hochebene von Karabagh an.

Was auch immer Ascelinus für seine Mission qualifizieren mochte – sein diplomatisches Geschick war es nicht. Als man ihn aufforderte, die übliche Ehrerbietung zu zeigen und dreimal auf das linke Knie zu sinken, weigerte er sich; er brachte auch die üblichen Geschenke nicht mit, die ihn als ernstzunehmenden Gesandten hätten ausweisen können. Seine Lage wurde schlechter, als er den Papst als "den größten aller Männer" bezeichnete und forderte, Baiju und seine Gefolgsleute müßten allesamt Christen werden.

Nachdem Ascelinus eine scharfe Antwort erhalten hatte – "Ihr wollt, daß wir Christen und damit solche Hunde (werden) wie Ihr?" –, verurteilte Baiju die Mönche zum Tode. Er wollte sie lebendig häuten lassen und ihre mit Stroh ausgestopften Häute nach Rom schicken. Die Mönche entkamen der Strafe nur durch die Intervention von Baijus Frau, die darauf bestand, daß ihr Ehemann gegenüber Klerikern den üblichen mongolischen Respekt zeige – egal, wie beleidigend sie sich verhielten. Trotz seiner Begnadigung hielt sich der starrsinnige Dominikaner immer noch nicht im Zaum, und er hätte es wohl bereut, wäre nicht ein Beamter aus Karakorum mit dem Befehl gekommen, Baiju seines Amtes zu entheben. Der neue Gouverneur, Eljigidei, ein besonders gewiefter Taktiker, gehörte zu Guyuks neuer Verwaltung. Ascelinus reiste bald darauf ab und brachte Briefe mit Guyuks Antwort und wenigen gute Nachrichten über die Mongolen für den Papst.

Optimismus in Europa

Ein Jahr nachdem er Sira-ordu verlassen hatte, war Carpinis lange Reise vorbei und er erreichte Lyon am 18. November 1247, beinahe zweieinhalb Jahre nachdem er von dort aufgebrochen war. Innozenz IV. begrüßte ihn herzlich und war begeistert, daß die Ostchristen oder Nestorianer bereit waren, ihn als ihren "Herrn und Vater und die Heilige Römische Kirche als Herrin und Geliebte" anzuerkennen. Der Bericht vom mongolischen Hof und Guyuks Brief stimmten ihn allerdings weniger optimistisch. Europa mußte sich nach Carpini auf das Schlimmste vorbereiten. Seine einzige Chance sei die wachsende Kluft zwischen Batu und Guyuk, die die Mongolen vielleicht an einem erneuten Vordringen in den Westen hindern oder abhalten könnte.

Der päpstliche Hof nahm diese Neuigkeiten grimmig auf und fragte dann nach Priester Johann. Der Franziskaner gestand, daß er nichts wisse über diesen Mann oder irgend einen anderen mächtigen christlichen König in der Nachbarschaft. Die beste Nachricht, die sich bald im ganzen Christentum verbreitete, war Carpinis Beschreibung des mächtigen Einflusses der Ostchristen am mongolischen Hof. Carpini klammerte sich an diesen Strohhalm und sagte sogar voraus, daß Guyuk eines Tages zum Christentum übertreten werde. Trotz dieses deprimierenden, wenn auch faszinierenden Berichtes, genügte das, um Optimismus zu verbreiten, da seine Aussagen mit denen des Andreas von Longjumeau übereinstimmten, der einige Monate zuvor aus Persien zurückgekehrt war.

Das voreilige Vertrauen, das bald den päpstlichen Hof erfüllte, konnte jedoch nicht über einige Realitäten hinwegtäuschen: Das Europa, in das Carpini zurückgekehrt war, konnte keine vereinte Front gegen einen erneuten mongolischen Angriff formieren; "Streitigkeiten und Kriege" hatten sich während seiner Abwesenheit verstärkt. Drei Jahre zuvor hatte Innozenz auf der 13. Ökumenischen Konferenz beschlossen, den Mongolen entgegenzutreten, und zwar nicht dem "Hammer Gottes", sondern der fremden Invasionsmacht. Man hatte sogar einen weiteren Kreuzzug ins Heilige Land beschlossen, den der junge und fromme König Ludwig IX. von Frankreich führen sollte. Innozenz' Strategie gegen die Mongolen war, die östlichen Kirchen in eine pan-christliche Allianz einzubinden – und erste Berichte ermutigten dazu.

Doch diese Pläne waren rasch verschoben, als der seit langem schwelende Konflikt mit Friedrich II. wieder aufflackerte, Kämpfe von Italien auf Deutschland übergriffen und schließlich drohten, ganz Europa zu ergreifen. Einige Monate nach seiner Rückkehr wurde Carpini erneut entsandt. Diesmal zum Hofe Ludwig IX., von dem man Unterstützung im Krieg gegen Friedrich erbat. Aber Ludwig wollte den Kreuzzug nicht ver-

schieben, und im August machten er und seine Frau, Königin Margaret, sich auf nach Zypern. Er hatte drei Jahre zur Vorbereitung verbracht mit der Voraussicht, viele Gefolgsleute mit Erfahrung im Mittleren Osten für sich zu gewinnen, allen voraus Andreas von Longjumeau.

Der reich verzierte erste Buchstabe eines Exemplars von Carpinis Bericht über seine Reise an den mongolischen Hof.

Mongolische Täuschung, europäische Naivität

Der französische König verließ ein von inneren Zwistigkeiten zerrissenes Europa, das betete, von den Tartaren verschont zu bleiben. Was er nicht wußte, war, daß die Hemisphäre, die er jetzt betrat, eine neue und mächtige Militärpräsenz besaß. Ludwig errichtete sein erstes festes Lager in Limassol, aber noch bevor er überhaupt begonnen hatte, seine Armee in Marsch zu setzen, kamen zwei Abgesandte von General Eljigidei, dem neuen mongolischen Militärgouverneur Nordpersiens. Eljigideis Botschafter waren zwei gerissene Nestorianer namens David und Mark; einen von ihnen kannte Andreas bereits von einer seiner früheren Reisen durch Georgien. Sie brachten Briefe von Eljigidei mit, in denen dieser behauptete, er sei vom Großen Khan beauftragt worden, alle Christen in Westasien zu beschützen, ihre Kirchen wieder aufzubauen und für den Erfolg von Ludwigs Kreuzzug zu beten. Die Briefe behaupteten weiter, daß der Große Khan vor kurzem getauft worden, und Eljigidei dem Beispiel seines Khans gefolgt sei. Die Botschafter überbrachten Ludwig auch eine geheime Nachricht, die Eljigidei angeblich nicht aufzuschreiben wagte. Es war das Angebot einer militärischen Allianz.

David und Mark berichteten, Eljigidei bereite seine Armeen auf einen winterlichen Angriff auf Bagdad vor. Wenn der König von Frankreich Ägypten gleichzeitig angreifen könnte, dann wären die zwei großen islamischen Mächte, das Sultanat von Ägypten und das Kalifat von Bagdad, unfähig, sich gegenseitig zu helfen – und der Große Khan und der große Papst würden sicherlich erfolgreich sein. Eljigidei ging noch weiter und schlug kühn vor, daß sich ihre beiden Armeen danach zusammenschließen und gemeinsam das Heilige Land befreien könnten.

Dies waren herrliche Neuigkeiten für den jungen französischen König. Eljigideis Nachricht bestätigte doch Carpinis Vorhersage, daß der gesamte mongolische Hof sich bald zum Christentum bekehren würde. Ludwigs Hof wogte vor Begeisterung. Er schickte dem Papst schnell eine Nachricht und machte sich dann daran, dem mongolischen Kommandanten eine passende Antwort zu schreiben. Ludwig sandte Briefe an Guyuk Khan und Eljigidei, lobte ihre Entscheidung, sich zum Christentum zu bekehren und bedankte sich für ihr Hilfsangebot im Krieg gegen den Islam. Dann ließ er als Tribut für den Großen Khan eine herrlich geschmückte, tragbare Kapelle errichten – mit sämtlichen Utensilien, die für eine Messe nötig waren, sowie Splittern vom Wahren Kreuz. Als sie fertig war, schickte Ludwig Andreas von Longjumeau mit Geschenken und geheimen Botschaften über den bevorstehenden Feldzug in Eljigideis Lager.

Die Naivität, mit der Ludwig auf Davids und Marks Nachricht reagierte, zeigt, wie verzweifelt Europa an die mongolische Bekehrung glaubte – an die alte Legende vom mächtigen christlichen Königreich im Osten. Obwohl der christliche Einfluß an Guyuks Hof bekannt war und seine Taufe sogar möglich gewesen wäre, ist es doch absolut sicher, daß weder er noch sein Hof jemals ernsthaft zum Christentum wechseln wollten. Eljigideis Botschaften waren ein übler Trick, überzeugend ausgeführt.

Das Sammeln und Auswerten hochwertiger Informationen blieb für mongolische Militäraktionen weiterhin erfolgsentscheidend. Während Ascelinus und seine Gruppe in Baijus Lager gefangengehalten wurden, war Eljigidei gekommen, um das Kommando zu übernehmen. Einer der Mönche seiner Gruppe berichtete, daß Ascelinus vor seiner Entlassung eingehend über einen möglichen neuen Feldzug der Europäer nach Jerusalem befragt worden war. Einem Mann von Eljigideis Kaliber war wohl klar, welche Vorteile man aus einer mongolisch-europäischen Allianz ziehen konnte. Die Idee war einfach und genial. Das Kalifat von Bagdad war die letzte bedeutende Macht, die den mongolischen Ambitionen in Persien im Weg stand. Es anzugreifen hätte wahrscheinlich einen vereinten islamischen Gegenschlag herausgefordert. Wenn man die Armeen des ägyptischen Sultans aber gleichzeitig ablenken könnte, gab es gute Erfolgschancen. Die Mongolen hatten zu diesem Zeitpunkt noch keine Pläne, das Heilige Land anzugreifen.

Andreas von Longjumeau und sechs weitere Ordensbrüder machten sich Ende Januar 1249 mit der tragbaren Kapelle im Gepäck auf den Weg. Während sie im Frühling in Eljigideis Lager ankamen, landeten Ludwig und seine Armee wie besprochen in Ägypten. Eljigidei hatte Bagdad nicht angegriffen, er hatte nicht einmal seine Armeen mobilisiert, denn in den letzten sechs Monaten hatte sich die Machtstruktur in Karakorum wieder verändert.

Ein neuer Machtkampf in der mongolischen Hauptstadt

Im Jahre 1248 hatte es einen Versuch gegeben, den Zwist zwischen Guyuk und Batu durch ein Treffen der beiden Vettern im Ili-Tal, ungefähr in der Mitte ihrer jeweiligen Länder, zu schlichten. Doch bevor Batu den Treffpunkt erreichte, hörte er, daß der Versöhnungsversuch eine Falle sei und Guyuk plane, ihn gefangenzunehmen und zu töten. Doch alle Pläne von Guyuk scheiterten. Der exzessive Alkoholgenuß und die Anstrengungen der Reise waren schließlich zu viel für ihn; er starb auf dem Weg zum Ili-Tal. Er war zweiundvierzig. Seine Witwe, Oghul-Ghaimish, übernahm die Regierung bis zum nächsten Quriltai und hatte bereits das Nötige veranlaßt, damit ihr Sohn Shiremun zum nächsten Großen Khan gewählt würde. Diesmal siegte das Haus Ögedei jedoch nicht. Toluis Witwe Sorghaghtani Beki sicherte sich Batus Unterstützung und die der meisten anderen Prinzen für die Wahl ihres Sohnes Mongke, den Guyuk zwei Jahre zuvor besiegt hatte.

Eljigidei, der seine Förderung Guyuk verdankte, hatte indes beschlossen, daß es wenig weise sei, einen neuen Feldzug zu starten, bevor die Wahlergebnisse bekannt waren. Um Zeit zu gewinnen, schickte er Andreas und die tragbare Kapelle in das Lager von Oghul-Ghaimish in Tarbagatei. Fast neun Monate später kamen sie im Lager der Regentin an, wo die Geschenke, die für ihren verstorbenen Ehemann gedacht waren, als Tribut des christlichen Westens und als Beweis der Unterwerfung unter den mongolischen Hof verstanden wurden. Dem armen Andreas gab man einen Brief an König Ludwig, der ihn ermunterte, jedes Jahr mit weiteren Tributen von Gold und Silber wiederzukommen, andernfalls würde er vernichtet werden. Andreas und seine Begleiter hatten naiverweise angenommen, in einem christlichen Reich willkommen geheißen und als Verbündete betrachtet zu werden. Statt dessen wurden die Gesandten Ludwigs wie Boten eines Vasallenkönigs behandelt.

Die Unternehmung war in jeder Hinsicht eine Katastrophe. Während die Dominikaner ergebnislos durch Asien zum mongolischen Hof reisten, saß Ludwig im Gefängnis. Nachdem seine Armee im Juni 1249 in Ägypten gelandet war, besiegte sie schnell Damietta und marschierte dann im festen Glauben nach Kairo, daß Eljigideis Armeen zur gleichen Zeit Bagdad belagerten. Aber Ludwigs Vormarsch wurde, lange bevor er Kairo erreichte, von einer Einheit der Armee des Sultans gestoppt, die von dem jungen Mamelucken Baybars angeführt wurde. Die Mamelucken waren türkische Sklavensoldaten, die 1238 in den Dienst des Sultans gelangt waren. Batus Sohn Berke hatte sie während der

Überfälle, die der mongolischen Invasion Osteuropas vorausgegangen waren, gefangengenommen und dann dem ägyptischen Sultan verkauft, um Geld in die Kriegskasse zu bekommen. In den folgenden zwanzig Jahren waren die Mamelucken nicht nur für die ägyptische Armee unersetzlich, sondern auch zu einer bedeutenden Macht am Hof geworden.

Der Zusammenstoß der rüstungsschweren französischen Ritter mit diesen einstmals nomadischen Reitern war so einseitig, wie die Schlachten zwischen den Polen und den Mongolen. Ludwigs Vorhut wurde vollkommen zerstört, und seine Armee zog sich daraufhin zurück. Sie bestritt ein wirksames Nachhutgefecht, wurde jedoch schließlich von ihren Versorgungslinien abgeschnitten und dem Hungertod ausgeliefert. Ludwig mußte sich ergeben und wurde in Ketten, an Ruhr erkrankt und dem Tode nahe, davongebracht. Er vegetierte bis zum Mai 1250 im Gefängnis dahin, bis er und die anderen Überlebenden schließlich mit der riesigen Lösegeldsumme von einer Million Goldstücken freigekauft wurden. Von seinen 60 000 Männern zogen nur 12 000 mit ihm nach Akko, wo er die nächsten vier Jahre blieb.

Die Ironie von Ludwigs Lage hätte beißender nicht sein können. Während er und seine magere Armee Ägypten verließen, revoltierten die Mamelucken und ermordeten den Erben des Sultans. Der Sultan selbst war im Jahr davor gestorben und seine Witwe Shajar al-Durr hatte nach dem Aufstand den mameluckischen Feldherrn Aybak geheiratet. Dieses neue islamische Regime zersplitterte den Rest der islamischen Welt und jahrelange Intrigen und Bürgerkriege waren die Folge. Es hätte keinen besseren Zeitpunkt für eine entscheidende Schlacht gegen den Islam geben können – aber Ludwig hatte keine Mittel dafür; er muß sich in Frustration gewunden haben.

Im April 1251 kehrte Andreas von Longjumeau aus der Mongolei zurück und wurde von seinem König in Caesarea in der Nähe von Akko empfangen. Nach Ludwigs Biografen Joinville war der König über Oghul-Ghaimishs Brief und die mongolische Verlogenheit empört. Dennoch war Andreas' Mission nicht völlig fruchtlos gewesen; sie hatte die Möglichkeit einer christlich-mongolischen Entente kreiert – auch wenn diese wahrscheinlich von der Sehnsucht nach einem östlichen Retter motiviert war. Doch so, wie die Dinge lagen, würde Europa zweifellos zweimal darüber nachdenken, bevor es wieder auf einen solchen Vorschlag reagierte. Während Andreas noch durch Palästina reiste, wurde das Problem der Nachfolge des Großen Khans gelöst. Oghul-Ghaimishs Anstrengungen für ihren Sohn hatten verzweifelte Ausmaße angenommen und einmal versuchte sie sogar, den Rivalen Mongke zu töten; doch der Plan wurde entdeckt, Oghul-Ghaimisch diskreditiert, und Mongke wurde am 1. Juli 1251 zum Herrscher gewählt. Es folgte die übliche Säuberung der Opposition und Ratgeber, von denen 70 wegen ihrer

Mittäterschaft hingerichtet wurden. Oghul-Ghaimish erlitt dasselbe Schicksal wie Fatima; Dschagatais Enkel Buri war Teil der Verschwörung gewesen und wurde daher zum Tode verurteilt. Shiremun wurde nach China in den Krieg geschickt und dort auf Mongkes Befehl ermordet. Sogar Eljigidei und seine Söhne fielen der Säuberungsaktion zum Opfer.

Mongke Khan definierte daraufhin sofort seine Herrschaft mit dem Mandat von Dschingis Khan, die Welt zu erobern. Zwei große kaiserliche Expeditionen waren vorgesehen: Die erste sollte den Feldzug gegen die Sung-Dynastie im südlichen China aufnehmen und die Grenzen nach Osten erweitern. Mongke wollte diesen Feldzug mit Hilfe seines jüngeren Bruders Khubilai selbst führen. Die andere große Expedition übertrug er seinem Bruder Hulagu. Dies war die Ausdehnung des Reiches nach Westen – nicht nach Europa, sondern über Persien nach Mesopotamien und Syrien und schließlich nach Ägypten. Dieser Angriff auf den Mittleren Osten wurde zum schrecklichsten und vernichtendsten Schlag, den der Islam je erlebt hatte.

König Ludwig IX. von Frankreich bei Damiette
in Ägypten auf seinem Weg nach Kairo. Im Glauben,
die Mongolen würden seinen Kreuzzug unterstützen,
erlebte er wenige Monate später die Katastrophe.

Mongolische Kreuzfahrer

Mit der Krönung von Mongke lag das Reich wieder in den Händen eines Eroberers. Seit Ögedeis Regierung hatte die Motivation dafür im Reich gefehlt, Dekadenz und innerer Verfall waren die Folge. Mongke war entschlossen, all das zu ändern. Während seine Dynamik die mongolische Hauptstadt nach und nach ergriff, bemühten sich der Papst und seine Ratgeber, die verwirrenden Zeichen zu entziffern, die ihre Boten auf Befehl der "tartarischen Horden" abgeliefert hatten. Ludwigs Erfahrung war eine bittere Lektion gewesen.

Doch obwohl Europa darauf wartete, was das Schicksal bringen würde, bedeutete dies nicht das Ende des europäischen Kontaktes mit dem mongolischen Hof. In König Ludwigs Entourage war der junge flämische Mönch Wilhelm, der sich bald inmitten des großen Reiches wiederfinden sollte, als es sich anschickte, einen weiteren großen Schritt auf der Weltbühne zu machen. Man weiß nur wenig von Wilhelm, außer daß er 1217 in der französischen Stadt Rubruck geboren wurde, einige Zeit in einem Kloster in Paris lebte, leidenschaftlich gläubig war und spätestens seit 1248, Ludwigs Feldzug nach Ägypten, in dessen Diensten stand.

Spion und Evangelist im Land der Mongolen

Wilhelm von Rubruck erscheint auf der Bildfläche wegen seines bemerkenswerten Berichtes vom Leben und den Gebräuchen am mongolischen Hof. Weit detaillierter als vorhergehende Chronisten schreibt er über die Aktivitäten der mongolischen Reichshauptstadt in einer kritischen Zeit für das Reich und den Rest der Welt.

Bruder Wilhelm war an den mongolischen Hof gekommen, um das Evangelium zu predigen. Die Berichte von Andreas von Longjumeau und die von Carpini, die die mongolische Toleranz gegenüber fremden Religionen beschrieben, hatten ihn dazu angeregt. Rubruck hatte sich besonders um das gesorgt, was er für den verderblichen Einfluß der "Nestorianer" hielt. Auch hatten ihn die Schicksale der deutschen Sklaven berührt, die offenbar für einen der mongolischen Prinzen arbeiteten. Der leidenschaftliche Mönch, von großem evangelisierenden Eifer erfaßt, fühlte sich berufen, durch ganz Asien zu reisen, den europäischen Sklaven Beistand zu leisten und die Mongolen auf den wahren christlichen Weg zu bringen.

Natürlich zögerte Ludwig, Rubruck zu unterstüzen. Er bestand darauf, daß der Ordensbruder den Mongolen klarmachte, daß er nicht in offizieller Mission reiste – für den Fall, die Mongolen könnten das als seine Bereitschaft, sich dem Großen Khan zu unterwerfen, deuten. Doch als Gegenleistung für einen Bericht über die Mongolen gab Ludwig dem Mönch ein Empfehlungsschreiben an Prinz Sartaq, einem der Söhne von Batu Khan, der gerade bekehrt worden war, in dem er um sicheres Geleit für Wilhelm von Rubruck bat.

Rubruck machte sich Anfang 1253 mit einer Gruppe nach Akko auf, der auch der italienische Franziskaner Bartholomäus von Cremona angehörte, außerdem ein königlicher Sekretär namens Gosset, der Geschenke für den Khan brachte sowie der Syrier Omodeo, der als Führer und Dolmetscher fungieren sollte. Sie reisten über Konstantinopel und das Schwarze Meer in das mongolische Gebiet. Rubruck beschrieb die Überschreitung der Grenze als "einen Schritt in eine andere Welt". Im Juli erreichten sie Sartaqs Lager, wo man sie sofort als Gesandte König Ludwigs deutete und weiter in das Lager von Batu Khan schickte, das drei Tagesreisen entfernt lag. Batu fand Rubrucks Erklärungen seiner religiösen Mission überhaupt nicht überzeugend und schickte ihn ebenfalls weiter – zum Sitz des großen Mongke Khan, nach Karakorum.

Dreieinhalb Monate lang machte Rubruck sorgfältige Notizen über Landschaft und Menschen, die er auf seiner Reise beobachtete. Äußerst detailliert wurden diese zu den wichtigsten Beschreibungen Zentralasiens, die je von einem Europäer abgeliefert worden waren. Fasziniert von den Sitten und Gebräuchen der Menschen, denen er begegnete, fragte er auch immer wieder nach den Monstern und anderen seltsamen Kreaturen, die diese Länder bewohnen sollten. Zu seinem Erstaunen fand der Mönch keine Hinweise auf diese Wesen.

Im Oktober befanden sich Rubruck und seine Begleiter südlich des Balchasch Sees. Dort schrieb er über die vielen zerstörten Dörfer, auf deren Boden "die Tartaren ihre Herden weiden lassen konnten, denn es ist sehr gutes Weideland". Wie alle Reisen durch die asiatische Steppe war auch diese hart und zermürbend. Die kleine Gruppe hungerte und war gezwungen, rohes Fleisch zu essen, weil sie keinen Brennstoff hatte. Sie hielt durch, getrieben von Rubrucks Besessenheit, tief in diese heidnische Wüste einzudringen und sie in ein neues Eden zu verwandeln. Doch das war weit schwieriger, als er es sich je hätte träumen lassen – besonders da sein Führer und Dolmetscher Omodeo eher eine Belastung als eine Hilfe war, er beherrschte praktisch keine der lokalen Sprachen.

Kurz vor Weihnachten erreichten sie Mongkes Lager einige Meilen westlich von Karakorum, und beinahe sofort wurde den Mönchen eine Audienz mit dem Großen Khan gewährt. Wieder fiel es den Mongolen schwer, Wilhelms Erklärung zu glauben, er wolle

am Hof nur das Evangelium predigen. Aber die Mönche trugen keine Geschenke mit sich und dieser Umstand schien Mongke doch glauben zu lassen, daß König Ludwig sie nicht geschickt hatte. Natürlich mißtrauten die Mongolen jemandem aus Europa, der in ihrem Land umherziehen wollte. Zwei Monate lang wurden Wilhelm und seine Freunde regelmäßig von den Ministern des großen Khans befragt, die mit den Erklärungen der Mönche wohl niemals ganz zufrieden waren. Mongke behandelte seine Gäste jedoch sehr zuvorkommend. Er gewährte ihnen viele Audienzen und lauschte aufmerksam Wilhelms Predigten.

Einige der Ostchristen am Hof glaubten sogar, es sei nur noch eine Frage der Zeit, bis der Große Khan sich taufen ließe; schließlich war seine Mutter Sorghaghtani Beki, eine Nichte des kereyidischen Königs Ong Khan, ihr Leben lang Christin gewesen. Aber sie hatte stets die Tradition der Mongolen verfochten, sich anderen Religionen gegenüber liberal zu verhalten und diese Tugend an ihren Sohn weitergegeben. In diesem Geist hatte sie auch eine moslemische Universität in Buchara gegründet und diese reich ausgestattet.

Rubruck beobachtete aufmerksam, daß Mongke Khan sich für alle fremden Religionen in seinem Reich interessierte und an all den wichtigen Zeremonien teilnahm. Er soll einmal zu Rubruck gesagt haben: "Wir Mongolen glauben, daß es nur einen Gott gibt, durch den wir leben und sterben und dem gegenüber wir ein aufrechtes Herz haben... Aber so wie Gott der Hand verschiedene Finger gegeben hat, so hat er den Menschen verschiedene Glaubenswege gegeben." Trotz dieser differenzierten Philosophie blieb er im Grunde seines Herzens ein Schamane, der sich auf Wahrsager verließ, die das Schulterblatt eines Schafes verbrannten, um die Zukunft vorauszusagen.

Anfang April zog Mongke mit seinem Hof nach Karakorum, und Rubruck und seine Gruppe folgten ihm und waren damit die ersten Europäer, die die Hauptstadt des größten Reiches, das die Welt je kannte, zu Gesicht bekamen. Rubruck war nicht beeindruckt. Er schrieb nach einiger Zeit in Batus Hauptstadt: "Ich war voller Angst, denn allein der Palast wirkte wie eine große Stadt, die sich meilenweit ausdehnte und von den verschiedensten Völkern bewohnt wurde." Karakorum selbst war nicht so großartig und Rubruck erklärte, sie sei nicht größer als das Dorf Saint Denis nördlich von Paris. Trotzdem war er von der einzigartigen internationalen Bevölkerung beeindruckt; eine solche

Mongke Khan mit seinen Frauen
und Söhnen. Aus einem Manuskript
von Rashid al-Din.

Stadt gab es nirgendwo sonst. Sie war in verschiedene Viertel aufgeteilt: eins für Künstler, eins für Kleriker, ein anderes für Archiktekten und Ingenieure und so weiter. Es gab eine "europäische Kolonie" mit Handwerkern, Händlern und Schreibern aus Deutschland, Polen, Frankreich und Ungarn und sogar einen Engländer, der Basil hieß, – und sie alle verkehrten mit Künstlern, Wissenschaftlern und Architekten aus Persien und China. Die Stadt beherbergte nicht weniger als zwölf buddhistische Tempel, zwei Moscheen und eine Kirche. Entlang der vielen Straßen, die die entferntesten Orte des Reiches mit Karakorum verbanden, verkündeten Priester, Mystiker und Scharlatane ihre Lehren, baten um Almosen oder nutzten nur den legendären mongolischen Aberglauben aus, um sich zu bereichern. Inmitten dieser bunten Gesellschaft predigten Rubruck und sein Gefolge das Evangelium.

Sogar Rubruck selbst empfand seine Mission als Kampf. Er war ein Eiferer, seine Predigten waren vollgestopft mit akademischen Dogmen, und seine Argumente reduzierten sich oft auf die Androhung des Fegefeuers. Schließlich ging er sogar den einheimischen christlichen Gemeinde auf die Nerven, besonders als er dem Großen Khan mit ewiger Verdammnis drohte. Man berichtet, daß Mongke auf Rubrucks Strafpredigten weise reagierte:

> *Die Amme träufelt erst einige Tropfen Milch in den Mund des Kindes, um es mit dem süßen Geschmack zum Saugen anzuregen; erst dann bietet sie ihm ihre Brust. Auf dieselbe Weise solltet ihr Uns begegnen, die wir eurer Meinung nach mit dieser Lehre so völlig unbekannt sind, in einfacher und vernünftiger Weise. Statt dessen droht ihr Uns sofort mit ewiger Bestrafung.*

Rubruck konnte nur einen Nestorianer zur Kirche von Rom bekehren und sechs Kinder taufen. Er nahm jedoch an einer Debatte aller Religionen am Hof teil, die einem amüsierten Großen Khan und seinen Höflingen präsentiert wurde. In einer bemerkenswerten Atmosphäre religiöser Freiheit sollten die Vertreter jedes Glaubens die anderen herausfordern und gleichzeitig die Vorzüge ihrer eigenen Religion darstellen. An jedem anderen Hof wäre das ein gefährliches Abenteuer gewesen, am mongolischen jedoch war es ein unterhaltsames Ereignis. Natürlich nutzte Wilhelm diese Gelegenheit und griff die Buddhisten an. Die Ostchristen stritten mit den islamischen Vertretern, die aber an dieser Debatte nicht sehr interessiert waren und eine Entgegnung verweigerten. Da wandten sich die Ostchristen statt dessen an die uigurischen Buddhisten. Die Taoisten scheinen unbeschadet davongekommen sein. Bald entwickelte sich das Ganze zu einer lärmenden Zecherei, und der desillusionierte Rubruck schrieb, er habe keinen einzigen Menschen bekehren können. Da seine christliche Arbeit vollkommen fehlgeschlagen war, konzentrierte er sich nun auf den zweiten Aspekt seiner Mission: Informationen für König Ludwig zu sammeln.

Als Evangelist war er schon schlecht, aber als Spion versagte er noch mehr. Er beobachtete zwar das mongolische Leben genau, auch wenn seine Berichte darüber erst von der Wissenschaft im 19. Jahrhundert wiederentdeckt und gewürdigt wurden, aber über die mongolische Politik oder Pläne erfuhr er nichts. Die offensichtlichste Aktion während seines Aufenthalts in Karakorum war die Vorbereitung einer großen militärischen Unternehmung. Rubruck erfuhr bei dem Quriltai von 1252, daß Mongke Khan einen Feldzug gegen die Sung in China und gleichzeitig einen weiteren und größeren Feldzug nach Persien und Syrien, "bis zu den Grenzen von Ägypten", plante, den sein jüngerer Bruder Hulagu leiten sollte.

Planung des Feldzugs in den Mittleren Osten

Der Beschluß, das Reich bis nach Persien auszudehnen, sollte starke politische Veränderungen in Westasien mit sich bringen. Seit Dschingis Khan durch Transoxanien und Khurasan geritten war, gab es dort nur kleine Militärposten. Unter dem ersten Militärführer Chormaghun waren die Reste des Reiches von Khwarazm Schah vernichtet worden und mit ihnen die gesamte Zivilverwaltung. Batu hatte Aserbaidschan zwischen dem Kaspischen und dem Schwarzen Meer erobert, und der nächste Militärgouverneur dieses Gebiets, Baiju, drängte nach Konya in der heutigen Türkei und besiegte die Seldschuken. Als Baiju Eljigidei ersetzte, sprach man von einem Feldzug gegen Bagdad, doch daraus wurde nichts. Mit der Thronbesteigung von Mongke fiel Eljigidei und Baiju wurde wieder Gouverneur, der aber keine Anzeichen machte, nach Bagdad zu ziehen. Er war vollauf damit beschäftigt, Aufstände in Kleinasien und Georgien niederzuschlagen. Während dieser Zeit gab es keine mongolischen Streitmächte südlich von Aserbaidschan und dem Araxes-Tal und die Herrschaft blieb sporadisch, das Chaos regierte.

Mit ihrem Anspruch auf die Weltherrschaft blickten die Mongolen logischerweise nach Persien und Syrien. Die Ausdehnung in den Westen spielte sich also im Mittleren Osten, nicht in Europa ab. Seit Jahrhunderten kannten die Mongolen den großen Einfluß der moslemischen Händler aus Persien und der Golfregion in ganz Asien. Die Bedeutung der persischen Wissenschaftler, der Astronomen, Astrologen, Mathematiker und Techniker, suchte in der Welt ihresgleichen. Neben den Wissenschaften blühte die Kunst, die Malerei, Teppichknüpferei, Musik und Dichtung. Der islamische Mittlere Osten war nach allen Maßstäben eine hochgebildete, reiche und moderne Zivilisation, und die Mongolen wollten sie nutzen. Mongkes Ziele waren klar: Mit dem Reich der Sung in Südchina und Persien griff er nach den beiden großen Zivilisationen der Welt. Dies war der bombastischste Plan von Weltherrschaft, der je geschmiedet worden war.

Aus Mongkes Entscheidung folgte, daß die Mongolen offenbar das Interesse an Europa verloren hatten. Es gibt keinen Hinweis darauf, daß die Mongolen nach Batus Abzug aus Osteuropa in Europa jemals einen Anreiz sahen, der den Aufwand einer Eroberung rechtfertigte. Trotz des Anspruches des Großen Khans auf das gottgegebene Recht der Mongolen, die Welt zu regieren, zählte Europa nach globalen Begriffen nicht viel.

Rubruck hätte es sich niemals träumen lassen, daß die geplante Expedition in den Mittleren Osten den Kreuzfahrern in Palästina nützen konnte; auf der anderen Seite waren die Ostchristen davon überzeugt, daß die Mongolen einen heiligen Krieg gegen ihre alten Feinde, die Moslems, führen wollten. Das Hauptziel der Mongolen war der Kalif von Bagdad. Bevor sie ihn angriffen, wollten sie die andere Macht dieser Region ausschalten: die Ismailis oder Assassinen. Diese hatten sich nach einer Spaltung in der moslemischen Shia-Sekte entwickelt und sich im nördlichen und östlichen Persien niedergelassen, wo sie eine Reihe von Bergfestungen erobert hatten. Hinter ihren Mauern lebten sie friedlich und stellten wunderschöne Malereien und Schmiedearbeiten her. Aber außerhalb dieser Zuflucht terrorisierten sie alle, die sie als ketzerisch ansahen, und zogen damit nicht nur den Haß der restlichen islamischen Welt auf sich, sondern schließlich auch den Europas. Ihr ismailitischer Anführer hatte nur wenig zur Besserung ihres Rufes beigetragen. Anstatt seine Feinde im offenen Kampf herauszufordern, zog er politische Anschläge vor, deren Opfer meist mit einem Dolch im Rücken starben.

Die Mongolen hatten ihre eigenen Gründe, einen Feldzug gegen die Assassinen zu führen. Zunächst waren sie von einem islamischen Richter aus Kazwin, einer Stadt nahe der Assassinen-Festung Alemut, um Hilfe gebeten worden. Er und seine Mitbürger seien gezwungen, Rüstungen zu tragen, um sich vor den Dolchen der Assassinen zu schützen. Sie planten ihren Feldzug aber auch, glaubte Rubruck, um ein Attentat auf den Großen Khan zu verhindern, das nicht weniger als 400 verkleidete, dolchschwingende Assassinen in Karakorum ausführen sollten. Die Assassinen waren den Mongolen bereits während der Terror-Überfälle von Chormaghun in Nordpersien 1237–38 begegnet, bei denen sie hilfesuchend einen Boten nach Europa geschickt hatten.

Langsam nahm die neue kaiserliche Armee Form an. Es sollte der größte Feldzug seit Batus Invasion in Europa werden. Mongke Khan unterstellte ein Fünftel der gesamten mongolischen Streitmacht Hulagus Kommando. Tausend chinesische Ingenieure bauten Belagerungsmaschinen, Spezialeinheiten wurden ausgeschickt, den Weg zu erkunden und zu bereiten. Das hieß, sich um riesige Abschnitte Weideland für die Herden zu küm-

Eine persische Zeichnung des trinkenden Hulegei; obwohl er Bogen und Schwert hält, hat der Künstler eine sehr idyllische Szene dargestellt.

mern, Lager mit Mehl, Getreide, Wein und anderen Dingen zu errichten, Straßen und Brücken zu bauen und dann die Tausende von Pferden einzufangen, die sich über die Steppen Westasiens verstreuten. Im Frühling 1253 verließen die ersten Kontingente die Mongolei, und im Herbst ritt Hulagu an der Spitze einer enormen Armee langsam durch Zentralasien an den Rand Samarkands, wo er sich auf den letzten Marsch vorbereitete.

Während die Planungen 1254 und 1255 weitergingen, begeisterte sich die ostchristliche Gemeinde immer mehr für einen Krieg, von dem sie glaubte, er würde ihnen bald ihre Heimat, die Länder Mesopotamiens, zurückgeben, aus denen sie geflüchtet waren, um der Verfolgung der Moslems zu entgehen. Bald kamen Kontingente der Ostchristen von Batus Goldener Horde; es waren Georgier, Türken und Alanen. Alle wollten in Hulagus Tumen mitreiten. Hulagus erfahrendster Kommandant, Ked-Buqa, war christlicher Naimane, und Hulagus Hauptfrau, Doquz-Khatun, war für ihre christliche Überzeugung bekannt. Für eine Gemeinschaft, die seit Jahrhunderten unter den Moslems gelitten hatte, trug Hulagus Feldzug alle Merkmale eines christlichen heiligen Krieges. Doch Rubrucks Beobachtungen am mongolischen Hof sagten ihm, daß ein Religionskrieg den mongolischen Generälen so fremd war, wie Gedanken an Gnade und Vergebung. Obwohl Teile von Hulagus Armee sehr christlich waren, war ihr Anführer Buddhist.

Rubrucks Rückkehr

Als sich die große Armee in der Nähe von Samarkand niederließ, begann Rubruck schließlich seine lange Heimreise. Mongke gab dem Mönch einen Brief an Ludwig mit, mit dem er die früheren diplomatischen Schreiben Guyuk Khans und seiner Regentin Oghul-Ghaimish korrigierte: "Wie konnte diese böse Frau, die gemeiner als ein Hund war, etwas von Krieg und Friedensangelegenheiten verstehen?" Mongke schreibt über seine Visionen einer vereinten Welt "von Sonnenaufgang bis Sonnenuntergang" unter mongolischer Herrschaft. Er drängte Ludwig, Friedensboten zu schicken und verlangte keine Geschenke. Es war ein sehr viel versöhnlicherer Brief als der vorherige, und man mag spekulieren, ob Mongke das Vertrauen Europas zu gewinnen suchte.

Rubruck zögerte seine Abreise so lange wie möglich hinaus, in der Hoffnung, deutlichere Signale für mongolische Absichten in Europa zu erhalten. Er hatte gehört, daß König Hayton aus Armenien gerade heimlich nach Karakorum reiste, um den Großen Khan im Zusammenhang mit dem geplanten Feldzug zu treffen. Und Rubruck glaubte, er könne von einem römischen Christen mehr über das wirkliche Ziel der Expedition erfahren. Doch Anfang Juli war er des Wartens müde und beschloß abzureisen. Bruder Bartholomäus blieb zurück, zu krank um zu reisen; vermutlich starb er dort – der erste Italiener, der sein Leben im Fernen Osten beendete.

Einige Monate nach Rubrucks Abreise traf König Hayton schließlich in Karakorum ein. Als er von dem geplanten Feldzug hörte, war ihm sofort klar, daß ein großer Krieg gegen die Hauptmacht des Islam ein riesiger Vorteil für das christliche Asien sein könnte. Er wurde von Mongke empfangen und verbrachte fünfzig Tage in der Hauptstadt; in dieser Zeit überzeugte er den Großen Khan, daß die gesamte Expedition von Alliierten in Palästina unterstützt werden würde, wenn deutlich wäre, daß Hulagus Feldzug nichts weniger als ein christlicher Kreuzzug sei. Hayton kam dann mit einem Yarligh zurück, einem Edikt, das allen christlichen Kirchen im ganzen Reich – und in den noch nicht eroberten Gebieten – Anerkennung verlieh. Er kehrte nach Armenien zurück und traf Vorbereitungen, um sich Hulagus Armee anzuschließen.

Hätte Rubruck König Hayton in Karakorum getroffen, würde er einen vollkommen anderen Bericht an Ludwig abgeliefert haben. So konnte er nur deprimiert über die mongolische Unnachgiebigkeit klagen. Seine Mission als Evangelist und als Spion war fehlgeschlagen. Er hatte keine fabelhaften Monster getroffen, war Priester Johann nicht begegnet. Er bereute bitter, nicht mehr Menschen bekehrt zu haben, und schimpfte auf den "verderblichen Einfluß", den die Ostkirche am mongolischen Hof habe. Er wußte aber, daß sich gerade eine riesige Armee Persien und Syrien näherte, empfahl jedoch keine Allianz – im Gegenteil. Er war so enttäuscht von den Mongolen, daß er für Europa nur eine Politik sah: "Wäre es mir erlaubt, so würde ich mit aller Macht auf der ganzen Welt zum Krieg gegen sie aufrufen." Rubrucks Bericht hatte nicht nur auf den französischen König großen Einfluß, sondern auch auf den Rest der europäischen Höfe. Er versetzte der Legende von Priester Johann einen weiteren Schlag und entmutigte diejenigen, die immer noch an die Möglichkeit einer Allianz mit einem großen christlichen König aus dem Osten gegen die moslemischen Nationen geglaubt hatten.

Über den Oxus nach Persien

Am 1. Januar 1256 brachte Hulagu seine Armee über den Fluß Oxus und mit ihm kam die schrecklichste Kriegsmaschinerie, die je gesehen worden war, nach Persien. Sie verfügte über die neueste Belagerungstechnik, über Schießpulver aus China, Katapulte, die Kugeln mit brennendem Naphta in die feindlichen Städte schossen, sowie Divisionen hart trainierter berittener Bogenschützen, die von Generälen Dschingis Khans und Subedeis geführt wurden. Die großartige Armee wurde bald von vielen der Sultane, Emire und Scheiche begrüßt, die von weither angereist kamen. Die bloße Präsenz der Armee beendete fast vierzig Jahre Rebellion und Unruhen in den alten Ländern von Khwarazmia, und für die Bewohner Persiens und Syriens war es der Beginn einer neuen Weltordnung.

Die Mongolen zogen zunächst in die Elburz-Berge, wo die Assassinen hinter ihren angeblich uneinnehmbaren Befestigungen lauerten. Mit großer List brachten die mongolischen Generäle und ihre chinesischen Ingenieure ihre Artillerie die Bergpfade hinauf und stellten sie um die Mauern der Festung Alamut auf. Doch bevor der Feuerbefehl gegeben wurde, signalisierte der assassinische Großmeister Rukn ad-Din, daß er verhandeln wolle. Hulagu forderte die sofortige Zerstörung der eigenen Befestigung, und als Rukn ad-Din Ausflüchte machte, griff er an. Unter dem zerstörerischsten Artilleriefeuer fielen die Mauern schon bald zusammen, und Rukn ad-Din ergab sich. Hulagu nahm ihn gefangen, zog ihn vor jede Befestigung der Assassinen und vor jede Garnison, auf die sie stießen, und forderte die sofortige Kapitulation. Manche gehorchten. Andere, wie Gerdhu, mußten mit Gewalt eingenommen werden. Heute noch findet man die Steingeschosse, die von der Artillerie gegen die Mauern geschleudert wurden, um die Ruinen herum verstreut. Egal, ob das jeweilige "Adlernest" sich ergab oder erobert wurde, die Mongolen ermordeten alle Einwohner – sogar die Frauen in den Häusern und die Babys in ihren Wiegen.

Da diese Schlachterei nicht aufhörte, bat Rukn ad-Din Hulagu um Erlaubnis, nach Karakorum zu reiten, wo er dem Großen Khan Respekt zollen und ihn um Milde bitten wollte. Hulagu willigte ein, aber als Rukn ad-Din in Karakorum eintraf, empfing Mongke Khan ihn nicht. Das kam einem Todesurteil gleich. Auf der Rückreise griff eine mongolische Eskorte den Großmeister und dessen Gefolge an und "schlug sie zu Brei". Der persische Historiker Juvaini kommentierte, "die Welt (sei) gereinigt" worden. Fünfhundert Jahre später meinte Edward Gibbon, der mongolische Feldzug könne "als ein Dienst an der Menschheit" betrachtet werden. Die Mongolen brauchten zwei Jahre, um mehr als 200 "Adlernester" der Assassinen auszuheben, dabei rotteten sie dieses Volk in Persien praktisch aus.

Die Zerstörung von Bagdad

Nachdem das erste Ziel erreicht war, führte Hulagu 1258 seine Armee westlich nach Mesopotamien und begann den Marsch auf Bagdad. Da sich alle kleinen Kriegsherren in Baijus Territorium Hulagu unterworfen hatten, konnte der Militärgouverneur seine Tumen ungestört über Land führen und sich mit der Hauptarmee vereinigen. Mit weiterer Verstärkung aus dem christlichen Georgien, das großes Interesse daran hatte, beim Angriff auf Bagdad dabei zu sein, hatte sich Hulagus Armee praktisch verdoppelt. Man forderte den Kalifen auf, sich zu ergeben, und er lehnte ab.

Der junge Mann, der als siebenunddreißigster Glaubensfürst regierte, war leider ein unfähiger und feiger Herrscher namens Mustasim. Seine Schwäche wurde von rücksichts-

Diese großen Steinkugeln wurden von Hulagus Armee
gemeinsam mit den Katapulten die Berge hinaufgeschleppt,
um die Assassinen-Festung in Alamut,
im Norden des heutigen Iran, anzugreifen.

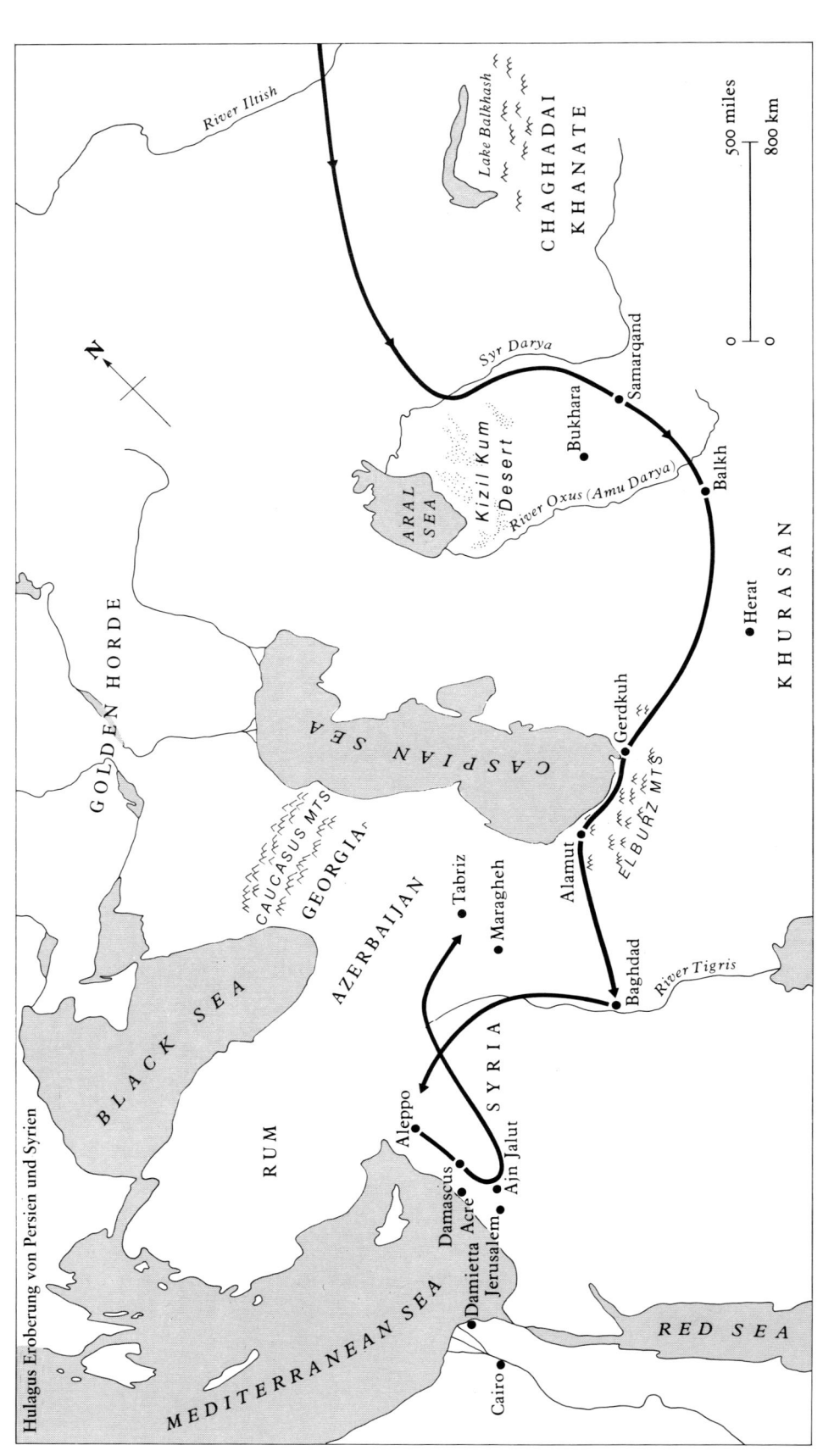

losen Beamten ausgenutzt, die die Stadt regierten, während sich Kalif Mustasim auf spirituelle Angelegenheiten konzentrierte. Als Führer aller Sunniten hätte er durchaus versuchen können, moslemische Armeen aus Marokko zum Schutze Bagdads zu rufen; statt dessen glaubte er seinem ersten Minister, Ibn al-Alkami, der ihm versicherte, daß die Gefahr nicht groß und Baghdads Verteidigung ausreichend sei. Ibn al-Alkami schickte jedoch gleichzeitig der herannahenden Armee eine geheime Botschaft, drängte sie zum Angriff und beschrieb ihr den traurigen Zustand von Bagdads Verteidigungsanlagen. Persische Berichte legen nahe, daß dieser Plan ein Racheakt des Ministers für die Verfolgung seiner Glaubensbrüder, der Shia Sekte, durch den Kalifen war. Währenddessen ritten Botschafter hin und her, boten Hulagu Tribut an, ergaben sich aber nicht, und hinter den Stadtmauern wuchsen Angst und Verwirrung.

Als Mustasim schließlich Befehl gab, die Stadt ordentlich zu verteidigen, waren die Mongolen nur noch einen Tagesmarsch entfernt. Er schickte 20 000 Mann gegen den Feind aus, doch als sie auf den Feldern in Sichtweite der Stadtmauern lagerten, zerstörten die Mongolen die umliegenden Wasserdämme und überfluteten das Lager. Wer nicht ertrank, wurde von der schweren Kavallerie der Mongolen in Stücke gehauen.

Währenddessen hatten Baijus Tumen die westlichen Vororte besetzt, die mit ihren riesigen Warenhäusern das kommerzielle Herz der Stadt bildeten. Vom Osten aus bauten Hulagus Ingenieure in den Vororten der Shia einen Graben mit Wehrgang, der schließlich die ganze Stadt umringte. Am 30. Januar begann der Beschuß Bagdads. Alles war so schnell gegangen, daß die Ochsenkarren mit der Munition aus den Jebel-Hamrin-Bergen immer noch drei Tage entfernt waren. Und so errichtete die Artillerie mit Palmenstümpfen und Steinen Mauern in den besetzten Vororten. Sieben Tage später griffen die Mongolen an und eroberten die östliche Mauer. Dort blieben sie, bis die Stadt sich schließlich ergab. Nachdem die Garnison herausgerückt war und ihre Waffen niedergelegt hatte, wurden alle fortgeführt und einzeln erschlagen. Der Kalif trat schließlich mit

Nächste Seite links: Die Fahnenträger des 37. Kalifen von Bagdad, Mustasim. Stets mit religiösen Dingen befaßt, vernachlässigte er fahrlässig die Verteidigung seiner Stadt.

Nächste Seite, rechts: Die Mongolen bei der Belagerung (wahrscheinlich) von Bagdad. Hulagus Armee baut eine Ponton-Brücke über den Burggraben. Aus einem Manuskript von Rashid al-Din.

ودخل القفص والجمالة والفرس والإبلة أنها لضعت على بالك فأضاعت بعض منزجها
وتشدد مرجعها فلما أتت بالرقعة وقعت بها درهما وقطعة وقلت لها إن رغبت في المسئوف المعلم
واسرت إلى الدرهم فوجي بالسر المنهم وإن أبت أن تترجى فخذى القطعة وأيسر حن

ثم إلى استخلاص البدر بالنعم والأبلج لهم وقلت دع جدالكم وبيعاً بدل ذلك فاستنظر
طلع الشيخ ببلدته والشعر ولبيح بردته فقلت إن الشيخ من أهل شروج وهو الذي ست

seiner Familie und 3 000 Höflingen heraus. Am 13. Februar begann die Plünderung von Bagdad.

Die Stadt verlor ihre kommerzielle Bedeutung, blieb aber ein wichtiges kulturelles, religiöses und intellektuelles Zentrum. Innerhalb der Stadtmauern gab es herrliche Moscheen, große Bibliotheken mit persischer und arabischer Literatur, die größte Universität der Welt und zahlreiche Paläste des Kalifen und seiner Familie. Bagdad beherbergte mit dem Schatz des Kalifen wahrscheinlich die umfangreichste persönliche Wertsammlung der Welt überhaupt. Es war die größte Stadt, die die Mongolen im Mittleren Osten eroberten, und in diese Oase der Kultur trugen sie Schwert und Fackel. Keiner der Eindringlinge machte sich eifriger an die Arbeit als das christliche Kontingent aus Georgien. Die Ostchristen, die sich in den Kirchen versteckten, wurden verschont, aber die moslemische Bevölkerung, ob Shia oder Sunniten, wurde gnadenlos ermordet. Die meisten Frauen und Kinder trieb man zusammen und brachte sie nach Karakorum – wie auch den Schatz des Kalifen.

Während Moscheen und Paläste brannten und die Schreie durch die Straßen der Nacht hallten, zwang man den Kalifen und seine Familie zu einem Bankett mit Hulagu. Danach wurden sie in den üblichen mongolischen Teppich eingenäht und von den Hufen mongolischer Pferde zu Tode getrampelt. So endete die Kalifen-Dynastie der Abbasiden, die 500 Jahre überdauert hatte. Der Verrat des ersten Ministers Ibn al-Alkami wurde belohnt. Er durfte seine Stellung unter der mongolischen Herrschaft behalten. Persische Berichte sprechen von 800 000 bis 2 000 000 Getöteten innerhalb der Stadtmauern. Auf jeden Fall war der Gestank der verwesenden Leichen so stark, daß die Mongolen ihre Lager – und das nicht zum ersten Mal – abbrechen mußten. Doch die persischen Historiker neigen beim Gemetzel von Bagdad zur Übertreibung, denn zwei Jahre später gab es eindeutige Zeichen für eine lebendige Wirtschaft in dieser Stadt.

Feldzug nach Syrien

Hulagu führte seine Armee nordöstlich nach Tabriz. An den Ufern des Urmieyeh Sees machte er Rast. Von der rauhen Schönheit der Felseninsel Shai, einem unfruchtbaren Monolith voller alter Steingräber, war er so beeindruckt, daß er dort ein Schatzhaus baute und einen Anteil seiner Beute lagerte. Sein Lager ließ er in der Nähe von Tabriz aufbauen, und dort wartete er. Die Nachricht vom Fall Bagdads verbreitete sich schnell über Syrien und Palästina. Es war eine der größten Katastrophen, die die islamische Welt je erlebt hatte. Ihre Auswirkungen gingen weit über den Islam hinaus, denn die schreckliche Nachricht versetzte auch die restliche zivilisierte Welt in Angst und Schrecken. Die Mongolen waren wieder da!

Die Ostchristen hatten 500 Jahre unter dem Joch des Islam gelebt und jubelten ihrem Retter Hulagu zu, der nun die Feinde Christi ins Meer werfen würde. Ein armenischer Chronist erklärte: "Bagdad hat während seiner Herrschaft die ganze Welt wie ein Blutegel ausgesaugt. Jetzt ist es für diese Blutschande bestraft worden, denn das Maß seiner Schändlichkeit war voll."

Als Hulagu in Syrien einmarschierte, begrüßte ihn eine lange Prozession von Prinzen, die ihrem neuen Herrn Tribut zollten und ihre Unterwerfung anboten. Prinz von Mosul schenkte Hulagu goldene Ohrringe, die er dem Mongolen auch selbst in die Ohren steckte. Er ging damit unfreiwillig auf einen privaten Scherz mit seinen Ministern ein, denn er hatte einst geprahlt, die Mongolen seien keine Bedrohung, und er würde diesen Aufsteiger Hulagu eines Tages an den Ohren ziehen. Prinz Kai-Kawus schenkte Hulagu ein Paar Schuhe, deren Sohlen mit seinem Porträt bemalt waren, damit der Mongole auf des Prinzen Antlitz wandeln könne.

Die Prinzen wurden Hulagus Vasallen und durften ihn mit Soldaten ausstatten. Und bald gab es kaum einen moslemischen Prinzen östlich des Tigris, der ohne mongolische Erlaubnis regierte. Natürlich gab es Ausnahmen. Der Prinz von Mayyafarakin, Kamil Muhammad, hatte dem Großen Khan in Karakorum das Bündnis versprochen, jedoch auch Soldaten zur Verteidigung des Kalifen geschickt. Als Hulagu von dem Verrat erfuhr und hörte, daß Kamil vor kurzem einen christlichen Priester hatte kreuzigen lassen, weil dieser mit einem mongolischen Paß durch seine Stadt gereist war, nahm er Rache. Er hieß einige seiner christlichen Kontingente – König Haytons 16 000 Armenier und eine große Anzahl Georgier – Mayyafarakin zu erobern. Die christlichen Kommandanten kümmerten sich besonders eifrig um Prinz Kamil Muhammad, fesselten das arme Opfer wie ein Huhn, schnitten ihm Fleischstücke aus dem Leib und fütterten ihn damit, bis er starb.

Bevor Hulagu sich anschickte, Syrien anzugreifen, schickte dessen Sultan al-Nasir seinen Sohn, um mit dem mongolischen Herrscher zu verhandeln. Er sagte, sein Vater wolle Frieden und dem Großen Khan in Karakorum Tribut zahlen. Hulagu antwortete dem Sultan in schönster persischer Prosa, daß er zum "Fall verdammt" sei. Unterwerfung sei

---

Nächste Seite: Hulagus Armee war die gefährlichste Macht, die je in den Mittleren Osten einfiel. Neben ihren reiterlichen Fähigkeiten brachten die Mongolen modernste Belagerungsmaschinerie mit.

nicht genug, er, Hulagu wolle Syrien regieren. Die Armeen des Sultans befanden sich in schrecklichem Zustand. Er hatte kürzlich gegen die Mamelucken von Ägypten gekämpft und dabei die Gebiete in Gaza und Jerusalem verloren. Nun forderten die Mongolen mit einer Armee von etwa 300 000 Mann seine sofortige Kapitulation – was, wie er wußte, mit seiner Hinrichtung enden würde. Verzweifelt wandte sich der Sultan an seine Feinde in Kairo, in der Hoffnung, die gleichgesinnten Moslems kämen ihm zu Hilfe. Dann schickte er einen geradezu selbstmörderischen Brief an Hulagu, lehnte dessen Bedingungen ab und verlangte, daß die Mongolen aus seinem Königreich verschwänden. Die Mamelucken in Ägypten indes waren von der mongolischen Armee genauso eingeschüchtert wie alle anderen und zeigten keine Neigung dem Sultan zu Hilfe zu kommen.

Die machtvolle Zitadelle in Aleppo stellte sich jetzt der mongolischen Bedrohung und bereitete sich fieberhaft auf den kommenden Angriff vor. Am 12. September 1259 überquerte Hulagu den Tigris und marschierte durch Harran, Nasibin und Edessa. Als die Ostchristen hörten, er habe mit Hilfe von Pontonbrücken den Euphrat bei Manbij überquert, feierten sie ihre Rückkehr nach Jerusalem. Sultan al-Nasir war schon lange nach Damaskus geflohen und hatte die Garnison von Aleppo seinem Onkel Turan Schah überlassen. Dieser alte Mann war der Meinung, Angriff sei die beste Verteidigung und schickte seine Männer los, die Mongolen auf offenem Gelände anzugreifen. Aber auch sie wurden in einen Hinterhalt gelockt und vernichtend geschlagen.

Vor Aleppo bauten die Mongolen ihre Artillerie auf, um die Stadtmauern zu zerstören. Das Bombardement dauerte sieben Tage, und am 20. Januar 1260 besetzten sie die Stadt. In der großen Zitadelle hielten der alte Turan Schah und die Reste der Garnison weitere vier Wochen stand, während in den Straßen der Stadt seine Männer getötet und Frauen und Kinder verschleppt wurden. Schließlich kapitulierte die Zitadelle. Aus Respekt davor, wie der alte Mann seine Stellung gehalten hatte, verschonten die Mongolen Turan Schah. Als die Nachricht vom Fall Aleppos Damaskus erreichte, verließ der Sultan auch diese Stadt.

Während al-Nasir auf dem Weg nach Ägypten war, kapitulierte das letzte moslemische Heiligtum, Damaskus, vor Ked-Buqas Armee. Sein Triumphzug wurde zu einer christlichen Angelegenheit, denn die Moslems mußten sich vor dem Kreuz verbeugen, das in einer Prozession durch die Straßen getragen wurde. Dahinter marschierte eine rein christliche Allianz: Ked-Buqa, ein wahrhaft östlicher Christ, König Hayton von Armenien und sein Schwiegervater, Graf Bohemund, der alte Kreuzfahrer aus Antiochia. Um die Schande der Moslems zu vergrößern, wandelten sie eine Moschee zur Kirche um und hielten darin eine Messe ab.

In der Zwischenzeit waren Hulagus Patrouillen ausgezogen, ihre Beute zu jagen: den

Sultan al-Nasir. Er wurde durch Samaria und bis nach Gaza verfolgt, wo er schließlich gefangen wurde. Als man al-Nasir in Hulagus Lager brachte, hatten die Mongolen bereits seine Drohung an die letzte islamische Armee von Bedeutung geschickt – die Mamelucken:

> *Ihr habt gehört, wie Wir das riesige Reich erobert und es von dem Unheil, das es schändete, befreit haben. Es ist an euch zu fliehen und an Uns, euch zu verfolgen, aber wohin wollt ihr fliehen und auf welchem Weg Uns entkommen? Unsere Pferde sind schnell, Unsere Pfeile scharf, Unsere Schwerter wie Donnerkeile, Unsere Herzen so hart wie die Berge, Unsere Soldaten so zahlreich wie der Sand. Befestigungen werden Uns nicht hindern, noch Armeen Uns aufhalten; eure Gebete zum Himmel werden nichts gegen Uns ausrichten.*

Dann erinnerte Hulagu sie (als ob das nötig wäre): "Zur Zeit seid ihr der einzige Feind, gegen den Wir marschieren müssen."

Die raschen Veränderungen in den Ländern ermöglichten den Kreuzrittern, sich in ihren großen Befestigungsanlagen entlang der Mittelmeerküste eine Atempause zu gönnen. Graf Bohemunds Loyalität während des Feldzugs in Syrien wurde belohnt, Hulagu übertrug ihm die Länder zwischen Aleppo und dem schmalen Küstenstreifen, den er bereits besetzt hatte. Diese Nachricht erreichte Rom mit dem Hinweis, daß Bohemund auf Hulagus Anweisung hin einen griechisch-orthodoxen Bischof anstelle eines Katholiken als Patriarch von Antiochia eingesetzt habe. Für Rom war dies Ketzerei, eine liberale Personalentscheidung. Die Katholiken, vor allem auch die Kreuzfahrer entlang der palästinensischen Küste, wurden nervös, und sie verstrickten sich in eine heftige Debatte über die mongolische Invasion und deren Bedeutung für ihre Zukunft.

Alle im Mittleren Osten sahen die islamische Macht vor dem Fall. Noch ein bedeutender mongolischer Sieg, und der Islam als politische Macht wäre erledigt. Die ostchristlichen Armeen, die mit den Mongolen gekämpft hatten, hielten den gesamten Feldzug nach wie vor für einen Kreuzzug, der das Heilige Land vom Islam befreien sollte – das glaubten sie seit König Haytons heimlichem Besuch in Karakorum. Bisher hatte sich das auch bewahrheitet: Christen waren in Bagdad, Aleppo und Damaskus verschont geblieben, Kirchen wurden repariert, und die Mongolen planten als nächsten Schritt eine

Nächste Seite: Die Zitadelle von Aleppo.
Die Mongolen waren von der Verteidigung der Garnison
so beeindruckt, daß sie das Leben des
Kommandanten Turan Schah verschonten.

Allianz mit den Kreuzfahrern im Orient. Hulagu, König Hayton und Graf Bohemund diskutierten den Marsch nach Jerusalem und dessen langersehnte Rückführung ins Christentum.

Mongolische Vergeltung in Polen

Doch hinter den Burgmauern der Kreuzritter – von Krak des Chevalier bis Akko – stritt man sich: Sollte sich das westliche Christentum mit dieser neuen Supermacht zusammentun oder lieber zurückstehen und unparteiisch bleiben? Kreuzritter wie Anno von Sangherhausen, der Großmeister der Deutschen Ritter, die sich mit der östlichen Christengemeinschaft besser auskannten, rieten zu einer Allianz. Doch Rom reagierte ablehnend: Die Mongolen waren Heiden, denen man nicht trauen sollte, die Ansichten der östlichen Christen spielten keine Rolle, weil die Kreuzritter ihre Befehle von Rom bekamen.

Es gab gute Gründe für Roms Unnachgiebigkeit, denn die Mongolen waren wieder in Europa eingefallen und schürten damit alte Invasionsängste. Vier Jahre, nachdem Mongke den Thron in Karakorum bestiegen hatte, war Batu Khan von der Goldenen Horde gestorben. In den folgenden drei Jahren war das Khanat von Batus Sohn schnell an seinen Enkel weitergereicht worden, bis Batus jüngerer Bruder Berke es schließlich übernahm. Während dieser Zeit der Instabilität und besonders, weil sich der Großteil der Armee mit Hulagu in Syrien befand, nutzten russische Prinzen die Gelegenheit, das mongolische Joch abzuschütteln. Prinz Daniel von Galizien, unterstützt von Prinz Mendovg von Litauen, hatte die mongolischen Außenposten aus Wolhynien verdrängt, jedoch kein weiteres Gebiet erworben, so daß beide Armeen in den befestigten Städten Galiziens blieben.

Als Berke Khan schließlich an die Macht kam, verlor er keine Zeit und stellte eine Armee zusammen, die zur Bestrafung eingesetzt werden konnte. Burundai führte diese Soldaten, zog mit ihnen durch Wolhynien und Galizien und zwang alle Städte dort, ihre Befestigungsanlagen zu zerstören. Bei der Verfolgung der flüchtigen Prinzen und wahrscheinlich auch zur Warnung jedes Nachbarstaates mit ähnlichen Ambitionen, führte Burundai seine Armee nach Polen. Die Zerstörung, die er hinterließ, war verheerender als die der Invasion von 1241. Alle Städte und Dörfer Nordpolens wurden zerstört, ebenso die Städte Lublin, Sandomir und das unglückliche Krakau, das sich noch kaum von der letzten Begegnung erholt hatte. Tausende Menschen wurden ermordet, bevor Burundai zurück nach Rußland ritt, ohne auf eine Gegenmacht getroffen zu sein.

Der neue Papst, Alexander IV., hatte die Nachbarstaaten aufgerufen, Polen zu Hilfe zu kommen, doch wieder gab es keine Reaktion. Verzweifelt rief er erneut und vergeblich zu einem Kreuzzug gegen die Mongolen auf. Es blieb ihm nur, den Grafen Bohemund zu exkommunizieren, weil dieser zusammen mit den östlichen Heiden in Syrien gekämpft hatte, und diese Tat die Kreuzfahrerstaaten in Palästina außerordentlich beeinflußt hatte. All diese Nachrichten erreichten die Kreuzritter, als sie gerade über eine Allianz beratschlagten und besiegelten ihren Entschluß. Zudem deuteten alle Anzeichen darauf hin, daß die mongolischen Armeen den tödlichen Schlag in jedem Fall führen würden, und so war eine Neutralität der Kreuzfahrer sowieso bedeutungslos.

Eine seltsame Allianz erringt den Sieg

Im Februar 1260, als Hulagu und seine Generäle gerade über den nächsten Schritt für den Marsch nach Jerusalem beratschlagten, erreichte ein reitender Bote das Lager des Khans mit Nachrichten aus China. Seit August des vorangehenden Jahres funktionierte das große mongolische Yam – das Straßen- und Herbergssystem, das über ganz Asien verlief und Nachrichten in die entferntesten Winkel des Reiches brachte. Während Mongke Khan seinen Krieg gegen die Sung führte, war er an Ruhr erkrankt und gestorben. Wieder ein Zufall der Geschichte, denn Mongke Khans Tod bewahrte den Islam vor der Zerstörung, wie Ögedei Khans Tod Europa vor Batus Horden gerettet hatte: Hulagu zog seine Armeen sofort aus Syrien zurück und versammelte sie um Marrakesch, wo er über die Lage nachdachte.

Mit Hulagus Rückzug veränderte sich die militärische Landschaft. Er hatte seinen gefürchteten Anführer Ked-Buqa mit einer kleinen Abteilung seiner großen Armee in Damaskus gelassen, um die Grenze seines Reiches zu schützen. Die ersten, die die mongolische Stärke auf die Probe stellten, waren die beiden Kreuzritter Julian von Sidon und Johann von Beirut, die Überfälle auf mongolisches Gebiet anführten. Ked-Buqas Vergeltungsschlag führte zur Plünderung Sidons und der totalen Zerstörung der Templerarmee von Johann von Beirut. Die Kreuzritter zitterten vor Angst. Doch die mongolische Aktion hatte ihre Stärke – oder vielmehr ihre Schwäche – deutlich gemacht. Die Mamelucken nahmen daraufhin Hulagus Kapitulationsforderung nicht mehr so ernst, schlugen nun jede Vorsicht in den Wind und marschierten aus, um die Mongolen auf ihrem eigenen Gebiet anzugreifen. Die Gelegenheit war günstig, und sie nutzten sie und zeigten ihre Entschlossenheit, indem sie die mongolischen Gesandten ermordeten und ihre Köpfe auf einem der Tore Kairos aufspießten.

Der Mameluckenführer Qutuz war von der Idee, den Islam und seine Zivilisation zu retten, begeistert. Kühn schickte er Boten zu den Kreuzrittern und bat um eine Allianz gegen die Mongolen. Die Kreuzritter konnten diese Bitte des Islams kaum glauben und hatten ernsthafte Probleme mit einer passenden Antwort. Trotz der kürzlichen mongolischen Überfälle gab es immer noch christliche Stimmen, die argumentierten, eine Allianz mit den Mongolen sei die beste Möglichkeit, das Heilige Land vom Islam zu befreien. Die Ritter mußten, bewußt oder unbewußt, tatsächlich über die Zukunft von Christentum und Islam im Mittleren Osten entscheiden. Die Erinnerungen an Sidon waren jedoch zu frisch, und die Kreuzritter konnten es sich auch nicht vorstellen, mit den Mamelucken gemeinsam zu kämpfen, also schickten sie Nachricht an Qutuz, daß sie seine Armee auf dem Zug nach Syrien zumindest nicht behindern wollten. Das war eine absolut grundlegende Entscheidung.

Qutuz führte seine Armee nach Norden durch Gaza, wo er eine kleine mongolische Armee auf der Patrouille vernichtete. Ermutigt zogen die Mamelucken dann weiter nach Norden, durch von Christen besetztes Gebiet, wo sie Versorgung und frische Pferde erhielten. Während Qutuz und seine Generäle in Akko die Gastfreundschaft der Kreuz-

Oben: Zwei Krieger üben den Schwertkampf, aus einem mameluckischen Lehrbuch für die Kavallerie. Die Kavallerie der Mamelucken hätten als einzige des Mittleren Ostens den Mongolen zu schaffen machen können.

Links: Krak des Chevaliers in Syrien. Die größte Festung der Kreuzfahrer im Mittleren Osten wurde verlassen, als die Mamelucken den Rest der chistlichen Enklaven überrannten.

ritter genossen, führte Ked-Buqa seine beiden Tumen, wahrscheinlich nicht mehr als 150 000 Männer, aus Damaskus hinaus und ritt nach Südwesten. In seiner Armee befand sich ein großes Kontingent syrischer Wehrpflichtiger. Am 3. September 1260 überquerte er den Jordan und begann seinen letzten Marsch gegen die Armee der Mamelucken.

Qutuz war in der Zwischenzeit ebenfalls ausgerückt, und die beiden Armeen zogen in das Tal, wo David gegen Goliath gekämpft haben soll. Bei Ayn Jalut, der Goliathsquelle, trafen die Mongolen schließlich auf die Vorhut der Mamelucken. Ked-Buqa griff an, und die Mamelucken drehten um und flohen. Die Mongolen waren in eine ihrer eigenen Fallen gelaufen, denn sie wurden direkt der Hauptarmee der Mamelucken zugeführt, die sich über die 6 km breite Tal verteilt hatte. Die Berichte über die Größe der beiden Armeen weichen voneinander ab, doch man weiß, daß das syrische Kontingent an einem gewissen Punkt – wahrscheinlich, als die Mongolen entdeckten, daß sie in eine Falle gelaufen waren – die Reihen aufbrach und floh. Von diesem Moment an waren die Mongolen im Nachteil.

Da Ked-Buqa erkannte, daß er sich nun mit der gesamten Armee der Mamelucken auseinandersetzen mußte, ließ er ihre Flanke angreifen und zerstörte den Flügel der Mamelucken. Qutuz war bestürzt über den verlorenen Vorteil und bangte um den Ausgang der Kämpfe. Für beide Seiten war es ein Kampf auf Leben und Tod, und die meiste Zeit stand es unentschieden. Doch dann geschahen zwei Dinge, die den Sieg entschieden. Als die Mamelucken Gefahr liefen, überrannt zu werden, soll Qutuz seinen Helm auf den Boden geworfen und befohlen haben, daß seine Truppen sich neu formierten und den Kampf wieder aufnahmen. Er erinnerte sie daran, daß sie nicht nur um ihr Leben, sondern auch um die Zukunft des Islam kämpften. Von diesem Ruf angefeuert, gruppierten sich die Mamelucken neu und griffen die Mongolen an. Gleichzeitig wandte sich das Schicksal gegen die Mongolen, als ihr Anführer Ked-Buqa in der Schlacht fiel. Es gibt auch Berichte, daß er von den Mamelucken gefangen und hingerichtet wurde. Wie auch immer, nach diesem Ereignis verloren die mongolischen Generäle schließlich die Nerven, wendeten ihre Armee und ritten davon. Sie wurden 12 km weit bis in die Stadt Beisan verfolgt, wo sie sich sammelten, um sich der mameluckischen Kavallerie zu stellen. Doch sie hatten bereits an Schwung verloren, und der folgende Zusammenstoß dezimierte ihre Reihen erheblich. Nur wenige Tage später erreichte ein Bote der Mamelucken Kairo mit dem Kopf von Ked-Buqa, aufgespießt auf einer Stange. Qutuz zog in Damaskus mit Triumph ein.

Die Schlacht im Tal von Ayn Jalut war eine der bedeutendsten Auseinandersetzungen der Weltgeschichte. Obwohl sie keine grundlegenden Änderungen brachte – sie vertrieb die Mongolen nicht aus dem Mittleren Osten –, zerstörte sie doch den Mythos von der Unbesiegbarkeit der Mongolen. Sie waren verwundbar wie jede andere Armee und ebenso von Glück und Pech abhängig. Ayn Jalut vereitelte auch weitere Eroberungspläne der Mongolen in diesem Teil der Welt. Als Damaskus und bald darauf Aleppo von den Mamelucken erobert wurde, schickten die Mongolen ihre Kontingente nach Syrien, um Rache zu üben. Doch es gab keine koordinierte Rückeroberung. Dies lag nicht nur an der Stärke der Mamelucken, sie waren bisher nicht auf die volle Macht der mongolischen Armee gestoßen und sollten es auch nie tun. Es gab Gründe für Hulagus Zurückhaltung – Gründe, die mit Ereignissen auf der anderen Seite Asiens zu tun hatten.

Khubilai Khan und China

Bei dem Tod eines Khans war es üblich, daß die Witwe so lange regierte, bis seine Nachfolge geklärt war; diese Politik gab Frauen eine kurze Gelegenheit, Einfluß auf das Geschehen im Reich zu nehmen. Leider richteten sich während der Herrschaft von Toregene und Oghul-Ghaimish die Energien größtenteils auf die Sicherung der Nachfolge ihrer Lieblingssöhne. Die bei weitem einflußreichste Frau am mongolischen Hof dagegen regierte niemals als Regentin.

Sorghaghtani Beki hatte ihrem Mann Tolui vier Söhne geboren, bevor er um 1233, wahrscheinlich an Alkoholvergiftung, starb. Bald darauf versuchte Ögedei, Sorghaghtani mit seinem Sohn Guyuk zu verheiraten – eine Vereinigung von Tante und Neffe –, um die beiden Häuser von Tolui und Ögedei zu vereinen. Aber die Witwe lehnte ab. Ihre Verpflichtungen gegenüber ihren Kindern seien zu groß, um die Verantwortung einer Ehe zu übernehmen.

Mit der Zeit wurde deutlich, daß die Qualitäten von Toluis Söhnen das Ergebnis von Sorghaghtanis Erziehung waren. Sie hatte sich während der Regierung von Ögedei und Guyuk als fähigste, gebildetste und mit Sicherheit weiseste Frau am mongolischen Hof hervorgetan, und mit dem Alter wuchs ihre Bedeutung. Der persische Historiker Rashid al-Din schildert sie als "extrem intelligent und geschickt und über alle Frauen in der Welt erhaben". Ein zeitgenössischer Dichter schwärmte noch lyrischer: "Wenn ich bei der Gattung Frau noch eine solche Frau fände, würde ich sagen, daß sie den Männern bei weitem überlegen sind!" Man kann nur darüber spekulieren, wie sie das Reich als Christin, die sie ihr Leben lang war, wohl regiert hätte. Wie anders hätte sie die verschiedenen päpstlichen Gesandten empfangen! Doch es sollte nicht sein.

Statt dessen kümmerte sich Sorghaghtani um die Erziehung und Ausbildung ihrer vier Söhne: Mongke, Khubilai, Hulagu und Ariq Boke. Mit List und Schläue erreichte sie nach Guyuks Tod eine Allianz mit Batu Khan und sicherte dadurch im Jahre 1251 die Wahl ihres ältesten Sohnes Mongke zum Khan. Leider starb die große Frau ein Jahr später. Sie erlebte aber noch den Erfolg ihres Sohnes mit der weiteren Ausdehnung des Reiches. Und ihr Einfluß zeigte sich noch lange danach durch ihre Kinder: Ein Großer Khan, der das Reich wiederbelebte; Hulagu, der Persien, Mesopotamien und Syrien eroberte; Ariq Boke, ein weiterer großer Heerführer mongolischer Tradition; und natürlich Khubilai, ein begnadeter Kämpfer, der gebildetste und kultivierteste und sicherlich der überragendste ihrer vier Söhne.

Chinesischer Einfluß

Sorghaghtani brachte ihren zweiten Sohn Khubilai 1215 in Chung-tu zur Welt, während sich ihr Mann und ihr Schwiegervater auf einem Feldzug gegen Nord-China befanden. Khubilai lernte wie jeder Mongole reiten und schießen, aber Sorghaghtani achtete ebenso darauf, daß er lesen und schreiben konnte, und so kümmerten sich uigurische oder chinesische Lehrer um ihn. Seine Kindheit verbrachte er auf den Ländereien seiner Mutter in Nord-China, und als er alt genug war, zog er auf sein eigenes Land in der Hopei-Region. Unter der Anleitung seiner Mutter beschäftigte sich Khubilai mit der Verwaltung seiner Länder und besonders mit dem Wohlbefinden seiner Landarbeiter, die zu dieser Zeit zahlreich ihre Höfe verließen und auswanderten. Sorghaghtani brachte ihm Verständnis für das Verhalten der Bauern bei, da die mongolischen Steuern viel zu hoch seien, und riet ihm bald etwas zu unternehmen, weil es sonst überhaupt niemanden mehr zu besteuern gäbe. Khubilai entließ die mongolischen Steuerbeamten und stellte Chinesen ein, die eine niedrigere und produktivere Steuerpolitik einführten. Khubilai zog damit die Aufmerksamkeit seiner Zeitgenossen auf sich, weil sowohl seine Diener als auch seine Ratgeber meist Chinesen waren. Bald beschwerten sich auch andere Mongolen darüber, daß er die meiste Zeit in China verbrachte und kaum je Karakorum besuchte, und daß er sich mit seinen chinesischen Untertanen zu identifizieren schien.

Trotz dieser Beschwerden übertrug Mongke Khan seinem Bruder Khubilai die Führung über einen wichtigen Teil des Feldzugs gegen die Sung: die Eroberung des Königreichs Ta-li südlich der Provinz Szetschuan, am östlichen Ende des tibetischen Plateaus – eine schwierige Aufgabe. Das Königreich der Ta-li war strategisch lebenswichtig und von den Mongolen ebenso begehrt wie von den Sung, da es den Zugang in die westlichen Gebiete der Sung und nach Burma und Thailand bot. Das Land wurde von Tibetern, Zentralasiaten und Chinesen bevölkert und war unabhängig geblieben. Khubilai führte seine Armee zunächst vom nördlichen Plateau durch Szetschwan in die Berge des tibetischen Plateaus. Dann unterwarfen er und seine Generäle die Ta-li erfolgreich und, ganz untypisch, mit einem Minimum an Blutvergießen. Es war ein überragender militärischer Erfolg, der Khubilai in die bereits lange Liste großer mongolischer Heerführer einreihte. Mongke Khan belohnte ihn mit Land, zusätzlich zu seinem bereits großen Ulus in Nordchina, wohin er mit seinen chinesischen Beratern zurückkehrte.

Er läßt eine wachsende Zuneigung für die Länder, die er regierte, erkennen und befiehlt den Bau einer Hauptstadt. Für die Chinesen war dies vollkommen logisch, doch die Mongolen in Karakorum empfanden das als Provokation. Um Ärger zu vermeiden, wählte Khubilai einen entfernten Standort: an der Grenze zwischen der Steppe und dem westlichen Teil des chinesischen Agrarlandes, nördlich des Flusses Luan und ungefähr zehn Tagesritte von Chung-tu entfernt. Aber seine mongolischen Gefühle vernachlässigte er vollkommen, als es um den Bau der Stadt ging. Es entstand eine klassische chinesische Kaiserstadt, den Namen ausgenommen.

Sein wichtigster chinesischer Berater Liu Ping-chung überwachte die Konstruktion des zukünftigen K'ai-p'ing. Liu schuf eine typisch chinesische Stadt: Ein nahezu perfektes Quadrat, dessen Seiten sich an den vier Himmelsrichtungen ausrichteten. Sie bestand aus drei ummauerten, ineinander liegenden Teilen – der Außenstadt, der Kaiserstadt und, im Herzen des Komplexes, der Palaststadt. Der Stil der Häuser und Hallen und Tempel der Palaststadt ließ Lius' Einfluß am deutlichsten erkennen. Er hatte die Erbauung von acht großen buddhistischen Klöstern in den "acht Ecken" der Stadt angeordnet, also an allen vier Himmelsrichtungen und den dazwischenliegenden Punkten. Diese acht Punkte entsprachen den grundlegenden Forderungen des I Ging (Das Buch der Wandlungen), dem konfuzianischen Buch der Weissagung. Die Stadt hätte chinesischer nicht sein können. An der nördlichen Mauer stand das größte Gebäude, das Da'an Ge, eine große Halle für Audienzen und Bankette. Sie wurde von chinesischen Handwerkern und Malern erschaffen, unter ihnen der berühmte Künstler Wang Zhenpeng, der für Khubilai arbeitete.

Zehn Jahre nach Beginn des Baus änderte Khubilai den Namen der Stadt und nannte sie auf Chinesisch Shang-tu (Obere Hauptstadt). Marco Polo beschrieb sie malerisch, von Flüssen und Wäldern umgeben und mit Wild, das der Große Khan jagte. In seinem Bericht übersetzte er Shang-tu fälschlicherweise mit Ciandu – was der Dichter Samuel Coleridge schließlich in Xanadu verwandelte. Die Wälder und Felder, "wo Alph, der heilige Fluß, verlief", bildeten die 6,5 Hektar der Außenstadt. Es war der Jagdpark des Khans, eine künstliche Steppe, Khubilais Bekräftigung seines mongolischen Ursprungs.

Doch lange bevor Khubilai die Stadt in Shang-tu umbenannt hatte, erregte ihre bloße Existenz Ärger in Karakorum. Die Traditionalisten fanden, Khubilai sei fremdgegangen – er habe sich mit seinen Untertanen mehr als nur identifiziert und habe sich von den Attraktionen der chinesischen Zivilisation völlig vereinnahmen lassen. Daß ein Prinz sich eine Stadt in China baute war schon schlimm genug, aber als Berichte kamen, daß die Stadt mit ihren Marmorhallen und herrlichen Tempeln Karakorum ausstach, sahen Mongke Khans Ratgeber darin eine Bedrohung der traditionellen mongolischen Lebensweise. Bald hörte der Große Khan auch, daß sein Bruder die mongolische Steuerpolitik über Bord geworfen hatte und chinesisches Recht ausübte. Der Vorwurf des Verrats wurde erhoben, die Kluft zwischen den Brüdern wuchs, und drohte in einen offenen

Konflikt auszubrechen. Es gab sogar Pläne, den jungen Aufsteiger zu ermorden, doch die Familienbande erwiesen sich als stärker und schließlich gelang die Versöhnung.

Es schien, daß die Konservativen in Karakorum erst einmal zum Schweigen gebracht worden waren. Khubilai änderte seine Steuerpolitik ein wenig, und im Jahre 1257 ritten die beiden Brüder gemeinsam gegen die Sung. Khubilai erhielt wieder das Kommando über ein großes Armeekontingent. Dieser Feldzug war eine einfallsreiche Koordination zweier separater Angriffe, einer aus dem Norden und der andere – von Khubilai – aus dem Westen. Alles verlief erfolgreich, vor allem die Kämpfe von Khubilai. Doch dann, am 11. August 1259, als die Mongolen gerade auf dem Weg zum Sieg waren, starb Mongke Khan in den Bergen von Tiao-yu Shan an der Ruhr.

Bürgerkrieg der Nachfolger

Wie wir gesehen haben, beendete die Nachricht von Mongkes Tod Hulagus atemberaubenden Feldzug im Mittleren Osten und brachte die Mongolen dort in höchste Gefahr. Der Tod Mongke Khans hatte weitere Folgen: Er führte wieder zu einer chaotischen und komplizierten Wahl eines Nachfolgers. Alle Gegner von Khubilai in Karakorum ergriffen die Möglichkeit, ihn anzufeinden. Obwohl keines der anderen großen Häuser von Dschingis – Ögedei, Dschagatai oder Jochi – eine ernsthafte Herausforderung stellte, kam es zu heftigem Streit. Der Einfluß Sorghaghtanis auf ihre Kinder war nicht mehr gegeben, und das Reich geriet schließlich in den Bürgerkrieg.

Als Khubilai vom Tod seines Bruders erfuhr, war er gerade dabei, seine Armee in Vorbereitung auf den gemeinsamen Angriff nach Süden zu führen, und hatte soeben die nördlichen Ufer des Flusses Yangtze erreicht. Doch anstatt nach Norden zurückzukehren, um an einem Quriltai teilzunehmen, beschloß Khubilai, seinen Teil des Feldzuges fortzuführen. Er kannte die Stimmen gegen ihn in Karakorum genau und glaubte vermutlich, daß ein spektakulärer neuer Sieg gegen die Sung seine Nachfolge sichern würde. Damit traf er eine weitreichende Entscheidung – und eine schlechte.

Nächste Seite: Marco Polo und seine Brüder überbringen Khubilai Khan die päpstlichen Briefe. Khubilai war von den italienischen Reisenden so angetan, daß er sie siebzehn Jahre in seinem Dienst im Fernen Osten behielt. Aus Le Livres du Graunt Caam (Das Buch des Großen Khan), um 1400.

In den folgenden zwei Monaten drang er tiefer in das Gebiet der Sung ein, überquerte den Yangtze und belagerte schließlich die stark befestigte Stadt O'chou. Die Mongolen stellten sich auf eine lange Belagerung ein, während die Sung Gesandte schickten und hofften, ein Bestechungsgeld würde die Mongolen vertreiben – doch die Zeiten hatten sich geändert. Khubilai lehnte das Angebot ab und beschloß zu warten.

Unglücklicherweise spielten sich in diesen kostbaren Monaten, in denen er vor den Mauern von O'chou lagerte, dramatische Ereignisse in der Mongolei ab. Während all der Jahre, in denen Khubilai und Hulagu in China und Persien gewesen waren, war ihr jüngster Bruder Ariq Boke im Herzen der Mongolei geblieben. Er war sehr provinziell und inmitten eines engstirnigen und konservativen Adels aufgewachsen und hatte sich dadurch zum Vertreter traditioneller mongolischer Werte entwickelt. Sein Gefolge fühlte sich von den neuen Machtzentren isoliert und verachtete Hulagu und Khubilai, weil sie die mongolischen Werte verraten und gegen das sanfte Leben in den Städten eingetauscht hatten. Für sie wurde Ariq Boke zu der Leitfigur, die das Reich wieder zu seinem Ursprung zurückführen konnte – wenn nötig, mit Gewalt. Mächtige Personen in Karakorum unterstützten Ariq Boke: die Söhne des verstorbenen Khans, eine seiner Witwen, die Enkel von Ögedei, Chaghadai und Jochi, sowie viele wichtige Beamte und Berater. Heimlich hatten sie eine Armee aufgestellt, und im November marschierten sie auf K'ai-p'ing und Chung-tu zu.

Als Khubilai davon erfuhr, muß er das Schicksal verflucht haben, denn gerade, als die erste große Stadt der Sung fiel, mußte er seinen Feldzug und den Großteil der Länder, die er erobert hatte, verlassen und nach Hause zurückkehren. Nachdem er K'ai-p'ing mit einer Garnison gesichert hatte, schloß er sich mit seinen Beratern ein und plante seine nächsten Schritte. Man war einstimmig der Meinung, daß Khubilai so schnell wie möglich seine Herrschaft festigen müsse; und so berief er einen Quriltai ein und ließ sich am 5. Mai 1260 zum Großen Khan wählen.

Dies war wieder falsch. Anstatt mit seiner Armee nach Karakorum zu reiten, seine Verleumder zu stellen und ein Quriltai zu verlangen, konnte man ihm nun vorwerfen, sich unrechtmäßig den Titel Großer Khan zugelegt zu haben. Bei seinem Quriltai war niemand von dem führenden Adel der Mongolen anwesend, und dazu hatte er auf fremdem Boden stattgefunden. Das war alles nicht legal. Als Karakorum nun offen revoltierte, verhielt sich Khubilai noch chinesischer als vorher und rief seine Untertanen zu Hilfe. Als Gegenleistung bot er ihnen Steuererleichterungen, Essen für die Hungernden und das Versprechen, das Land wieder zu vereinen. Dies waren die Worte eines typisch chinesischen Kaisers; er hätte kaum etwas Wirkungsvolleres tun können, um Karakorum aufzustacheln. Es folgte ein vierjähriger Bürgerkrieg.

Bei den Kämpfen in der Mongolei nutzte Khubilai die natürlichen Schwächen Karakorums aus: die schwierige Versorgungslage der Stadt, vor allem mit Getreide und anderen Konsumgütern. Sie war immer eine künstlich aufrechterhaltene Siedlung gewesen, weil es der Große Khan so gewollt hatte, und konnte nur mit einer ständigen Flut lebenswichtiger Güter von außen existieren. Als diese Quelle versiegte und Karakorum völlig isoliert war, wandte sich Ariq Boke nach Zentralasien, zu den großen fruchtbaren Ländern im Südwesten, die unter der Kontrolle der Dschagatai Khane lagen. Als der regierende Khan dort starb, ergab sich die Möglichkeit für einen Zusammenschluß. Ariq Boke drängte seinen Gefolgsmann Alghu – zufällig ein Enkel von Dschagatai – , sich um das Khanat zu bewerben. Wäre Alghu erst einmal gewählt, könnte Ariq Boke über beinahe ein Viertel Asiens herrschen.

Von der anderen Seite Asiens, nahe den Ufern des Urmiyeh-Sees, beobachtete Hulagu mit wachsender Sorge, wie sich der Krieg zwischen seinen Brüdern entwickelte. Er hatte Khubilai seine Unterstützung zugesagt und bangte deshalb um seine eigene Stellung. Der Feldzug nach Persien hatte die Länder von Mongke Khan nach Westen ausdehnen sollen. Aber natürlich wollte er auch selbst Khan der Länder werden, die er gerade eroberte. Doch wenn Ariq Boke und die Armeen der Hauptstadt siegten, mußte er damit rechnen, alles zu verlieren. Die Nachricht, daß Ariq Boke seine Herrschaft durch seinen Vasallen Alghu offenbar auf das Dschagatai-Khanat ausgedehnt hatte, war beunruhigend.

Ein zusätzliches Problem war Berke, der Khan der Goldenen Horde. Als Moslem hatte er die Zerstörung der islamischen Städte durch seinen Cousin sehr schmerzlich empfunden. Die Mamelucken wußten das und versuchten, ihn zum Partner zu gewinnen. Im Jahre 1260 war Baybar nach einem Regierungssturz der neue Führer der Mamelucken geworden. Er schickte geheime Botschafter zu Berke und drängte ihn, gemeinsam einen heiligen Krieg gegen Hulagu zu führen. Berke willigte ein und begann, eine große Armee zusammenzustellen.

Nach zwei Jahren innerer Machtkämpfe, kultureller Spaltungen und offener Habgier der verschiedenen Gruppen, fiel das Reich auseinander: Mongolen kämpften im Herzen des Reiches gegen Mongolen, und ein mongolischer Herrscher war eine Allianz mit Fremden eingegangen, um gegen seinen mongolischen Bruder zu kämpfen. Angesichts dieses Chaos' gab Hulagu seinen Ehrgeiz, das Mittelmeer zu erreichen, auf und suchte Verbündete, wo immer er sie finden konnte, um sein Gebiet gegen Berkes Armee zu verteidigen.

Im Jahre 1262 schrieb Hulagu an Ludwig IX. und schlug vor, daß der König von Frankreich sich mit ihm gegen die Mamelucken verbündete. Leider gibt es keine

Überlieferung der königlichen Antwort. Diese Jahre sollten zum Sargnagel für die Christen in Palästina werden. Vereint mit den Christen wäre es Hulagu vielleicht gelungen, die Mamelucken aus Syrien und Palästina zu vertreiben. Doch statt dessen fühlten sich die Mamelucken jetzt stark genug – nachdem zwei große mongolische Mythen zerstört (ihre Unbesiegbarkeit, die im Sand bei Ayn Jalut vergraben lag, und ihr Zusammenhalt, der mit der Allianz Berke Khans zerstört wurde) waren –, den gesamten Mittleren Osten von den Heiden zu befreien. Das erste Ziel waren die verbliebenen Burgen der Kreuzfahrer an der Mittelmeerküste.

Als Hulagu 1265 starb und bald darauf seine christliche Frau Doquz-Khatun, beklagten die Ostchristen den Tod eines modernen Konstantin und seiner Helena – sie waren ihre letzte Hoffnung gewesen, Jerusalem wiederzubekommen. Doch Hulagus Sohn Abaqa setzte die Politik seines Vaters mit gleichem Enthusiamus fort. Er kämpfte gegen Berke und schickte gleichzeitig Botschafter zum Vatikan, in der Hoffnung, beim Papst Unterstützung gegen die Mamelucken zu finden. Abaqa glaubte, vielleicht naiverweise, das Christentum würde schließlich erkennen, daß sie die gleichen Ziele hätten. Doch der Papst war nicht leicht zu überzeugen. Die Christen in Palästina und Europa erinnerten sich nur zu gut an die zahllosen Überfälle der Mongolen und waren der Meinung, es sei nur eine Frage der Zeit, bevor sich die Mongolen wieder gegen sie wendeten, wenn sie sie gegen die Mamelucken unterstützten. Und so erhielt Abaqa keine Hilfe aus Europa, und die Mamelucken konnten ihren Einfluß an der Mittelmeerküste ungehindert ausdehnen.

Abaqa mußte sich also auf die Bedrohung durch Berke konzentrieren. Dies hatten die Mamelucken mit ihrer Allianz mit der Goldenen Horde beabsichtigt: Beide Khanate hatten solch enorme Armeen zusammengestellt, daß es aussah, als solle das Reich in einer riesigen Feuersbrunst verschwinden. Berke führte mehr als 200 000 Mann an, Abaqa stand vor einer ähnlich großen Armee. Doch der Holocaust sollte nicht stattfinden, da Berke im Jahre 1267 plötzlich starb. Sein Nachfolger, Mongke-Temur, wollte den Krieg nicht weiterführen, obwohl er ebenfalls Moslem war und zog sich zurück. Zu diesem Zeitpunkt hatte sich auch der Krieg im mongolischen Heimatland entschieden.

Ariq Boke hatte den Krieg optimistisch begonnen, doch es war bald deutlich, daß er weder die Intelligenz noch die Mittel besaß, Khubilai zu schlagen. Sein großer Plan, sich durch das Dschagatai Khanat zu versorgen, schlug fehl, weil sich sein ehemaliger Ge-

Portrait von Khubilai Khan aus dem
National Palace Museum, Taipei.

treuer und der jetzige Alghu Khan als unverläßlicher Verbündeter erwiesen hatte. Nachdem er beinahe über Nacht vom Vasallen zum Khan aufgestiegen war, kannte der Ehrgeiz des jungen Mannes plötzlich keine Grenzen mehr. Er zog Vorteil aus Ariq Bokes Verwundbarkeit und griff seinen ehemaligen Herrn an. Ariq Boke führte bald einen hoffnungslosen Kampf, weil er von seiner Versorgung abgeschnitten war und wenig Soldaten besaß. Mit den Mißerfolgen verschwanden auch seine überzeugtesten Anhänger. Während er im Westen gegen den verräterischen Emporkömmling kämpfte, näherte sich Khubilai stetig von Osten. Im Jahre 1264 war der junge Thronbewerber gezwungen, seine Niederlage anzuerkennen und Frieden zu schließen.

Damit war Khubilai zum mächtigsten Mann in Asien geworden. Doch wenn er sich vorgestellt hatte, die restlichen Khane würden sich ihm anschließen und ihn bei einem Quriltai öffentlich zum Großen Khan erklären, hatte er sich geirrt. Niemand von Bedeutung griff seine Wahl an, aber es war auch keiner sonderlich interessiert, bei seiner Krönung anwesend zu sein. Das große Reich war in den letzten fünf Jahren des Krieges aus den Fugen geraten. Für die weit verstreuten Höfe der Khane war die lange Reise durch Asien zur Krönung eines Großen Khans nicht mehr so verlockend, wie unter Ögedei oder Mongke. Folglich umgab Khubilais Amt eine gewisse Unrechtmäßigkeit, die ihm für den Rest seiner Regierung anhaften sollte.

Reformen und Neuerungen

Diese Kriege hatten das Reich anders hinterlassen als die der 50er Jahre. Es war keine wirkliche Union von Khanaten mehr, die alle dem Großen Khan unterstanden. Jedes große Khanat beschritt nun seinen eigenen Weg, und obwohl alle einvernehmlich Tribut an Khubilai zahlten, konnte das Reich nie wieder hinter der Politik eines einzelnen Mannes vereint werden. Der große Feldzug Hulagus nach Persien war der letzte, der jemals im Namen eines Großen Khans unternommen wurde.

Khubilai wollte die Veränderungen nicht wahrhaben und erwartete noch Jahre lang, daß seine Befehle auch in den entferntesten Ecken seines Reiches ausgeführt würden. Er hielt stets enge Verbindung mit dem Iligkhan in Persien. Die Goldene Horde und das Khanat von Dschagatai blieben jedoch außerhalb seiner Reichweite. Doch diese Situation beeinflußte das Leben an seinem Hof nur wenig, denn ohne Frage beschäftigte er sich hauptsächlich mit der Regierung Chinas.

Khubilai umgab sich mit einer großen Gruppe außerordentlich fähiger chinesischer Beamter, aber die vermutlich einflußreichste Figur am Hof von Khubilai Khan war eine

Mongolin, seine Hauptfrau Chabi. Sie besaß viele der Qualitäten, die ihre verstorbene Schwiegermutter, Sorghaghtani Beki, auch besessen hatte. Ihr Interesse an der Regierung des Landes war deutlich, und oft überstimmte sie mongolische Berater, wenn deren Politik die traditionelle Agrarwirtschaft der Chinesen zu zerstören drohte. Chabi wußte, welch enormer Reichtum in der Landwirtschaft lag – was die Mongolen niemals einsahen. Ihr Einfluß reichte in den höfischen Alltag bis hin zur Gestaltung mongolischer Uniformen. Sie teilte mit Khubilai die Vision, eine neue und dauerhafte Dynastie zu schaffen, die mit allen großen Zeiten chinesischer Geschichte vergleichbar war. Deshalb ermutigte sie ihren Ehemann schließlich, dem großen chinesischen Kaiser T'an T'ai-tsung nachzueifern.

Bei seinem Bemühen, das Land im Interesse der Chinesen zu regieren, vergaß Khubilai weder seine mongolische Herkunft noch seine Rolle als Großer Khan und bekannte sich stets zu seinem mongolischen Erbe. Als er seine Regierung Chinas aufbaute, merkte er, wie hinderlich die mongolische Tradition war, eroberte Länder als Apanagen unter der Elite aufzuteilen. Es mußte eine neue, zentralisierte Struktur geschaffen werden, die es den Mongolen erlaubte, die Zügel in der Hand zu behalten. Es gab wahrscheinlich nur einige Hunderttausend Mongolen in China, aber viele Millionen Chinesen – eine schwierige Konstellation. Viele der Vorschläge seiner chinesischen Berater fanden Beachtung, aber stets blieben Schlüsselfunktionen in mongolischer oder nicht-chinesischer Hand. Khubilai erreichte das mit der Schaffung einer klaren sozialen Schichtung seiner Untertanen. Er legte zunächst drei, später vier soziale Klassen fest. Die wichtigste war die der Mongolen selbst, dann kam die der Zentralasiaten in mongolischem Dienst, gefolgt von der Klasse der Nordchinesen und schließlich der Südchinesen.

Beherrscht wurde das Ganze von drei großen Verwaltungen: dem Sekretariat für alle zivilen Angelegenheiten, dem Geheimen Staatsrat für militärische Angelegenheiten, und dem wichtigsten der drei, dem Zensorat, das über alle Regierungsbeamten des Landes berichtete und sie beaufsichtigte. Jede dieser Verwaltungen unterhielt Außenstellen in allen Provinzen, die die Anweisungen des Hofes ausführten. Khubilais vorrangige Ziele waren, die Ruhe im Lande sicherzustellen und seine Regierungsbeamten loyal und unbestechlich zu halten. Darüber hinaus förderte er vor allem die wirtschaftlichen Aktivitäten.

Als Khubilai das nördliche China erbte, war es in einem traurigen Zustand. Es hatte sich noch immer nicht von den verheerenden Zerstörungen Dschingis Khans in den zwanziger Jahren und den fürchterlichen Folgen der Eroberungskriege unter Ögedei erholt. Man kann wohl nicht behaupten, daß Khubilai die Kriegsführung seines Großvaters bereute, aber Berichte zeigen, daß er der gepeinigten Bevölkerung große Erleichte-

rungen verschaffte. Er befreite Gebiete, die kurz vor dem Zusammenbruch standen, von der Steuer, kürzte die Abgaben der Bauern und Seidenspinner und versorgte Witwen und Waisen mit Getreide.

Um die Bauern zu ermutigen, auf das Land zurückzukehren, gründete er eine Behörde zur Förderung der Landwirtschaft – eine außerordentliche Maßnahme für einen Mongolen. Gleichzeitig ließ er Hunderte von Getreidesilos bauen, besonders im Norden, wo ständig Hungersnöte drohten und organisierte die Landarbeiter schließlich in Kollektiven mit dem Namen She. Jedes She war dafür verantwortlich, Land urbar zu machen und zu bewässern, Getreide anzupflanzen, in Seen und Flüssen die Fischbestände zu fördern. Die She hatten einen gewählten Anführer, der die Macht bekam, Erfolg zu belohnen und Fehlschläge zu bestrafen. Diese kleinen, selbstverwaltenden Gruppen sollten dem einfachen chinesischen Bauern die Verantwortung für sein eigenes Leben geben. Die She waren auch ein nützliches Instrument, die Kontrolle über die Menschen zu behalten, Zählungen durchzuführen, die Massen zu erziehen und Nachrichten zu vermitteln. Khubilai erließ sogar Gesetze, die es seinen Landsmännern verboten, ihre Herden auf dem Land weiden zu lassen, das von einem She bewirtschaftet wurde.

Der Khan förderte auch Gruppen, zu denen die Mongolen traditionell gute Beziehungen pflegten – Handwerker und Händler. Mit öffentlichen Aufträgen sicherte er Künstlern und Gewerbetreibenden ständige Arbeit. Gesetze, die die Korruption unter den Beamten einschränkten, unterstützten diese Aktivitäten. Doch das Wichtigste für die Wirtschaft war die Förderung der Handelsbeziehungen mit dem Rest von Asien.

China war immer von der restlichen Welt abgeschnitten gewesen, es versorgte sich selbst, weil es über die meisten Rohmaterialien verfügte und sich für die Außenwelt überhaupt nicht interessierte. Und wenn es Händler an Chinas Küsten verschlug, wurden sie von den konfuzianischen Beamten mit großer Verachtung gestraft: Man sah in ihnen Scharlatane oder Parasiten und empfand den Handel selbst als eher unrühmliche Tätigkeit.

Der Mongole Khubilai sah Händler in einem ganz anderen Licht und gab ihnen einen hohen Status. Es bestanden bereits solide Beziehungen zwischen der mongolischen Aristokratie und Handelsgesellschaften, den Ortagh. Sie wurden mit einer Art Venture Capital ausgestattet und veranlaßten Handelsreisen durch ganz Asien, die exotische Güter

Khubilais Frau Chabi mit dem Baqtaq, dem Kopfschmuck der verheirateten Frauen. Aus dem National Palace Museum, Taipei.

und Profite für den usprünglichen Investor zurückbrachten. Die Ortagh funktionierten auch umgekehrt und gewährten den mongolischen Höfen Darlehen, vor allem, wenn neue Eroberungen geplant wurden. In China gründete Khubilai schließlich eine Behörde, die die Beziehung zwischen der Regierung und den Ortagh festlegen sollte. Er förderte diese Einrichtungen vor allem für den Handel in China, wo er den Austausch von Gütern und Geld an der Grenze kontrollieren konnte, und sie waren Teil eines großen Wirtschaftsplanes für China.

Wenn ein Händler chinesischen Boden betrat, mußte er sein Gold und Silber in Papiergeld umtauschen, das von Khubilais Schatzmeister sorgfältig ausgegeben wurde. Im übrigen war die gesamte Bevölkerung dazu angehalten, Edelmetalle in Papiergeld umzutauschen und dieser Geldhandel wurde zum Grundstein von Khubilais bemerkenswert hochentwickelter Wirtschaftspolitik. Die Händler akzeptierten das neue System, weil es ihnen den gesamten chinesischen Markt erschloß und ihren Handel erheblich erleichterte. Für den Schatzmeister bedeutete es die Möglichkeit, die Preise zu kontrollieren, und er wurde zu einer bedeutenden Institution für Geldmittel, die für Feldzüge gebraucht wurden.

Der mongolische Hof gab auch anderen sozialen Gruppen einen höheren Status, ganz gegen die konfuzianischen Traditionen. Neben Händlern und Künstlern genossen auch Ärzte einen hohen Ruf. Khubilais Hof lud erfahrene Praktiker aus Indien und den moslemischen Ländern nach China ein, um ihr Können unter Beweis zu stellen. Es wurden Krankenhäuser gebaut und schließlich eine medizinische Akademie errichtet, um die Ausbildung der Ärzte zu gewährleisten. Auch andere Wissenschaftler wie Astronomen und Mathematiker wurden gefördert.

In Persien hatte man die größten Fortschritte in der Astronomie und bei der Kalkulation von Kalendern gemacht. Unter Hulagus Anweisung wurde im Jahre 1263 in Maragheh ein großes Observatorium gebaut, das in den sechziger Jahren viele Entdeckungen machte, die auch in China bekannt wurden. 1267 holte Khubilai den persischen Astronomen Jamal al-Din ins Land. Er sollte chinesischen Astronomen helfen, Instrumente zu bauen, die in Persien entwickelt worden waren. Dieser Austausch mit dem Iligkhanat führte zu Khubilais Gründung eines Institutes für moslemische Astronomie. Hier entwickelte der chinesische Astronom Kuo Shou-ching seinen berühmten Jahreszeitenkalender, der 400 Jahre lang die Basis für die chinesische Zeitrechnung war.

Die neue große Hauptstadt

Lange bevor Kuo Shou-chings großes Werk abgeschlossen war, drückte Khubilai dem chinesischen Leben ein Siegel auf, das noch länger andauern sollte: Er befahl den Bau der großen Landeshauptstadt. Der Enkel des großen Zerstörers sollte als großer Erbauer berühmt werden. Die neue Stadt lag nahe bei der alten chinesischen Hauptstadt Chung-tu im reichsten und bevölkerungsstärksten Teil Nordchinas. Die Arbeit an Ta-tu (Große Hauptstadt) wurde 1266 aufgenommen. Die Stadt sollte nach traditionellen konfuzianischen Richtlinien erbaut werden, denn Khubilai wollte damit die Herzen und den Verstand der chinesischen Intellektuellen gewinnen.

Die neue Stadt wurde mit einem riesigen Erdwall von beinahe 30 km Länge umgeben. Wie in K'ai-p'ing, seiner Stadt am Rande der Steppe, gab es innerhalb der Außenmauer zwei Innenringe, die die verschiedenen Sektionen der Stadt einschlossen. Im innersten Ring lebten Khubilai und Gefolge in der Kaiserstadt, davor die Verwaltungs- und Regierungsbeamten, und im äußersten Ring, die einfachen Chinesen und Zentralasiaten.

Es gab aber auch andere Elemente als die chinesischen in dieser Stadt. Der führende Architekt, Yeh-hei-tieh-erh, war ein Moslem aus Zentralasien, und die Handwerker waren aus allen vier Himmelsrichtungen des Reiches zum Bauen gekommen. Khubilais Schlafquartiere im Palast wurden mit Teppichen, seidenen Vorhängen und Läufern ausstaffiert, wie in einem typischen mongolischen Ger. Die

Ein Geldschein der Yüan. Khubilai versuchte, die Wirtschaft fest in seiner Kontrolle zu halten und war mit der Einführung von Papiergeld sehr erfolgreich.

Links: Persische Astronomen bei der Arbeit. Ihr Ruhm veranlaßte Khubilai, die Begabtesten nach China zu holen, um die Gründung des Instituts für moslemische Astronomie zu unterstützen.

Rechts: Das Observatorium von Gaocheng in der Provinz Honan, eines von siebenundzwanzig Observatorien, die von Khubilai gegründet wurden, um den chinesischen Kalender neu zu berechnen, der die Landwirtschaft ankurbeln sollte.

Stadt erhielt die traditionellen chinesischen Seen, Brücken und Gärten, aber in diesen Gärten standen Gers, in denen die Mitglieder der königlichen Familie wohnen sollten. Ta-tu unterschied sich auch noch in anderer Hinsicht von einer typisch chinesischen Stadt. Ihr Standort war so gewählt, daß er gut zu verteidigen und gleichzeitig offen für die Außenwelt war. Spähtürme entstanden an den Haupttoren, und es wurde für eine gute Wasserversorgung und eine ausreichende Zahl von Lagerhäusern für Getreide gesorgt.

Mit der Arbeitskraft von beinahe 30 000 Männern nahm die Stadt bemerkenswert schnell Gestalt an. Im Jahre 1271 arbeitete man bereits an den Palästen und Tempeln der Kaiserlichen Stadt, in die Khubilai 1274 einzog. Als Ta-tu Form annahm, wurde K'ai-p'ing in Shang-tu (Obere Hauptstadt) umgetauft und zur Jagdresidenz des Khans, wenn es in Ta-tu heiß und schwül war, erkoren.

Kurz nachdem die Arbeit an der Stadt vollendet war, begann Khubilai mit der Erweiterung des Großen Kanals – einem noch größeren Projekt, das es erlaubte, Getreide aus dem fruchtbaren Süden über den Wasserweg in die neue Hauptstadt zu bringen. Mit Hilfe von 3 Millionen Arbeitern wurden 218 km des Kanals von Ch'ing-ning bis Lin-ch'ing ausgehoben und der Yangtze Fluß mit Ta-tu verbunden, das den Berichten nach zu Khubilais Zeiten immer herrlicher, reicher und schöner wurde. Die Stadt wurde nicht nur die persönliche Domäne des Khans, sondern mit der Zeit die Hauptstadt von ganz China – und mit ihrem raschen Erblühen begann Khubilai sein größtes Vermächtnis vorzubereiten.

Eine mächtige Seemacht besiegt die Sung

Khubilai, von der chinesischen Zivilisation ebenso angezogen wie ein großer Teil der mongolischen Elite der neuen Hauptstadt, blieb dennoch im Grunde seines Herzens Mongole. Das wurde in seinem Expansionsdrang besonders deutlich. Seit seinem Rückzug aus dem Gebiet der Sung zu Beginn des Bürgerkrieges hatte er versucht, die Sung dazu zu bewegen, ihn als ihren universellen Herrscher zu akzeptieren. Dafür wollte er ein gewisses Maß an Souveränität bieten und viele andere Zugeständnisse machen. Es gab aber natürlich keinen Zweifel, daß hinter Khubilais Angebot die Drohung der gewaltigen mongolischen Militärmacht stand. Doch die Sung konnten sich nie mit dem Gedanken, ihre Souveränität aufzugeben, anfreunden, und es kam dann zu Feindseligkeiten, die schließlich im Jahre 1265 mit der Niederlage einer ihrer Armeen bei der Küstenstadt Tiao-yu endeten. Bei dieser Schlacht eroberten Khubilais Streitkräfte über 140 Schiffe der Feinde und verwandelten auf diese Weise das mongolische Reich in eine Seemacht.

Wie untypisch es auch für eine kavalleriegestützte Kriegsmaschinerie sein mochte, auf See zu kämpfen – die Mongolen setzten Schiffe ein, wie sie auch andere fremdartige Kampftechniken, z.B. die Artillerie, Belagerungsmaschinen oder Schießpulver, erfolgreich verwendet hatten. Dabei war der Einfluß eines berühmten Überläufers der Sung, Liu Cheng, sehr stark gewesen. Er hatte Khubilai und seine Generäle davon überzeugt, daß sie die Sung niemals ohne den Einsatz einer Kriegsmarine besiegen würden. Und so hatte Khubilai schon vor dem großen Sieg von 1265 eine Armada zusammengestellt, deren Schiffe er teils von den Sung konfiszierte, teils von den Koreanern bauen ließ. Im Jahr 1268 bestand seine Kriegsmarine aus vier verschiedenen Flotten. Damit machte er sich zu dem längsten und – dank Marco Polos Berichten – berühmtesten Feldzug des Krieges auf.

Die Städte Hsiang-yang und Fan-ch'eng lagen sich an den Ufern des Flusses Han gegenüber und stellten die letzte Verteidigungsposition vor dem Zugang des Yangtze Beckens dar – also zum Herzen des Sung-Reiches. Hsiang-yang war massiv befestigt. Rahid al-Din berichtete, es habe eine "starke Burg und feste Mauern und einen tiefen Wassergraben". Die Mongolen belagerten die Stadt zunächst, doch das stellte sich als Zeitverschwendung heraus, weil die Sung per Boot über den Yangtze versorgt wurden. Khubilais Generäle ließen sich deshalb 500 Boote bauen, die die Wasser des Han Flusses patrouillieren sollten, während die Truppen zum benachbarten Fan-ch'eng zogen.

Als die mongolische Armee immer größer wurde, gerieten die Verteidiger in Panik und versuchten auszubrechen. Alle, denen es gelang durch die Tore zu kommen, wurden gefangengenommen und hingerichtet. Die Sung versuchten dann, die Blockade zu durchbrechen und schickten eine Flotte von 3 000 Schiffen den Han hinauf. Diese wurden von Khubilais koreanischen Seemännern aufgehalten, die dabei fünfzig Schiffe erbeuteten.

Langsam gerieten die Kämpfe in eine Sackgasse. Hsiang-yang war völlig uneinnehmbar, und die Sung konnten nicht zur Kapitulation bewogen werden. Sie hatten noch genügend Lebensmittel, um eine lange Belagerung zu überstehen, und zudem konnten sie die Blockade gelegentlich durchbrechen. Es gelang den Mongolen zwar, die beiden Städte vom restlichen Reich der Sung zu isolieren, doch sie konnten sie nicht einnehmen. Die Belagerung zog sich von Jahr für Jahr hin und Khubilai wurde immer ungeduldiger.

Er mußte andere Mittel für die Eroberung finden und bat deshalb Hulagus Sohn Abaqa um Hilfe, denn man wußte, daß die Perser große Belagerungsingenieure waren. Im Jahre 1272 kamen zwei persische Experten an Khubilais Hof und wurden in das Kriegsgebiet geschickt. Diese beiden Ingenieure, Isma'il und Ala al-Din, sahen sich die Befestigungen an und entwickelten eine Reihe sehr großer Katapulte, um die allergrößten Geschosse gegen die Mauern der Städte zu schleudern. Marco Polo beschrieb sie bei einem Chinabesuch: "Wenn die Maschinen losgingen, erschütterte das Geräusch Himmel und Erde; alles Getroffene wurde zerschlagen und zerstört." Im Dezember fiel Fanch'eng nach wenigen Tagen Beschuß. Neue Maschinen wurden für Shiang-ang konstruiert, und die Stadt fiel im folgenden März.

Die mongolischen Armeen marschierten unter General Bayan, einem Veteran des Persien-Feldzuges von Hulagu, unaufhaltsam auf die Hauptstadt der Sung Hangchow zu. Sie überquerten den Yangtze Anfang des Jahres 1275 und verjagten auf der anderen Uferseite eine riesige Sung-Armee. Zehntausende wurden getötet, und die Hauptarmee zog sich zurück. Im März 1276 stellte Bayan den Sung-Kommandanten bei Ting-chia chou, und wieder waren die Mongolen nicht aufzuhalten. Die überlegene Artillerie und die Geschlossenheit der mongolischen Armee war zu viel für die zu Tode erschreckten Sung, die bald aufgaben und flohen.

Am Hof der Sung in Hangchow herrschte wachsende Bestürzung. Zwei Jahre zuvor war der junge Kaiser Tu-tsung plötzlich gestorben und hatte Erben hinterlassen, die noch Kinder waren. Sein Nachfolger Hsien war erst vier Jahre alt. Die tatsächliche Macht lag in der Hand der Mutter des verstorbenen Kaisers, der Dowager (Königinwitwe) Hsieh. Sie war nun eine kranke alte Frau und wurde mit jeder weiteren schlechten Nachricht immer besorgter. Als Bayans Armee sich Hangchow näherte, weigerte sich Dowager Hsien, die Stadt zu verlassen und schickte einen Boten in das mongolische Lager. Sie bot Tribut an, wenn er den Krieg beenden würde. Doch Bayan lehnte das Angebot ab und marschierte weiter.

Der Druck wurde größer, und die Regentin zögerte, aber schließlich gab sie auf. Als die Mongolen ihre Stadt betraten, verhielten sie sich zur Abwechslung wie zivilisierte Eroberer. Anstatt Hangchow anzuzünden und die Einwohner niederzumetzeln, verschafften sie sich einen Überblick über ihre Reichtümer und Einrichtungen. Bayan kehrte mit der königlichen Familie der Sung und ihrem Gefolge nach Shang-tu zurück, wo er sie Khubilai vorführte. Khubilai wußte, daß er die Unterstützung des bevölkerungsreichsten Landes der Welt für sich gewinnen mußte und behandelte die Sung, vor allem auch auf den dringenden Rat seiner Frau Chabi hin, mit großem Respekt und stattete sie mit ihren gewohnten Luxusgütern aus.

Weltreich Mongolei: die vier Khanate während der Herrschaft von Khubilai Khan

Doch nicht die gesamte königliche Familie der Sung war nach Shang-tu gebracht worden. Kurz vor Bayans Ankunft in Hangchow hatten zwei Halbrüder des kindlichen Kaisers fliehen können. Der ältere von ihnen wurde noch auf der Flucht zum Kaiser der Sung gekrönt und sofort zum Zentrum weiteren Widerstands. Doch die Sung waren praktisch in jeder Hinsicht besiegt, und die Auseinandersetzungen der nächsten drei Jahre verzögerten nur die Herrschaft Khubilais über ganz China. Diese wurde 1279 endgültig, als der letzte Sung Kaiser bei einer Seeschlacht gegen die Mongolen vor der Küste von Yai-shan über Bord ging.

Kulturelle Blüte unter der neuen Yüan-Dynastie

Als Khubilai die Sung besiegt hatte, gab es bereits die politische Infrastruktur, um ganz China zu regieren. Der krönende Abschluß dieses Vorhabens, von Chabi begeistert unterstützt, war jetzt die Gründung einer neuen Dynastie, die lange über den Tod Khubilais hinaus andauern sollte. Khubilai entschied sich für einen chinesischen Namen, damit seine Untertanen ihn als traditionellen kunfuzianischen Kaiser akzeptieren konnten. Die Wahl des Wortes Yüan, das "Ursprung" bedeutet, knüpfte an Konfuzius an, der den Begriff als "erste Macht" oder "Ursprung des Universums" deutete. Khubilai setzte die klassische chinesische Literatur gezielt ein, um zum einen seine herausragende Stellung zu unterstreichen und zum anderen zu verdeutlichen, daß seine Dynastie den Beginn eines neuen und politisch vereinten Chinas markierte. Dies sollte es bis in die heutige Zeit bleiben.

Die Herrschaft von Khubilai Khan brachte Frieden, Reichtum und Einheit und war wahrscheinlich die erfolgreichste aller Großen Khane. Unter Khubilai wurden Handelsbeziehungen zu Persien und schließlich zu Europa aufgebaut. Der Land- und Seehandel auf dem großen Kontinent blühte wie niemals zuvor. Khubilai baute eine Handelsflotte aus, die alle großen Häfen des südöstlichen Asiens, Indiens und des Persischen Golfes ansteuerte. Europäische Händler, besonders Genuesen und Venetianer, besuchten China – die Familie Polo ist die bekannteste von ihnen. Marcos Berichte über seine Zeit in Cathay und über seine, vermutlich leicht übertrieben dargestellten, offiziellen Funktionen dort, erhellen das Bild von Khubilai Khan. Bei den Yüan finden wir Marco Polo niemals erwähnt, vielleicht, weil er für sie den gleichen Status besaß wie Hunderte anderer Handlungsreisenden, die die anstrengende Reise durch Asien zum Hof des Großen Khans auf sich nahmen. Niemand weiß, wie viele Europäer diese Reise machten, doch waren es mit Sicherheit sehr viel weniger als die vielen Händler aus dem Mittleren Osten und Südost Asien.

Nur wenige Güter, die die Chinesen zum eigenen Gebrauch benötigten, konnten sie nicht selbst herstellen. Dagegen produzierten sie eine große Menge Waren, die sie im Ausland absetzen konnten. An erster Stelle stand natürlich Seide – eine Industrie, die die Mongolen bald monopolisierten. Man brauchte den Mongolen den Wert chinesischer Waren für ausländische Märkte nicht zu vermitteln, und Khubilai förderte sehr den Export einheimischer Produkte. Nach der Seide war Porzellan das wertvollste Gut. Khubilai ließ alle Brennöfen im Land lizensieren, beaufsichtigen und besteuern. Es entstand ein blühender Handel mit den Ländern Südostasiens und den Staaten am Persischen Golf. Die Industrie boomte, und Yüan-Porzellan wurde in großen Mengen exportiert.

Khubilai ließ die Porzellanindustrie kreativ arbeiten. Die oft strengen künstlerischen Beschränkungen, die seine Vorgänger erlassen hatten, hob er auf; die Töpfer durften ihrer Phantasie freien Lauf lassen. Die Folge waren atemberaubende Erfindungen, wozu auch das berühmte blau-weiße Porzellan gehört, das für die Ming-Zeit so bekannt wurde.

Auch andere Künste und das Handwerk blühten, weil Khubilais geschäftsorientierter Hof ein starkes Interesse daran hatte. Khubilai war Mäzen vieler Künstler und erweiterte die große Kaiserliche Bildersammlung, die von den Sung erobert worden war. Man hatte sie nach Ta-tu gebracht, wo Khubilai eine Galerie für sie bauen ließ. Als die Sammlung wuchs, merkten er und seine Gelehrten bald, daß sich in der Malerei ein eigenständiger Yüan-Stil entwickelt hatte und Beispiele dieser Bilder bewahrt werden mußten. Manche moderne Kunstexperten sprechen sogar von einer "Revolution" in der chinesischen Malerei. Auch auf diesem Gebiet hatte die mongolische Empfindsamkeit Freiraum für Kreativität gelassen.

Diese Freiheit kam auch dem Theater zugute, da Geld für neue Bühnen und Schauspieltruppen zur Verfügung stand. Mehr als 160 Stücke aus der Yüan-Zeit sind überliefert, sowie die Titel von weiteren 500. Diese Entwicklung brachte eine neue Generation von Schauspielern hervor; unbehelligt von kaiserlichen Zensoren verlor das chinesische Drama seinen steifen, formalistischen Stil früherer Zeiten und wurde entspannter und zugänglicher.

Khubilais Schirmherrschaft über die Künste war nicht nur ein Versuch, seine "barbarische" Herkunft abzulegen, sie hatte auch einen politischen Aspekt. Der Bau von Museen, die Sammlungen von Kunstwerken und die Förderung des Theaters schufen eine kulturelle Atmosphäre in Ta-tu, die für die reichen Sung Familien attraktiv war. Khubilai mußte sie an seinen Hof holen, wenn seine Regierung im Land glaubwürdig sein sollte. Nachdem er die Grenzen im Reich beseitigt hatte, machte er es den Südländern nicht nur möglich, sondern auch angenehm, sich mit ihren nördlichen Cousins einzulassen.

Oben: Khubilais Herrschaft ließ die visuellen Künste prachtvoll
gedeihen. Das Lieblingsthema der Mongolen waren Pferde.
Hier zeigt der Maler Liu Kuan-tao Khubilai auf der Jagd.

Links: Porzellanvase aus der Yüan-Dynastie, 1320-50.
Da Khubilai wußte, daß chinesisches Porzellan ein wertvolles
Exportgut war, ließ er im ganzen Land Töpfereien eröffnen.
Den Künstlern wurde freie Hand gelassen, neue Stilrichtungen
zu entwickeln, und es entstanden herrliche Werke.

Invasion nach Japan unter einem schlechten Stern

Hätte Khubilai sich mit nichts anderem beschäftigt als mit der Regierung seines Reiches, wäre sein Ruhm und der seiner Dynastie länger und strahlender gewesen, als er tatsächlich war. Doch als der Mann älter wurde, verspürte er erneut das Bedürfnis, seine mongolische Herkunft unter Beweis zu stellen, und so ordnete er eine Reihe vom Pech verfolgter Militärfeldzüge an, die seinem Ruf schadeten und das Land beinahe in den Bankrott führten. Am berühmtesten waren die beiden Invasionen Japans; die erste 1274, mitten während des Sung-Feldzuges, und die zweite 1281. Diese Feldzüge dienten der Ausdehnung des Reiches nach mongolischer Tradition. Neben Indien gab es kaum noch Land in Asien, das nicht unter mongolischer Herrschaft stand, und so waren die japanischen Inseln das logische Ziel.

Nach der "beleidigenden" Antwort, die die Japaner ihm auf seine Unterwerfungsforderung schickten, bereitete sich Khubilai auf den Krieg vor. Die aufsässigen Koreaner wurden dazu gezwungen, eine Flotte und Seeleute zu stellen, die 20 000 Soldaten befördern sollten – mehr als genug, um gegen die unorganisierten und schlecht ausgerüsteten Japaner vorzugehen. Am 19. November 1274 landeten die Mongolen und marschierten gegen die japanische Armee. Doch in der Nacht kam ein großer Sturm auf; die koreanischen Seeleute bestanden darauf, daß ihre Flotte ins offene Meer gebracht würde, da sie sonst an den Felsen zerschellen würde und ihnen der Rückzug versperrt wäre. Die Mongolen zogen sich unwillig von ihrer Position zurück und kletterten an Bord ihrer Schiffe. Der Rest ist Geschichte. Die Schiffe wurden zerschmettert, Hunderte sanken und mehr als 13 000 Menschenleben waren vergeudet. Die Invasion mußte abgeblasen werden.

Im Jahre 1280, nachdem die Sung besiegt worden waren, schickte Khubilai seine Rache. Über 900 Schiffe trugen 40 000 Soldaten aus Nordchina, während weitere 100 000 Chinesen aus dem Süden mobilisiert wurden. Als sie in der Nokonshima-Bucht auf der Insel Kyushu landeten, stellten die Mongolen fest, daß die Japaner einen Verteidigungswall an der Küste errichtet hatten. Zwei Monate lang kämpften sie gegen die japanische Befestigung, bis das Schicksal erneut eingriff. Ein Taifun kam auf, und die Koreaner versuchten wieder, ihre Flotte ins Meer zu bringen. In der Panik ertranken mehr als 60 000 Soldaten oder wurden bei dem Versuch getötet, sich auf die Schiffe zu retten. Für die Japaner war dieser zweite Sturm ein Beweis, daß sie ein von Göttern geliebtes Land bewohnten, und daß die Stürme "heilige Winde" (Kamikaze) waren, die die Eindringlinge davonfegen sollten.

In den folgenden Jahren gab es weitere Feldzüge – nach Burma und über das Meer zur Insel Java –, jedoch von wenig Erfolg gekrönt. Khubilais Triumphe der Jugend verließen ihn im Alter. Die Feldzüge in weitentfernte Königreiche hatten keine Logik mehr. Nach diesen Enttäuschungen und dem Tod Chabis 1281 und seines Sohnes Chen-chin 1285, zog sich der große Mann zurück. Er gab die Jagd auf, aß und trank zuviel, wurde dick und starb im Februar 1294, traurig und einsam. Seinen Leichnam bestatte man in der mongolischen Steppe in der heutigen Provinz Hentiy. Wie bei seinem Großvater verwehte der Wind alle Spuren.

Nächste Seite: Ein Bild aus der kaiserlich-japanischen Sammlung, die Khubilais fehlgeschlagene Invasion in Japan zeigt. Ein Taifun traf die Flotte der Eindringlinge, und ein Drittel von Khubilais Armee ertrank.

Verfall und Untergang

Trotz der Bürgerkriege, militärischer Mißerfolge und Schicksalsschlägen war die Regierung Khubilai Khans die Krönung in der Geschichte des Mongolischen Reiches. Er besaß die Herrschaft über das größte Reich der Welt. Auch wenn vielleicht nicht alle Untertanen in Zentral- und Westasien das anerkannten, so wurde seine Herrschaft doch von den Khanen der Goldenen Horde anerkannt – und natürlich von den Mongolen in Persien, die seine treuen Diener blieben. Dort hatten die Nachkommen von Hulagu den Titel Iligkhan übernommen, was soviel wie untergeordneter Khan bedeutet. In ihrer Hauptstadt Maragheh und später in Tabriz wurde Khubilai durch einen Vizekönig repräsentiert, der im Namen Khubilais alle Staatsdokumente unterzeichnen mußte. Marco Polo nannte ihn den "größten Herrscher, der jemals auf dieser Welt geboren wurde".

Ein großes Handelsnetz

Trotz militärischer und persönlicher Enttäuschungen wurde Khubilai Khans Regierung schon allein wegen der Vereinigung Chinas zu einem Höhepunkt der Weltgeschichte. Doch man kann argumentieren, daß er sogar mehr geleistet hat. Er hat die Politik seines Großvaters zu ihrem logischen Abschluß gebracht und das Reich internationalisiert. Der mongolische Anspruch, ein heiliges Mandat für die Herrschaft über der Welt zu besitzen, setzte voraus, daß die Welt sich hinter der physikalischen Reichweite der mongolischen Armee weit ausdehnte. Khubilai tat alles, um Kontakte über diese Grenzen hinaus bis nach Südostasien und Europa zu knüpfen. Die chinesische Isolation bracht unter der Flut ausländischer Reisender zusammen, die den Großen Khan in seiner Hauptstadt besuchten. Khubilais Handelsflotte entwickelte wichtige Märkte in Indien, Sri Lanka, Malaya und Java. Die engen Verbindungen zu dem Iligkhanat ermöglichten den Zugang westlich zum Persischen Golf und trugen zu der Größe des neuen Hafens Ormuz bei.

Arabische Dhauben segelten gen Osten und landeten regelmäßig in den Häfen Hangchow, Quinsay und Zaiton. Durch den Großen Kanal gelangten Schiffe vom Ozean nach Ta-tu, das einen der größten inländischen Häfen besaß. Mehr als 200 000 Schiffe passierten jedes Jahr den Yangtze-Fluß. Seide, Reis, Zucker, Porzellan, Perlen und Edelsteine wurden gegen exotische Arzneimittel, Kräuter, Elfenbein und andere Luxusartikel eingetauscht. Die chinesischen Töpfer belieferten die Welt mit ihren einzigartigen Waren, und zum ersten Mal hielt Europa durch den Handel direkten Kontakt zu Cathay. Händler reisten auf den großen mongolischen Straßen von der Krim durch das Land der Goldenen Horde nach Sarai und Utrar, über die Altai-Berge und in das Reich des Großen Khans nach Ta-tu. Über die Städte am Yangtze führten Routen durch leere Steppen nach Besh-balik, durch das Dschagatai Khanat nach Samarkand und Buchara und hinunter nach Persien.

Rufe nach Europa

Es gab einen regen diplomatischen Austausch zwischen dem Reich und Europa, der ab 1260 vor allem vom Ilkhanat ausging - dem Jahr, in dem Historiker den Beginn des Verfalls der mongolischen Einheit sehen. Vor diesem Datum waren die meisten Kontakte vom Papst initiiert worden, um die Mongolen zu beschwichtigen und sie vielleicht zu bekehren. Nach der demütigenden Niederlage in Ayn Jalut wendete sich das Blatt. Die Mongolen bewarben sich ernsthaft um eine Allianz mit den christlichen Armeen in Palästina, um den moslemischen Widerstand zu brechen. Nach Hulagus inzwischen berühmtem Brief von 1262 an Ludwig IX. versuchten beide Seiten, gute Beziehungen zu pflegen. Briefe wurden gewechselt als Abaqa, Hulagus Nachfolger, und dann seine Erben eine Allianz mit dem Christentum suchten. Europas Antworten waren immer positiv (besonders wenn Aussicht auf Bekehrung in größerem Ausmaß bestand), wenn auch ergebnislos. Keine europäische Macht schickte je Streitkräfte, aber die Mongolen versuchten es immer wieder, vor allem als der vierte Iligkhan Arghun an der Macht war.

Im Jahre 1287 schickte Arghun einen Botschafter nach Rom. Es war der griechisch-orthodoxe Mönch Rabban Sauma, der auf einer Pilgerreise von Ta-tu in den Mittleren Osten gereist war. Da er das heilige Land wegen der Konflikte in Syrien nicht erreichen konnte, schickte ihn Arghun zu den gekrönten Häuptern Europas, um diese vom Aufblühen des Christentums im Mongolischen Reich in Kenntnis zu setzen. Der Mönch tat genau das: In Rom nahm er an langen theologischen Diskussionen mit Kardinälen teil, in Paris empfing ihn Philip IV., "der Schöne" genannt, in der herrlichen Ste-Chapelle, und in Gascogne beeindruckte er Eduard I. von England so sehr, daß er eine Messe lesen und dem König die heilige Kommunion erteilen durfte. Bei seiner Rückkehr durch Rom feierte er weitere Messen während der Karwoche und zu Ostern, diesmal in Anwesenheit des Papstes persönlich. Die Kardinäle waren begeistert: "Die Sprache ist anders, aber das Ziel ist das gleiche."

Rabban Sauma kehrte mit einer extrem positiven Antwort von Philip IV. zurück, der vorschlug: "Wenn die Armeen des Iligkhan gegen Ägypten (die Mamelucken) in den Krieg ziehen, werden auch wir in den Krieg ziehen und gemeinsam angreifen." Darauf antwortete Arghun:

> ...Wir beschlossen, nachdem Wir den Himmel befragten, unsere Pferde im letzten Wintermonat des Jahrs des Tigers (1290) zu besteigen und am 15. des ersten Frühlingsmonats (1291) vor Damaskus abzusteigen. Nun geben Wir Euch mit unserem ehrenhaften Wort bekannt, daß Wir Unsere Armeen zum vereinbarten (Zeitpunkt und Ort) schicken werden, und wenn Wir im Namen des Himmels diese Völker besiegen, werden Wir Euch Jerusalem schenken.

Zu dieser Zeit wurde das Christentum im gesamten Reich uneingeschränkt akzeptiert – nicht nur in Persien, sondern auch in der Mongolei und in China. Khubilai förderte seine Verbreitung, um seine Kontakte zu den Europäern zu verbessern, und um seinen chinesischen Untertanen zu zeigen, daß er tatsächlich der Große Khan der Welt war. Nach Rabban Saumas Besuch in Rom, bei dem er den Wunsch der Ostkirche, die päpstliche Herrschaft anzuerkennen, nochmals bekräftigt hatte, wurde schließlich eine Diözese in Sultanien gegründet, der neuen Stadt der Iligkhane in Persien, und eine weitere in Ta-tu.

Während Arghuns Herrschaft waren die Beziehungen zum Papst so stark, daß es schien, als könne das Iligkhanat zum Christentum bekehrt werden. Wie dies die Geschichte des Mittleren Ostens beeinflußt hätte, bleibt spekulativ. Doch es kam nicht dazu. Die Mamelucken hatten im März 1291 bereits die Befestigung der Kreuzritter in Akko angegriffen – den letzten christlichen Außenposten in Palästina – und innerhalb weniger Tage war Arghun nach einer langwierigen Krankheit gestorben. Sein Nachfolger, Geikhatu, widmete sein kurzes Leben dem Alkohol und jungen Knaben und zeigte niemals das geringste Interesse an Krieg oder Politik.

Der Fall Akkos 1291. Als sich die Mongolen aus Syrien zurückgezogen hatten, übernahmen die Mamelucken die Macht und vertrieben die Kreuzritter aus dem Mittleren Osten.

Das persische Iligkhanat

In den ersten vierzig Jahren mongolischer Herrschaft war Persien also gezwungen, den Islam als erste Religion zu akzeptieren. Zum großen Leid der Einheimischen wurden die buddhistischen Tempel in den großen Städten mit mehr Hingabe gebaut, als die neuen christlichen Kirchen. Obwohl einige der Iligkhane sich zum Buddhismus oder zum Christentum hingezogen fühlten, blieben sie im großen und ganzen unparteiisch – bis zur Regierung von Ghazan, dem "Reformer", der 1295 Iligkhan wurde.

Im Jahr zuvor war der große Khubilai Khan in China gestorben. Obwohl alle anderen Khane seinen Nachfolger Temur Oljeitu namentlich als Großen Khan akzeptierten, genoß er nicht dieselbe Autorität wie sein Vater. Es sollte niemals wieder einen derart universellen Khan an der Spitze des Reiches geben, und keine der folgenden Iligkhane zollten dem Großen Khan je wieder so großen Respekt wie Khubilai. Um 1290 war das Iligkhanat ins Wanken geraten: Die Wirtschaft war praktisch zusammengebrochen, Auslandsschulden konnten nicht bezahlt werden, und die Städte wurden von drohenden Unruhen zerrissen. Das lag vor allem an Geikhatus Alkoholexzessen, seiner wirren und ziemlich rücksichtslosen Steuerpolitik und dem sinnlosen Versuch, das Übel mit der Einführung von Papiergeld beseitigen zu wollen – in einem Wirtschaftssystem, das seit über 2 000 Jahren auf Gold und Silber basierte.

Als der Thron 1295 frei wurde, riet man dem neuen Herrscher Ghazan dem "Reformer" zu einer Lösung, die das Vertrauen zu der störrischen Bevölkerung, die keine Neigung zeigte, sich von Heiden regieren zu lassen, wieder herstellte. Man brauchte Ta-tus Einverständnis für Neuerungen inzwischen nicht mehr, und so brach Ghazan mit der mongolischen Tradition und bekannte sich zusammen mit den meisten seiner mongolischen Generäle zum Islam. Ghazan plante weitere Veränderungen. Der persische Historiker Rashid al-Din, der auch sein erster Minister war, erklärte bei einem Gespräch mit der mongolischen Elite über die Reform der Verwaltung: "Wenn ihr den Bauern beleidigt, ihm seine Ochsen und seine Saat nimmt und seine Pflanzen in den Boden stampft – wovon wollt ihr in Zukunft leben?" Wie Khubilai dreißig Jahre zuvor, begann sich auch dieser mongolische Khan mit seinen Untertanen zu identifizieren. Ihr Wohl sei gleichzusetzen mit dem Wohl des Staates. "Ihr müßt auch daran denken, wenn Ihr deren Frauen und Kinder schlagt und quält, daß sie ihnen genauso am Herzen liegen, wie uns unsere Frauen und Kinder. Sie sind Menschen, genau wie wir." Die Zivilisation siegte wieder über die Instinkte der Nomaden.

Unter Ghazans fester und pragmatischer Regierung erholte sich die Wirtschaft langsam wieder. Das Steuersystem und die Gesetzgebung wurde reformiert, und die Bauern wurden geschützt, damit sie ihr Land nicht verließen. Am wichtigsten war jedoch, daß Mesopotamien und Persien in den Schoß des Islam zurückkehrten, wo sie seitdem geblieben sind.

Ghazans Bruder Oljeitu war der nächste Iligkhan, und auch er nahm den moslemischen Glauben an und setzte den Reformprozeß fort. Doch sein größtes Monument wurde in Stein erbaut: die prachtvolle neue Stadt Sultaniyya mit ihren oktogonalen Kuppelgebäuden – architektonische Meisterwerke – die nur von seinem eigenen Grab, das 1313 errichtet wurde, übertroffen wurden. Wie Khubilai wollten die Iligkhane ihren Reichtum mit luxuriösen Bauten darstellen.

Das Mausoleum von Oljeitu ist eines der bedeutendsten Denkmäler des Islams. Seine Kuppel schwebt mehr als 75 Meter über dem Boden und ist mit den schönsten blauen Keramikfliesen geschmückt. Die Fenster verzieren kunstvoll geschwungene Schmiedeeisen, die inneren Mauern tragen wundervolle orientalische Steinmetzarbeiten. Als es entstand, war es das größte Kuppelgewölbe der Welt – ein atemberaubendes Werk der Ingenieure und ein Meilenstein islamischer Architektur. Der Bau unterstrich, wie sehr der monglische Adel die islamische Kultur in diesem Teil der Welt verinnerlicht hatte.

Der Iligkhan förderte die Dichtkunst, die Malerei und die Porzellanherstellung, aber vor allem die Architektur erblühte unter den Mongolen. Oljeitus Sohn Abu Sa'id, der 1316 der erste Iligkhan mit einem islamischen Namen wurde, regierte während des sogenannten "goldenen Zeitalters der Mongolen". Die Wirtschaft blühte, man hatte sich mit den Mamelucken geeinigt, und Persien erfreute sich an Frieden und Wohlstand.

Das einzige, was Abu Sa'id nicht hervorbrachte, war ein Erbe. Als er 1335 starb, endete die Dynastie Hulagus abrupt. Es gab niemanden, der das Zepter übernahm. Der größte Teil der mongolischen Elite, die den Islam nicht angenommen hatte, war emigriert, während die anderen einfach in der Bevölkerung aufgingen. Die mongolische Herrschaft über Persien verebbte, und das Iligkhanat selbst verschwand. Und Persien taumelte ohne eine zentrale Regierung, bis dreißig Jahre später wieder ein türkisch-mongolischer Krieger, Timur der Lahme, aus Samarkand angeritten kam.

Naturkatastrophe und Rebellion

Das Iligkhanat war die erste mongolische Herrschaft, die zusammenbrach. China sollte folgen. Unter Khubilais Nachfolgern genoß China und das ganze Reich dreißig Jahre Stabilität und Frieden. Doch nach der Ermordung des fünften Yüan-

Oben: Die Begräbnisprozession von Ghazan, dem "Reformer". Er war der erste Iligkhan, der sich zum Islam bekannte.
Rechts: Chu Yüan-chang, der erste Ming-Kaiser. Er führte den Bauernaufstand, vereinte alle Kräfte der verschiedenen Unruhen, stürzte schließlich die Yüan-Dynastie und vertrieb die Mongolen aus China.

Kaisers 1323 entwickelte sich ein über zehnjähriger Kampf innerhalb der mongolischen Aristokratie um die Nachfolge. Insgesamt wurden fünf Nachkommen von Khubilai von verschiedenen Fraktionen zum Kaiser erklärt. 1333 krönte man endlich Toghon Temur, den elften Yüan-Kaiser. Er regierte zwar die nächsten fünfunddreißig Jahre, war aber bereits Teil der verfallenden Dynastie.

Vor seiner Krönung, als sich die Yüan-Fraktionen immer noch untereinander stritten, war das südliche China von einer Reihe von Bauernaufständen erschüttert worden. Es waren Rebellionen, die die Armut hervorbrachte. Früher hätte man die Aufständischen einfach niedergeschlagen, aber jetzt fehlte es den Mongolen an der alten Kampfkraft; viele der militärischen Anführer waren nie im Krieg gewesen. Die Revolten weiteten sich nach Norden aus, bis um 1330 ein offener Bürgerkrieg in Zentralchina ausbrach. Die Yüan waren den Rebellen gegenüber hilflos, und der chinesische Adel stellte seine eigenen Privatarmeen auf und verstärkte dadurch die Anzahl bewaffneter Soldaten im Land.

Inmitten größter Probleme erlebte das Land eine Reihe von Naturkatastrophen, die selbst die Kräfte der stärksten Verwaltung überfordert hätten. Erst gab es ein Erdbeben, dann eine große Überschwemmung. Der Gelbe Fluß trat 1352 über die Ufer und überflutete große Teile des Landes, und das Wasser brachte Krankheit und Hunger mit sich. Die Regierung schickte Tausende von Arbeitern los, um die Dämme zu reparieren. Eine Pest jedoch vereitelte das Vorhaben. Ungeheuer viele Menschen starben, und die Chinesen glaubten, daß sich die Natur nicht mehr in Harmonie mit der herrschenden Dynastie befand, was nicht für die Zukunft letzterer sprach. Die allgemeine Not führte zu weiterer Rebellion. Diese erneuten Aufstände produzierten eine Reihe starker Bandenführer, die Menschen verschiedenster Schichten anzogen. Bald sammelten sich Landbesitzer, Künstler und sogar Kleriker zu einer massiven, jedoch völlig unorganisierten nationalen Rebellion. Sie bekämpften den Kaiser, der vollkommen erfolglos versuchte, der Situation Herr zu werden.

Im Jahre 1356 hatte sich aus den rebellischen Kräften ein Führer hervorgetan: Chu Yüan-chang. Er hatte Charisma, organisierte die Aufständischen, gab ihnen ein Ziel und schon bald sammelte sich auch der Adel unter seinem Banner. Jetzt sah man eine Möglichkeit, die fremde Dynastie ein für alle Mal loszuwerden. Chu Yüan-chang zog mit seiner gesammelten Streitkraft nach Norden, eroberte schließlich Nanking und schnitt somit die Versorgungslinien in den Norden ab und gewann weitere Rebellengruppen für sich. Der chinesische Adel hatte Chu Yüan-changs Vorgehen mitgetragen und ihn damit als Führer anerkannt. Doch bevor dieser die Yüan-Herrschaft direkt angriff, drängte man ihn, eine alternative Regierung zu bilden – und zum dritten Mal in der Geschichte Chinas wurde ein Bauer Begründer einer Dynastie.

Er wählte den Namen Ming Hun-wu, und das Motto der neuen Ming-Dynastie sollte sein: "Regiere wie die T'ang und die Sung" – eine Rückkehr also zu den traditionellen chinesischen Werten. Während die Ming-Armeen an Stärke gewannen, mißachteten die Mongolen die Gefahr, in der sie sich befanden, und verwickelten sich in einen weiteren kurzen Bürgerkrieg, wieder einmal zwischen den Häusern von Ögedei und Tolui. Die Mongolen gingen sich gegenseitig an die Gurgeln und die Ming festigten ihre Macht im Süden und verdrängten praktisch alle Autorität der Yüan südlich des Flusses Yangtze. Im Jahre 1368 war Chu Yüan-chang stark genug, um nach Ta-tu zu marschieren, was ihm ohne Hindernisse gelang. Als die Ming-Armee die Stadtmauern durchbrach, war der letzte Yüan-Kaiser, Toghon Temur, nach Karakorum geflohen, wo er 1370 starb.

Es ist kein Zufall, daß die ersten Khanate, die zusammenbrachen – das persische und das chinesische – auch die urbanisiertesten und weitentwickeltsten waren. In beiden Fällen waren die mongolischen Herrscher von den Schwierigkeiten, eine große seßhafte Gesellschaft zu regieren, überfordert. Dazu gehörte auch China. Die Mongolen hatten es zwar während ihrer kurzen Herrschaft dem Rest der Welt nähergebracht, als es je in seiner Geschichte gewesen war, hatten es wirtschaftlich und sozial weiterentwickelt – aber die meisten chinesischen Chronisten betrachteten die mongolische Herrschaft als die dunkelste Zeit ihrer Geschichte und sahen im Kontakt mit der restlichen Welt eher eine unglückselige Krankheit, die schließlich überwunden war.

Im 16. Jahrhundert manifestierten die Ming mit dem Bau der Großen Mauer ihre Entschlossenheit, die Mongolen aus ihrem Reich herauszuhalten. Die Mongolen hatten China zwar mit Europa in Kontakt gebracht, der Nutzen, der daraus gezogen wurde, war aber sehr einseitig. Trotz der Einflüsse fremder Religionen, ihrer Kunst und des weltweiten Handels blieb China kulturell und zivilisatorisch vollkommen eigenständig. Die christliche und islamische Präsenz schwand nach dem Tod von Khubilai dahin – dem letzten Kaiser mit wirklich internationalen Ambitionen. Die Chinesen nahmen wenig Notiz von der persischen Kultur, aber die Perser ließen sich von der chinesischen Malerei und Porzellanherstellung stark beeinflussen. Und Europa zog den größten Nutzen aus der Verbindung. Sein Wissen über Asien führte direkt in das große Zeitalter der Entdeckungen. Als Christoph Columbus 1492 seine Segel hißte, suchte er den Seeweg nach Cathay, dem Land der Großen Khane.

Nächste Seite: Im 17. Jahrhundert bauten die Soldaten
der Ming diese Verteidigungsanlage, die als Chinesische Mauer
bekannt wurde. Sie waren fest entschlossen, mongolischen
Invasionen in Nordchina für immer zu verhindern.

Die Goldene Horde

In Zentralasien und Rußland schlugen die Mongolen jedoch tiefe Wurzeln. Nach den großen Feldzügen durch Polen und Ungarn 1242 errichtete Batu seine Basis an der unteren Wolga und legte schließlich den Grundstein der Stadt Sarai am Ufer des Akhtuba. Von hier aus herrschte er über die russischen Prinzen und kontrollierte den Verkehr von Händlern und Boten, die von Europa über die Steppe nach Karakorum und China reisten. Durch die Tributzahlungen der russischen Länder wurde die "Goldene Horde" – wie die Russen Batus Khanat nannten – unglaublich reich.

Batus jüngerer Bruder Berke Khan legte nach seiner Krönung 1257 die Grenzen des Reiches der Goldenen Horde fest. Das Herzstück lag an der unteren Wolga und verlief über Steppen um Don und Dnjepr, über die Krim-Halbinsel, die nördlichen Ausläufer des Kaukasus bis nach Bulgarien und Thrakien. Berke herrschte über die Russen mit harter Hand und wäre vielleicht auch zu einer weiteren Invasion Europas bereit gewesen, wenn ihn nicht Hulagus brutaler Feldzug gegen den Islam davon abgebracht hätte.

Berke war selbst Moslem und daher wütend über die Zerstörung Bagdads. Der folgende Streit zwischen dem Iligkhanat und der Goldenen Horde vertagte nicht nur seinen Ehrgeiz gegenüber Europa, sondern garantierte auch den Bestand des neuen Königreichs der Mamelucken, das aus Kairo hervorgegangen war.

Der nächste Khan, Mongke-Temur, ein Sohn Batus, führte die Goldene Horde in eine Zeit des großen Reichtums und machte sie zu einer Weltmacht. Auf Khubilais Drängen hin schloß man Frieden mit dem Iligkhanat, während Beziehungen zu den Mamelucken in Ägypten weiterhin gepflegt wurden. Der Handel zwischen Ägyten und Rußland blühte, und nördlich von Batus Hauptstadt wurde schließlich von ägyptischen Architekten die neue Stadt Berke Sarai (Neues Sarai) mit vielen Moscheen und Palästen erbaut. Doch unter Mongke-Temurs Nachfolgern verblaßte der Glanz der Goldenen Horde. Es gab neue Kriege gegen Polen und Ungarn, doch diesmal wurden die Mongolen besiegt und vertrieben; es gab keinen Subedei, der die Armee anführte.

Anfang des 14. Jahrhunderts machte die Goldene Horde unter Usbeken Khan den Islam zur Staatsreligion – und die moslemischen Staaten im Mittleren Osten jubelten. Trotzdem hielt man weiterhin gute Beziehungen zum christlichen Westen, und die Genueser verstärkten ihren Stützpunkt in Kaffa im Schwarzen Meer. Nach Ozbeg schien die Goldene Horde irgendwie zu verkümmern, vor allem als 1359 die Linie von Jochi-Batu ausstarb. Mongolen des Dschagatai-Khanats versuchten zwar, den Thron des Khans in Sarai mit eigenen Leuten zu besetzen, doch keine dieser Figuren brachte es zu ausreichend Macht oder Ansehen. Im Jahre 1371 verweigerten die russischen Prinzen ihre jährliche Reise nach Sarai, um Tribut zu zahlen, und als eine mongolische Armee ausgeschickt wurde, um sie dazu zu zwingen, wurden sie vom Großherzog von Moskau bei Kulikovo besiegt. Doch die Freiheit blieb für die Russen ein Traum. Eine neue Macht hatte sich in Transoxanien erhoben, die ihre Zerstörungswut an Zentralasien auslassen sollte.

Tamerlan, (das ist Timur der Lahme), war um 1330 in der Nähe von Samarkand geboren worden. Er stieg vom Banditen zum internationalen Eroberer auf, ähnlich wie Dschingis Khan. Er stammte zwar von den Mongolen ab, war aber türkischer Moslem. Seine Jugend verbrachte er in den Städten Transoxaniens, nicht auf der weiten Steppe. Er hatte eine große Armee nach mongolischen Prinzipien ausgebildet und in einen Zerstörungskrieg geschickt, dessen Verheerungen, allen Berichten nach, Dschingis Khans Exzesse bei weitem überboten.

Tamerlans Feldzüge waren Plünderungsüberfälle durch Khwarazmia, Transoxanien und schließlich Rußland. Toktamish, dem Neffen eines früheren Khans, übertrug Tamerlan die Herrschaft über eine Reihe transoxanischer Städte und verhalf ihm 1377 schließlich zur Wahl zum Khan der Goldenen Horde. Im Jahre 1381 führte Toktamish eine Armee, die von Timur ausgestattet wurde, nach Rußland hinein, um das Land für die Niederlage bei Kulikovo zu bestrafen. Er zerstörte zahllose Städte, plünderte Moskau und ermordete Tausende der Einwohner. Die russischen Staaten fielen auf den Stand zurück, wo sie unter Batu gewesen waren.

Später kam es zum Krieg zwischen Toktamish und seinem Schirmherren, der die Goldene Horde erschütterte und Toktamisch zum verarmten Flüchtling machte, der ziellos durch die Steppe Zentralasiens wanderte. Tamerlan plünderte Sarai, machte sich aber nicht die Mühe, die Länder der Goldenen Horde zu besetzen. Er machte einen Anlauf, Moskau zu erobern, überlegte es sich dann jedoch anders und richtete sein Begehren statt dessen auf China. 1405 starb er auf dem Weg dorthin und hinterließ weder eine Regierung noch Nachfolger. Das Reich der Goldenen Horde blieb tödlich verwundet zurück und hielt sich noch bis 1419. Zu diesem Zeitpunkt war es in verschiedene Machtzentren wie Astrakhan, Kazan und die Krim, zerfallen, die erst durch Katharina die Große wieder zusammengeführt wurden. Eine russische Unabhängigkeit entwickelte sich erst unter Ivan dem "Schrecklichen", der sich 1502 weigerte, den Steigbügel des Khans zu küssen. Keine der mongolischen Armeen schien je stark genug, die Moskoviten zu unterwerfen, und 265 Jahre nach Batus Feldzug in den Westen war die Goldene Horde verschwunden.

Der schwarze Tod:
ein Vermächtnis aus Zentralasien

Ein letztes Erbe, das die Mongolen Europa hinterließen, kam zu Schiff im Jahre 1346 aus der Stadt Kaffa am Schwarzen Meer. Ein Jahr vorher hatte eine Armee von Kipchaken im Dienst von Janibeg Khan, dem vorletzten Khan der Goldenen Horde, die Stadt belagert, als sich eine schreckliche Krankheit in ihren Rängen ausbreitete. Da die Krankheit so viele Leben forderte, beschloß der Kommandant, die Belagerung zu einem schnellen Ende zu bringen. Er ließ die Pestopfer über die Stadtmauern werfen und wartete darauf, daß der Schwarze Tod sein Werk vollendete. Das war vermutlich der erste Einsatz biologischer Waffen. Von Kaffa aus gelangte die Seuche mit genuesischen Händlern über den Seeweg in die Mittelmeerhäfen Südeuropas. Dann zog sie durch Spanien und Frankreich, östlich nach Deutschland und über den englischen Kanal auf die britischen Inseln. Sogar im tiefsten Winter erreichte sie unaufhaltsam Skandinavien und schließlich sogar Grönland. Der Schwarze Tod war das schrecklichste Kapitel europäischer Geschichte des Mittelalters – er vernichtete ein Drittel der Bevölkerung und brachte damit einen Schaden, der mit nichts, was von Dschingis oder seinen Nachkommen angerichtet worden war, zu vergleichen war. Man nimmt an, daß die Öffnung der Handelswege Zentralasiens dem Schwarzen Tod auch den Weg nach Osten ermöglichte, denn nur fünf Jahre später wütete diese Krankheit während der letzten Jahre der Yüan-Dynastie in China.

Die Moguln

Das Dschagatai-Khanat bestand bis weit ins sechzehnte Jahrhundert hinein, aber sein Einfluß währte noch länger. Der Name Dschingis Khan behielt in Zentralasien höchstes Ansehen und wahrte die mongolische Herrschaft in Ermangelung einer anderen Macht. Das Prestige dieses Namens war so groß, daß Tamerlan mehrfach versuchte, in

Eine Büste von Timur dem "Lahmen" (Tamerlan),
die nach seinem ausgegrabenen Schädel geformt wurde.
Dieser Bandit aus Samarkand versuchte in die Dschingis-Dynastie
einzuheiraten um seinen sozialen Status zu verbessern.

die Familie Dschingis' einzuheiraten oder sich zumindest einiger Familienmitglieder als Funktionäre bediente. Hundert Jahre nach Tamerlans Tod hatte der Name Dschingis immer noch seine Bedeutung. Anfang des 16. Jahrhunderts floh der Prinz Babur von Transoxanien, ein Abkömmling sowohl von Tamerlan als auch von Dschingis Khan, über Afghanistan nach Indien, um den usbekischen Türken zu entkommen.

Babur folgte seinem mongolischen Erbe und gründete in Nordindien ein eigenes Reich und damit die große Mogul-Dynastie (Mogul ist der persische Ausdruck für Mongole). Er führte Krieg gegen die herrschende Lodi-Dynastie und eroberte 1526 ihre Hauptstadt Agra. Nach dem Sieg über Sikandar Lodi schickte Babur seinen Sohn nach Agra, um den Schatz der Lodi sicherzustellen. Dort soll der Sohn die Maharani von Gwalio entdeckt haben, die sich mit ihrer Familie versteckt hatte. Der Legende nach bot sie ihm einen riesigen Diamanten an, wenn er sie und ihre Familie verschonte; es war der berühmte Koh-i-noor, der sich nun unter den britischen Kronjuwelen befindet.

Babur verbrachte die letzten Jahre seines Lebens in Agra, wo er einen wundervollen Garten errichten ließ – einen der vier berühmten Char Baghs in Agra. Die Moguln erbauten herrliche Paläste und Festungen in Indien, eines der schönsten Bauwerke ist das Mausoleum für Mumtaz Mahal, die Frau des fünften Kaisers Schah Jahan. Das große Taj Mahal, das Juwel Indiens, ist eine sehr unwahrscheinliche Erbschaft der Mongolen – diesen wilden Zerstörern aus den fernen Steppen des Ostens. Aber da steht es am Ufer des Yamuna, ein Widerspruch seiner barbarischen Herkunft.

China und die Mongolei im Sog Dschingis Khans

Nach der Gründung der Ming-Dynastie in China versuchten die Mongolen immer wieder, ihre verlorene Macht im Reich der Mitte zurückzuerobern. Doch mit wenig Erfolg trotz erprobter Kampftalente; sie besaßen weder die dafür notwendige militärische noch die politische Führung. Ihnen fehlte die Einheit. Die Monglei hatte sich in zwei Teile gespalten: die Oiraten im Westen und die Khalkhaten im Osten, die beide um die Reste des alten Reiches kämpften. Die Mongolen überfielen weiterhin China, und um die Mitte des 15. Jahrhunderts gelang es den Oiraten sogar, den Ming-Kaiser gefangenzunehmen. Doch ohne Anführer gab es keine Eroberung, und sie entschieden sich für eine Lösegeldregelung.

Im 17. Jahrhundert einigte sich die neue Manchu-Dynastie mit den Khalkhaten in der östlichen Mongolei. Letztere stimmten einer lockeren chinesischen Herrschaft zu, um die Vormachtstellung der Oiraten nicht akzeptieren zu müssen. Der westliche Stamm hatte seine Aufmerksamkeit auf Zentralasien gerichtet, wo er mehr als hundert Jahre herrschte, bis er 1758 schließlich von einer Armee der Manchus besiegt wurde. Dies führte zu einer weiteren Teilung des mongolischen Reiches, denn der Aufstieg der Manchus lief parallel mit der Expansion der Russen aus dem Westen. Die Völker im Norden um den Baikal-See fielen unter russische Herrschaft, während jene südlich der Wüste Gobi von China regiert wurden. Diese Situation hielt bis in das zwanzigste Jahrhundert an. 1924 betrieb Sukhe Bator die kommunistische Übernahme der nördlichen Mongolei und schuf mit sowjetischer Hilfe die Volksrepublik Mongolei; nach der Gründung der Volksrepublik China 1949 wurde die andere Hälfte des Reiches, die Innere Mongolei, zur autonomen Region erklärt.

Die chinesische Kontrolle der Inneren Mongolei ist heute so stark wie unter den Manchus, und obwohl es Anzeichen der Toleranz gegenüber traditionellen mongolischen Bräuchen gibt, deutet nichts darauf hin, daß sich die Bevölkerungen der beiden mongolischen Teile wiedervereinigen könnten. Im Nordwesten versucht die Mongolei, nun kein Vasallenstaat der Sowjetunion mehr, ihren Weg zu finden. Heute scheint das einzig Gemeinsame beider Gruppen die mächtige Figur des einstmals großen Dschingis Khans zu sein. Auf den Etiketten von Wodkaflaschen, auf Münzen und Teppichen, auf Plakaten für Rockkonzerte und politische Treffen – überall im modernen mongolischen Leben ist das Portrait von Dschingis zum mächtigen Nationalsymbol geworden. Sein Name wurde zum Wahrzeichen eines Volkes, dessen Vorfahren einst ein Reich regierten, das sich von der koreanischen Halbinsel bis zur Donau erstreckte.

Nächste Seite, links: Babur, ein Nachfahre Tamerlans und Dschingis Khans und Gründer des Mogul-Reiches in Indien, empfängt Gesandte in seinem Garten in Agra.
Nächste Seite, rechts: Das Taj Mahal wurde vom fünften Mogul-Kaiser Schah Jahan für seine Frau Mumtaz Mahal errichtet und ist die absolute Antithese seiner barbarischen Herkunft.

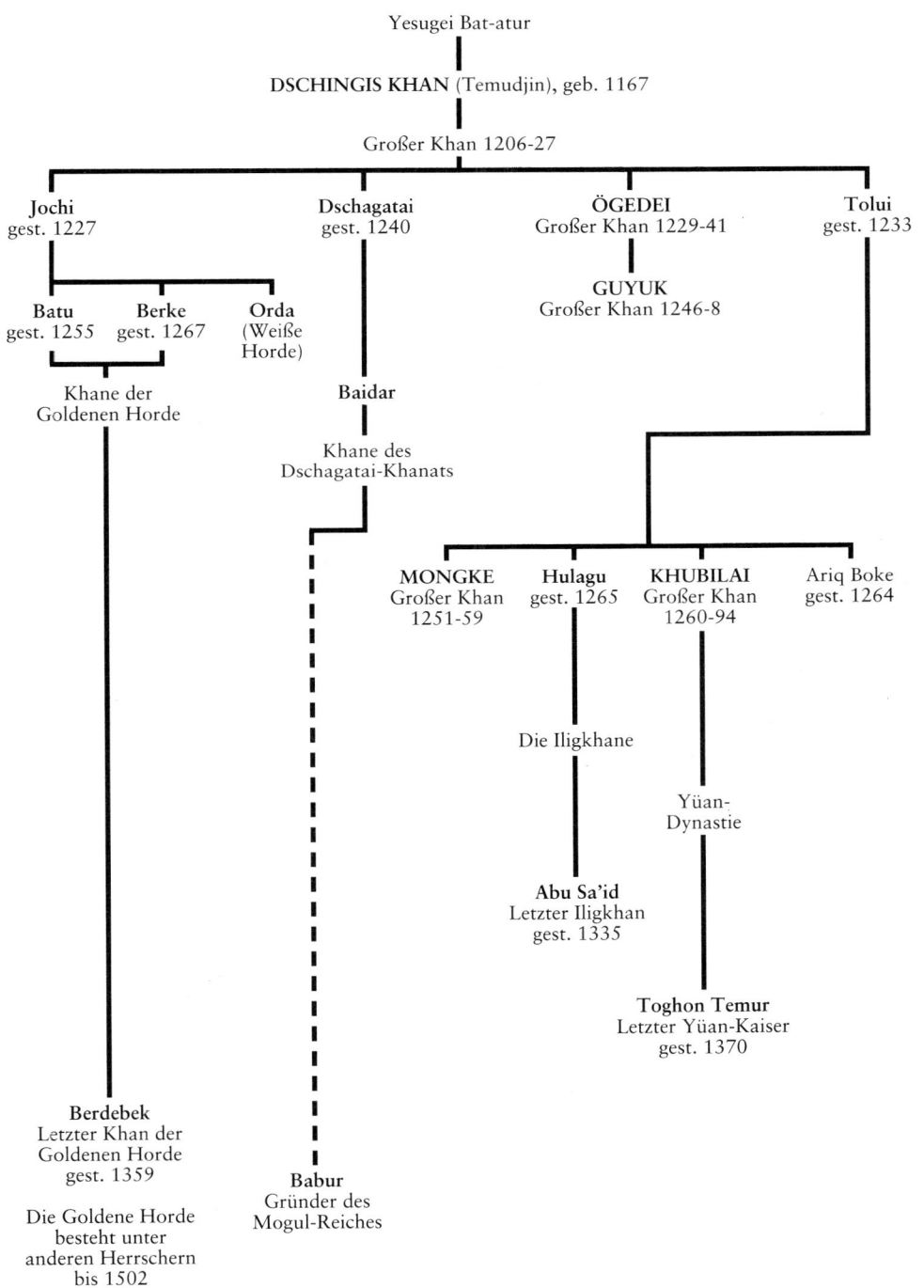

Obwohl das kommunistische Regime Dorfsiedlungen einführte, ziehen die meisten Mongolen das Nomadenleben vor und leben in *Gers* dicht bei ihren Herden.

CHRONOLOGIE

?1167	Geburt Dschingis Khans
1200	Thronbesteigung von "Ala" al-Din Muhammad II., Khwarazm Schah
1206	Dschingis Khan erklärt sich beim Quriltai in der Mongolei zum Obersten Stammesführer
1209	Mongolen greifen Hsi-Hsia an
1211	Mongolen greifen das Chin-Reich in Nordchina an
1215	Chung-tu fällt an die Mongolen
1218	Mongolische Truppen besetzen das Reich der Qara Kitai
1219	Dschingis Khan greift Reich des Khwarazm Schah an
1221	Tod des Khwarazm Schah
1221–23	Reise Chang Chuns von China in das Lager von Dschingis
1223	Dschingis Khan kehrt in die Mongolei zurück
1227	Tod von Dschingis Khan. Eroberung Hsi-Hsia
1229	Ögedei wird zum Großen Khan gewählt
1234	Ende des Widerstands der Chin gegen die Mongolen
1235	Ögedei erbaut die mongolische Hauptstadt Karakorum
1237–42	Batus Feldzüge nach Rußland und Osteuropa
1240	Kiew fällt an die Mongolen
1241	Schlachten von Liegnitz und am Sajo. Tod Ögedeis
1245–47	Reise von Johann von Plano Carpini in die Mongolei
1246	Wahl von Guyuk zum Großen Khan
1248	Tod von Guyuk
1250	Mamelucken übernehmen die Macht in Ägypten
1251	Wahl von Mongke zum Großen Khan
1252	Eroberung des Sung-Reiches beginnt
1253–55	Reise von Wilhelm von Rubruck in die Mongolei
1253	Hulagus Armeen marschieren nach Persien
1255	Batu, erster Khan der Goldenen Horde, stirbt

1255	Batu, erster Khan der Goldenen Horde, stirbt
1256	Hulagu nimmt Assassinen-Burgen in Nordpersien ein
1257	Thronbesteigung von Berke, Khan der Goldenen Horde
1258	Baghdad fällt an Hulagu. Tod des letzten Abbasiden-Kalifen
1259	Tod von Mongke
1260	Hulagu marschiert nach Syrien, zieht sich wieder zurück. Schlacht von Ayn Jalut. Rivalisierende Quriltais wählen Khubilai und Ariq Boke zu Großen Khanen: Bürgerkrieg folgt.
1261–62	Bürgerkrieg zwischen Hulagu und Berke
1264	Khubilai siegt über Ariq Boke
1265	Tod des ersten Iligkhan Hulagu. Thronbesteigung von Abaqa
1266	Bau der neuen mongolischen Hauptstadt Chinas, Ta-tu (Peking) beginnt
1267	Tod von Berke, Khan der Goldenen Horde
1272	Kubilai nimmt chinesischen Dynastie-Namen Yüan an
1274	Erster mongolischer Feldzug gegen Japan
1276	Hang-chou, Hauptstadt der Sung, fällt an die Mongolen
1279	Sung-Reich besiegt
1281	Zweiter Feldzug gegen Japan
1287	Rabban Sauma wird von Iligkhan Arghun nach Europa geschickt
1294	Tod von Khubilai
1295	Thronbesteigung von Ghazan als Iligkhan. Mongolen in Persien werden Moslems
1304	Tod von Iligkhan Ghazan. Thronbesteigung von Oljeitu
1313	Thronbesteigung von Azberg, unter dessen Herrschaft die Goldene Horde moslemisch wird.
1335	Tod von Abu Sa'id, letzter Iligkhan der Linie Hulagu
1346	Ausbruch der Pest bei der mongolischen Belagerungsarmee vor Kaffa auf der Krim. Von dort verbreitet sie sich nach Europa

1353–54 Ausbruch der Seuche in China
1368   Mongolen werden von Ming-Armeen aus China vertrieben
1370   Tod von Toghon Temur, letzter Yüan-Herrscher, in Karakorum

Bibliographie

Barfield, Thomas J., The Perilous Frontier: Nomadic Empires and China, Basil Blackwell Inc., Cambridge, Mass. und Oxford, 1989

Bryer, Anthony, 'Edward I. and the Mongols', in History Today XIV/10, Oktober 1964

Chambers, James, The Devil's Horsemen: The Mongol Invasion of Europe, Weidenfeld & Nicholson, London, 1979, und Cassell, London, 1988

Cleaves, Francis Woodman, The Secret History of the Mongols, Vol. 1 & 2, Harvard University Press, Cambridge, Mass., 1982

Cross, F.L. und Livingstone, E.A., (Hrsg.), The Oxford Dictionary of the Christian Church, Oxford University Press, London, 1974

Edwards, E.H., Horses: Their Role in the History of Man, Willow Books, London, 1987

Fuller, J.F.C., Decisive Battles of the Western World, Eyre and Spottiswoode, London, 1954

Giles, J.A., Matthew Paris's English History, Henry G. Bohn, London, 1852

Griffiths, John C., Afghanistan: Key to a Continent, Andre Deutsch, London, 1981

Hartog, Leo de, Genghis Khan, Conqueror of the World, I.B. Tauris & Col Ltd., London, 1989. Ursprünglich veröffentlich als Djenghis Khan's Werelds Grootste Veroveraar, von Elsevier, Amsterdam, 1971

Jackson, Peter (Übers.) und Morgan, David, The Mission of Friar William of Rubruck: His Journey to the Court of the Great Khan Mongke, 1253-1255, Hakluyt Society, London, 1990

Jankovich, Miklos, They Rode into Europe (übers. Dent, A.), George G. Harrap, London, 1971

Juvaini, Ala-ad-Din Ata Malik, The History of the World Conqueror (übers. Boyle, John Andrew), Manchester University Press, Manchester, 1958

Lamb, Harold, Genghis Khan: The Emperor of All Men, Robert McBride, New York, 1928

Liddell Hart, B.H., Great Captains Unveiled, Cedric Chivers Ltd. Bath, 1971

Matheson, Sylvia A., Persia: An Archaeological Guide, Faber & Faber, London, 1972

Martin, H. Desmond, The Rise of Chingis Khan and his Conquest of North China, The Johns Hopkins Press, Baltimore, 1950

McNiell, William H., Plagues and People, Doubleday and Anchor, New York, 1977

Mitchell, Robert and Forbes, Neville (Übers.,), The Chronicle of Novgorod, 1017-1471, Camden Society, London, 1914

Morgan, David, The Mongols, Basil Blackwell, Oxford, 1986

Rachewiltz, I. de, Papal Envoys to the Great Khans, Faber & Faber, London, 1971

Ratchnevsky, Paul, Genghis Khan, His Life and Legacy (Übers. Haining, Thomas Nivison), Basil Blackwell Ltd., Cambridge, Mass., und Oxford, 1991. Ursprünglich veröffentlicht als Cinggis-Khan: Sein Leben und Wirken, Franz Steiner Verlag GmbH, 1983

Rossabi, Morris, Khubilai Khan, His Life and Times, University of California Press, Berkeley, 1988

Shatzman Steinhardt, Nancy, Chinese Imperial City Planning, University of Hawaii Press, Honoloulu, 1990

Saunders, J.J., The History of the Mongol Conquest, Routledge & Kegan Paul Ltd., London, 1971

Severin, Tim, In Search of Genghis Khan, Hutchinson, London, 1991

Sheppard, Capt. E.W., 'Military Methods of the Mongols', The Army Quarterly, Vol 18, 1929, S. 305-15

Spuler, Bernhard, History of the Mongols Based on Eastern and Western Accounts of the Thirteenth and Fourteenth Century (übers. H. und S. Drummond), Routledge & Kegan Paul Ltd., London, 1972

Wilber, Donald N., The Architecture of Islamic Iran, Princeton University Press, New Jersey, 1955

Young, John M.L., By Foot to China: Missions of the Church of the East, to 1400, Young, Japan, 1984

Yule, Henry (Übers.), The Book of Ser Marco Polo, the Venetian, Concerning the Kingdoms and Marvels of the East by Henri Cordier, John Murray, London, 1903

REGISTER

Kursivierte Seitenzahlen verweisen auf Bildlegenden.

Abaqa 202, 214, 225
Abd al-Tahman 147, 159
Abu Sa'id, Iligkhan 229
"Ad Tartaros"-Mission 144
Afghanistan 56, 240
Akko 161, 165, 188, 191, 226, *226*
Al-Nasir, Sultan von Syrien 181f., 184f.
"Ala" al-Din Muhammad II., Khwarazm Schah *siehe* Khwarazm Schah
Aleppo 184, 185, *185*, 193
Alexander der Große 12, *56, 57*, 64, *67,69*, 118, 120, 124, 153
Alexander IV., Papst 189
Alexander Nevsky, Prinz 133
Alghu Khan 201, 204
Anda-Beziehung 24, 28, 33
Andreas von Longjumeau 144f., 156-161, 164
Anno von Sangherhausen 188
Arghun, Iligkhan 225f.
Ariq Boke 194, 200ff., 204
Armee, mongolische 37-40, 91-96, *97*, *107*
- mongolischer Bogen *95*
Armenien, Armenier 145, 181
Ascelinus aus der Lombardei (Bruder) 144, 156, 159
Astronomie 208, *210*
Attila 69
hl. Augustinus 120
Aybak 104, 161
Ayn Jalut, Schlacht von 192f., 202,225

Babur von Transoxanien 240f., *241*
Bagdad 128, 158ff., 169f., 181, 185, 236
- Belagerung 174, *177*, 177, 180
Baidar 90, 108-114
Baiju 145, 149, 156, 159, 169, 174, 177
Bartholomäus von Cremona (Bruder) 165, 172
Batu Khan 72, 88-91, 101, 104f., 107ff., 111f., *114*, 114ff., 128-133, 136f., 139ff., 144-147, 152, 156f., 160, 165, 167, 169ff., 188f., 194, 236f.
Bayan, General 214
Baybar, Führer der Mamelucken 160, 201
Bela IV., König von Ungarn 107-112, *114f.*, 115ff., 129, 132f., 139, 147
Benedikt (Bruder) 144, 147
Berke Khan 90, 104, 160, 188, 201f., 236
Bethlehem 121, 128
Bohemund, Graf 184f., 188f.
Böhmen 115
Boleslaw der Keusche, Herzog von Sandomir 9, 109, 111, 132
Boleslaw III., König von Polen 108
Borte 25, 28, 52, 60, 72
Botton, George S. 96
Breslau 113, 144
Buda 111, 117, 139
Buddhismus 13, 228

Budjek 90
Buri 90, 104, 136, 162
Burundai 188

Carpini d.i. Johann von Plano Carpini 144-147, *149*, 149, 152f., 155ff., *158*, 159, 164
Celestine IV., Papst 137, 142
Chabi 205, *207*, 214f., 220
Chaghadai 90, 200
Chang Chun 57, 60
Chen-chin (Sohn des Khubilai) 220
China, Invasion 43-48
Chinqai 152f., 155
Chmielnik, Schlacht von 111
Chormaghun 87f., 145, 169f.
Christentum 12f., 107, 121, 128f., 134, 142, 144, 146, 152f., 157, 159, 188, 225f., 228
Chu Yään-chang, Ming-Kaiser *230*, 232f.
Coleridge, Samuel Taylor 196
Columbus, Christoph 233
Cosmas (russischer Goldschmied) 149, 152, 155

Daniel Romanowitsch, Prinz von Volyniea und Galizien 144, 147, 188
Darughachi (Vielzweckbeamter) 72, 87
David (Nestorianer) 158f.
Dmitri, Gouverneur von Kiew 105
Dominik von Aragon 144
Dominikaner 129

Donau 13, 90, 111, 117, 137, 140
Doquz-Khatun 171, 202
Dschagatai Khan 45, 52ff., 72f., 84, 88, 104, 162, 197, 201
Dschinghis Khan (Temudjin) 21, 23ff., 28f., 30, *31*, 31f., *34*, 34ff., 40-43, 45f., *46*, 48f., 51-54, *54*, 56f., *57*, 60f., 63ff., *63*, 67ff., 72f., 76f., 80, 85, 88, 91, 105, 124, *125*, 129, 153, 155, 169, 205, 237, 240, *241*
- Aufstieg zur Macht 24-32
- Feldzüge außer Landes 41ff., 49-59
- Tod des 61f.
Dschormaghun 131
Dubrovnik 140

Eduard I., König von England 225
Eljigidei (mongolischer General) 65, 156, 158ff., 162, 169
Europa, Invasion 87-117
Europäische Ritter 9, 91f., *94*, 110, 113f., 133, 161, 185, 188ff.
- Kampftechniken 91-96

Fatima (persische Sklavin) 147, 149, 162
Franziskaner, mongolische Gesellschaft aus Sicht der 152-156
hl. Franziskus 144
Friedrich II., Kaiser 128, 130, 133, 137, 142, 157

Geheime Geschichte 21-24
Geikhatu, Iligkhan 226, 228
Ger (Yurt) 17, *18*
Ghazan der "Reformer", Iligkhan 228f., *230*
Gibbon, Edward 174
Gosset (königlicher Sekretär) 165
Gregor VII., Papst 125, 133, 137
Guyuk Khan 90, 104, 109, 111, 136f., 140, 146f., *149*, 149, 152f., *155*, 155ff., 159f., 172, 194
- Brief an Innozenz IV. *155*
- Krönung 147, 149, *149*

Hasan-i Sabbah 130
Hayton, König von Armenien 172f., 181, 184f., 188
Heiliges Land *siehe* Palästina
Heinrich III., König von England 130
Heinrich der Fromme, Herzog von Schlesien 109f., 113f.
Heinrich, Graf von Lothringen 134
Ho'elun Ujin (Mutter von Dschingis Khan) 24
Hsieh, Kaiserin Dowager von China 214
Hsien, Kaiser von China 214
Hulagu 162, 169-174, *171*, *174*, 177, *177*, 180f., *181*, 184f., 188f., 193f., 197, 200ff., 204, 208, 214f., 224f., 229, 236

Ibn al-Alkami 177, 180
I Ging (Das Buch der Wandlungen) 196
Iligkhanat 208, 224, 228f., 236
Inalchuq Khwadir Khan 50, 54, 56
Innozenz IV., Papst *142*, 142, 144, 157
Isma'il 214
Ivan der Schreckliche 237

Jahan (fünfter Mogul-Kaiser) *241*
Jalal al-Din 51f., 56f., 85, 87, 128, 131
Jamal al-Din (persischer Astronom) 208
Jamukha 24, 28f., 32
Janibeg Khan 239
Japan 13, 19, 220
- Invasion 217, 220, *221*
Jaroslaw von Nowgorod 147
Jebei Noyan 51, 53, 56, 60, 66
Jerusalem 110, 120f., 124, 128, 142, 159, 184, 188f., 202, 226
Jochi Khan 28, 30, *31*, 33, 43, 45, 52f., 61, 72, 89, 197, 200
Johann der Presbyterianer (Priester Johann) 121, *123*, 124f., *125*, 129ff., 134, 153, 157, 173

- Legende von Priester Johann 121-125
Johann von Beirut 189
Joinville, Jean 161
Jordan von Giano 136
Julian (Missionar des Dominikanerordens) 129f., 144
Julian von Sidon 189
Jumukha 24
Jurchen 21, 23, 42, 45, 72
Juvaini (persischer Historiker) 53f., 174

Kadan 90, 108ff., 112ff., 139
Kai-feng 65, 74, 76f., 77
Kai-Kawus, Prinz 181
Kairo 160, 184, 189, 192, 236
Kamil Muhammad, Prinz von Mayyafarakin 181
Kan Ying 120
Kara Kitai 42, 49, 51, 73, 121
Karakorum 80f., *81*,84f., 87, 89f., 104, 137, 139ff., 146f., 149, 159, 165, 167-170, 172ff., 180, 185, 188, 195ff., 200f., 233, 236
Katharina die Große 237
Ked-Buqa 171, 184, 189, 192
Kereyiden 23, 25, 28f., 31f., *125*, 129, 146
Keshig (kaiserliche Garde) 34, 72
Khalka, Schlacht von 57
Khubilai Khan 162, 194-197, *197*, 200ff., *202*, 204f., 207, 207ff., *209ff.*, 212Ä217, *219*, 220, *221*, 224, 226, 228f., 232f., 236
Khwarazm Schah, "Ala" al-Din Muhammad II. 48-54, 56f., 94f., 124, 153, 169, 213
Kilij-Arslan IV., Sultan 148
Kitanen 20f., 23, 45f., 48, 72, 76
Kochu 88
Konfuzius 216
Konrad, Herzog von Mazovien 109f., 144
Konzil von Lyon *142*
Koten 88
Kotian Khan 104, 107
Krak des Chevalier 188, *191*
Kreuzzüge, Kreuzritter 93, 121, 124, 128, 130, 133, 137, 157f., 170, 172, 184f., 188f., 191, 202, 226

Kuchlug 49, 51
Kumanen 107-110, 112, 129, 145
Kuo Shou-ching (chinesischer Astronom) 208f.

Lawrence von Portugal 144
Liegnitz, Schlacht von 113ff., 131f.
Liu Cheng 213
Liu Ping-chung 196
Ludwig IX., König von Frankreich 136, 142, 157-162, 164f., 167, 169, 172f., 201, 225

Manuel I. Comnenus, Kaiser 124
Margaret, Königin von Frankreich 158
Mark (Nestorianer) 158f.
Matthäus (Evangelist) 120f.
Mendovg von Litauen, Prinz 188
Merkiden 23, 28f., 51f.
Michael von Chernigov, Prinz 109
Michael von Kiew, Prinz 97, 105
Miecislaw, Herzog von Oppeln 109
Mongke Khan 90, 105, 137, 140f., 146, 160ff., 164f., *167*, 167-170, 172, 174, 188f., 194-197, 201, 204
Mongke-Temur Khan 202, 236
Mongolei 33ff.
Mongolen, Anfänge der 13-20
Monster- und Aberglaube 118ff.
Morgan, David 65
Mosul, Prinz von 181
Mumtaz Mahal 240, *241*
Mustasim, Kalif von Bagdad 174, 177, *177*

Naimanen 23, 29, 32, 49, 51, 80, 147
Napoleon I. 64, 69
Nestorius 146
Nokor (Treueschwur) 33, 34
Nomadenreiche, frühe 20f.

Ögedei Khan *31*, 31, 52ff., 61, 72ff., *74*, 76ff., 80f., 84f., 87-90, 104f., 128, 137, 140, 145, 147, 155, 160, 164, 189, 194, 197, 200, 204f., 233
- Tod des 140f.
Oghul-Ghaimish 160f., 172, 194
Oljeitu, Iligkhan 229
Omodeo 165
Ong Khan *d.i.* To'oril 25, 28f., 30f., 167
Onghuten 146
Orda 72, 90
Ordu (Militärlager) 37, 52, 148
Ortagh (Handelsgesellschaft) 207f.

Paiza (Identifikationsmarke) 84f., *85*
Palästina 92, 110, 121, 124, 128, 142, 157ff., 185
Paris, Matthäus 130f., 134, 136, *139*
Pest (Schwarzer Tod) 45, 232, 239
Pest 109, 111f., 117, 132
Peter des Roches, Bischof von Winchester 131
Philip IV. "Der Schöne", König von Frankreich 225f.
Polen 188f.
- Einmarsch in 107-113
Polo, Marco 85, 118, 196, *197*, 213, 216, 224
Porus, indischer König 153
Porzellanindustrie 216

Qanat (Bewässerungssystem) 66, *69*
Quriltai 32, 36, 41, 52, 73, 87ff., 160, 169, 197, 200, 204
Qutbeddin Muhammad 49
Qutuz 191f.

Rabban Sauma 225f.
Rashid al-Din 25. 31, 36, *46*, *74*, *101*, *167*, 177, 194, 213, 228
Ricoldo von Monte Croce 12
Rubruck *d.i.* Wilhelm von Rubruck 81, 164f., 167-170, 172f.
Rukn ad-Din 173f.

Rusudan, Königin von Georgien 87, 125, 130, 147
Rußland, Invasion 97-104

Samarkand 49f., 54, 56, 146, 171f., 225, 229, 237
Sarai (Batus Hauptstadt an der Wolga) 146f., 225, 236f.
Sartaq, Prinz 165
Schwarzes Meer 165
Sempad aus Armenien 147
Shajar al-Durr 161
She (Landarbeiter-Kollektiv) 207
Shiban 90, 109, 111f., 115
Shigi-Qutuyu 36
Shiremun 137, 160, 162
Sikander Lodi 240
Simeon Rabban-ata 145
Sinkur 90
Sorghaghtani Beki 32, 160, 167, 194f., 197, 205
Stefan aus Böhmen (Bruder) 144f.
Subedei Bat'atur 51-54, 56f., 60, 66, 74, 76f., 89ff., 96f., 101, 107ff., 111ff., 115f., 125, 140, 236
Sukhe Bator 241

Taj Mahal 240, *241*
Tamerlan *d.i.* Timur der Lahme 64f., 69, 229, 237, *239f.*, 239f.
Tanguten 42f., 48, 53, 60f.
T'an T'ai-tsung, chinesischer Kaiser 205
Tartaren 9ff., 12f., 23f., 29, 30, 36, 84, 105, 130, 136, 142, 144f., 153, 158, 165
Tayichi'uden 29
Temudjin *siehe* Dschingis Khan
Temur Oljeitu 228
Thaddäus (Evangelist) 146
hl. Thomas 120
To'oril *siehe* Ong Khan
Toghon Temur 232f.
Toktamish 237

Tolui 32, 45, 52, 56, 61, 72ff., *74*, 76, 80, 90, 105, 137, 140, 160, 194, 233
Toregene *74*, 137, 140f., 145ff., 194
Tu-tsung, chinesischer Kaiser 214
Tumen (Militäreinheit) 37, 96, 139ff., 145, 171, 174, 177, 192
Turan Schah 184, *185*

Uiguren 20f., 42f., 48f., 72, 146f.
Ulus 72, 84

Ungarn, Einmarsch in 107-113
Unggirad 24f., 29
Usbeken Khan 236

Venedig 139
Vincent von Beauvais 133

Wan-yen Yi 74
Wang Khan *125*, 129
Wang Zhenpeng 196
Wenzeslaus, König von Böhmen 110, 113f.
Wien 139
Wolga 73, 90f., 97, 130, 146, 236

Yam (Netzwerk reitender Boten) 84f., *85f.*, 88, 189
Yasa 36, 52, 105
Ye-hei-tieh-erh (Architekt) 209
Yeh-lu Chu-tsai 76f., 84, 88f. 147, 152,
Yesugei Bat'atur 24f., 29
Yüan-Dynastie 215ff., 229f., 232f., 239
- kulturelle Blüte 215ff.
Yuri von Suzdal, Großherzog 97

Zagreb 139
Zarathustra 56, *57*